STEFAN ROLOFF
ZEITZEUGNISSE

ÜBERLEBENDE DER ROTEN KAPELLE
SPRECHEN

Herausgegeben von der Stiftung
Gedenkstätte Deutscher Widerstand
Berlin 2022
ISBN 978-3-945812-48-8

Gesamtredaktion:
Michaela Hofmann

Textredaktion:
Carola Stabe
Mitarbeit: Dipl.-Mus. Susanne Brömel,
Prof. Dr. Johannes Tuchel

Gestaltung:
Braun Engels Gestaltung
Mitarbeit: Birgit Lupia

Druck:
Druckhaus Sportflieger

Ausführliche Informationen zur
künstlerischen Arbeit von Stefan Roloff:
www.stefanroloff.de

Ausführliche Informationen zur Arbeit
der Gedenkstätte Deutscher Widerstand:
www.gdw-berlin.de

Stiftung
Gedenkstätte
Deutscher
Widerstand

Gefördert von:

Die Beauftragte der Bundesregierung
für Kultur und Medien

Senatsverwaltung
für Kultur und Europa
BERLIN

STEFAN ROLOFF
ZEITZEUGNISSE

ÜBERLEBENDE DER ROTEN KAPELLE SPRECHEN

Gedenkstätte
Deutscher
Widerstand

Meinem Vater und allen, die ihr Leben im Kampf gegen die Nationalsozialisten gegeben oder riskiert haben, ist dies Buch gewidmet.

Mein Dank gilt denen, die in unseren Gesprächen ihre Erfahrungen mit mir geteilt haben und allen, die mich auf dieser inzwischen 25-jährigen Reise begleitet und unterstützt haben.

VORWORT

Für die Geschichte des Berliner Widerstandsnetzwerkes Rote Kapelle war 1942 ein Jahr, in dem die Aktivitäten im Kampf gegen den Nationalsozialismus noch einmal verstärkt wurden, aber auch das Jahr, in dem die Geheime Staatspolizei die Gruppe aufdeckte. Im Herbst 1942 nahm die Sonderkommission „Rote Kapelle" mehr als 120 Menschen fest, im Winter 1942/43 folgten fast 50 Todesurteile des Reichskriegsgerichts, andere wurden ohne jedes Verfahren ermordet. Diese Ereignisse jähren sich 2022 zum 80. Mal.

Die Widerstandsaktivitäten dieses Zusammenschlusses reichen bis zum Beginn der nationalsozialistischen Diktatur zurück. Mitte der 1930er Jahre bildeten sich um Arvid und Mildred Harnack sowie um Harro und Libertas Schulze-Boysen Diskussions- und Schulungskreise. Ausgehend von diesen persönlichen Kontakten entstand 1940/41 ein loses Netzwerk von sieben Widerstandsgruppen in Berlin. Die Männer und Frauen dieser Gruppen kamen aus unterschiedlichen gesellschaftlichen Kontexten und leisteten aus verschiedenen politischen Überzeugungen Widerstand gegen das nationalsozialistische Regime.

Anfang 1941 informierten sie einen Vertreter der sowjetischen Botschaft über die Vorbereitungen des nationalsozialistischen Regimes zum Überfall auf die Sowjetunion. Sie waren bereit, die Verbindungen mit sowjetischen Stellen auch nach dem deutschen Angriff per Funk aufrecht zu erhalten. Dies ließ sich jedoch wegen technischer Probleme nicht realisieren.

Im Frühjahr 1942 wurde in Berlin das „Agis"-Flugblatt „Die Sorge um Deutschlands Zukunft geht durch das Volk" verbreitet. Einige Monate später, im Mai 1942, wandten sich Angehörige einiger Gruppen mit einer Klebezettelaktion gegen eine nationalsozialistische Propaganda-Ausstellung im Berliner Lustgarten an die deutsche Öffentlichkeit. Daneben gehörte auch die Unterstützung von Verfolgten, die Diskussion aktueller Fragen und die Suche nach Verbündeten in anderen Städten und Regionen zu ihren Aktivitäten.

Im Sommer 1942 gelang es der Geheimen Staatspolizei schließlich, die verschiedenen Gruppen, die sie unter dem Sammelbegriff „Rote Kapelle" zusammenfasste, aufzudecken. Unter dem Vorwurf, Spionage für die Sowjetunion geleistet zu haben, wurden zahlreiche Menschen als „Landesverräter" vor dem Reichskriegsgericht angeklagt und zum Tode verurteilt.

Überlebende der Gruppen und Angehörige der Ermordeten sahen sich auch nach dem Ende des Zweiten Weltkrieges mit Verleumdung und Instrumentalisierung konfrontiert. In der DDR wurden die verschiedenen Aktionen zunächst im Rahmen des von der KPD geführten Widerstandes interpretiert und die Mitglieder ab 1969 zu Kundschaftern im Auftrag der Sowjetunion stilisiert. In der Bundesrepublik hingegen verhinderten der Kalte Krieg und Aktivitäten des Bundesnachrichtendienstes eine Würdigung der Frauen und Männer um die Rote Kapelle bis in die 1970er Jahre hinein. Das Narrativ der Gestapo vom „bezahlten Landesverrat", zahlreichen Funksprüchen und der durchweg kommunistischen Gesinnung des Netzwerkes wurde sowohl von der Presse als auch in Justiz und Geschichtswissenschaft reproduziert.

Die von der Abwehr geprägte und von der Gestapo übernommene Bezeichnung „Rote Kapelle" wurde nach 1945 von den Überlebenden der verschiedenen Gruppen des Netzwerkes angenommen und als Oberbegriff für die Vielfalt der Beteiligten und ihrer politischen Ziele akzeptiert. Erst seit Anfang der 1990er Jahre mit dem Zugang zu neuem Quellenmaterial aus bis dahin verschlossenen Archiven widmeten sich Wissenschaftler und Wissenschaftlerinnen gemeinsam mit den Überlebenden der Aufarbeitung der Geschichte der Roten Kapelle in Publikationen und Dokumentationen. Ein zentrales Element dieser Aufarbeitung waren der Film von Stefan Roloff „Die Rote Kapelle" von 2003 und das darauf basierende, gemeinsam mit Mario Vigl verfasste Buch von 2002 „Rote Kapelle. Die Widerstandsgruppe im Dritten Reich und die Geschichte Helmut Roloffs."

Stefan Roloff fand als international anerkannter Künstler und Sohn eines Überlebenden der Roten Kapelle einen ganz persönlichen Zugang zu elf Beteiligten des Geschehens in den 1940er Jahren. Ab 1998 begleitete er sie meist über einen längeren Zeitraum mit der Kamera und ließ sich ihre Sichtweisen einfühlsam schildern. In verschiedenen Ausstellungen und Filmprojekten setzte Stefan Roloff sich mit ihrer Geschichte künstlerisch auseinander.

Die Transkripte der elf Interviews, die in der Ausstellung „Zeitzeugnisse" jetzt in der Gedenkstätte Deutscher Widerstand gezeigt werden, sind in diesem Band erstmals zusammengestellt. In ihnen werden unterschiedlichste Facetten des Widerstandes der Roten Kapelle erkennbar. Einerseits gewähren sie uns Einblicke in die Begegnung von Menschen, die auch heute noch unter den Folgen von Haft und Verfolgung oder dem Verlust von Familienangehörigen oder Freundinnen und Freunden leiden. Andererseits vermitteln die Transkripte ganz unterschiedliche Erinnerungen und Erlebnisse, die sie mit der Roten Kapelle verbinden. Gemeinsam ist den Überlebenden die Forderung nach öffentlicher Anerkennung für die individuellen Schicksale hinter der Roten Kapelle und ihre Ablehnung der jahrzehntelangen Stigmatisierung durch die lange auch nach 1945 noch wirksamen nationalsozialistischen Diffamierungen.

Ausstellungen und Katalog zielen daher nicht darauf ab, den Widerstand des Berliner Netzwerkes in vollem Umfang darzustellen. Hier kommen Überlebende der Roten Kapelle, Familienangehörige und Freunde selbst zu Wort. Wir können ihnen zuhören.

Berlin, im Mai 2022

Michaela Hofmann
Johannes Tuchel

MOMENTE MEINER AUSEINANDERSETZUNG MIT DER „ROTEN KAPELLE“

STEFAN ROLOFF

Annemarie Kuttner 1935 in Berlin
Quelle: Privatbesitz

Meine Arbeit an der „Roten Kapelle“ begann zufällig. Ich hatte an der heutigen Universität der Künste in Berlin Malerei studiert und war 1981 nach New York ausgewandert. Zwischen meinen Berlin-Besuchen lagen manchmal Jahre. Dann führten mir Begegnungen mit meinem Vater sein Altern vor Augen. Bei einem Besuch 1995 schaute er mich noch mit klaren Augen an, aber unter der Oberfläche seines lebendigen Gesichtes nahm ich seinen nahenden Tod in Form greisenhafter Züge wahr. Ich beschloss, bald nach Berlin zurückzukehren und ein Porträt von ihm zu malen, um seinen Geist und seine Persönlichkeit festzuhalten.

Annemarie Kuttner 1964 in Jackson Heights, NY
Quelle: Privatbesitz

Zu dieser Zeit hörte ich immer öfter von gleichaltrigen Freundinnen und Freunden, deren Eltern verstorben waren, dass sie es bereuten, bei letzten Begegnungen nicht das Gespräch mit ihnen gesucht zu haben. Wir hatten die 1960er Jahre als Jugendliche durchlebt und waren etwas jünger als die, die ihre Eltern damals als Mitwisser oder Mittäter des Nationalsozialismus an den Pranger gestellt hatten. Wir rebellierten gegen die schweigende Gesellschaft, in der wir aufwuchsen, mit Rock-Musik, langen Haaren, Schlaghosen, Miniröcken und Drogenkonsum. Die Auseinandersetzungen um unsere Form der Rebellion schufen häufig eine tiefe Kluft zur Generation der Eltern.

Meinem relativ alten Vater blieb die Rebellion der 1960er Jahre zeitlebens unverständlich. Rock-Konzerte mit schreiendem Publikum riefen bei ihm Assoziationen von Massenveranstaltungen im Nationalsozialismus hervor. Dennoch habe ich ihn bei fast allen Meinungsverschiedenheiten, die wir hatten, als ruhigen, distanzierten Menschen erlebt. Aus Erziehungsfragen hatte er sich, wie es damals üblich war, herausgehalten. Aber in entscheidenden Momenten gab er mir Zeichen, dass er es verstand, wenn ich meinen eigenen Weg ging.

Als Kind hatte ich mich darüber gewundert, dass er nie wie die Väter meiner Klassenkameraden mit anderen Männern zusammensaß, um bei einem „Herrengedeck" aus Bier und Schnaps über Gott und die Welt zu diskutieren. Zu Besuch kamen neben Studenten und Musikerkollegen nur sehr wenige Freunde.

In Erinnerung geblieben ist mir der Besuch von Annemarie Kuttner aus New York. Ich wusste als Kind nur von ihr, dass sie früher in Berlin gelebt hatte und nach dem Krieg in die USA emigriert war, wo sie sehr früh, Mitte der 1960er Jahre, starb. Erst viel später entschlüsselte sich für mich, in welcher Beziehung sie zu meinem Vater stand.

Innenansicht des Hinrichtungsraumes im Strafgefängnis Berlin-Plötzensee, Mai 1945
Quelle: Landesarchiv Berlin

Um während des Malens an seinem Porträt Zugang zu meinem Vater zu finden, dachte ich über ein für uns beide interessantes Gesprächsthema nach. Da ich mich weder für klassische Musik interessierte, noch für Geschichte oder Politik, boten diese Themen geringe Chancen für tiefgründige Dialoge. Nur ein ungeklärtes Bild aus meiner Kindheit hatte sich in mein Gedächtnis eingebrannt. Ich war etwa zwölf Jahre alt, als mein Vater und ich zwei Tage vor Weihnachten in ein Taxi stiegen. Wir fuhren in eine mir gänzlich unbekannte Gegend im Norden Berlins. Unterwegs passierten wir endlose Reihen von Mietshäusern, stark gezeichnet vom Krieg, dessen Ende 20 Jahre zurücklag. Die schmutzig grauen Fassaden waren von Einschusslöchern übersät. Unterwegs begegneten uns Militärfahrzeuge, deren Präsenz für mich genauso normal war, wie die verkohlte Ruine in unserer Straße, in der wir als Kinder entgegen der Verbote spielten.

Das Taxi hielt vor einer langen Backsteinmauer. Durch ein Tor betraten wir einen Innenhof, in dem Erwachsene mit langen Mänteln und Hüten herumstanden. Die Luft war eisig. Weißer Atem kam aus den Mündern der Versammelten, die mit gedämpften Stimmen miteinander redeten. Mein Vater begrüßte einige von ihnen und stellte mich vor. In der Entfernung sah ich einen Jungen aus meiner Schule. Dort gab es ein Gerücht, dass seine Eltern Kommunisten wären. In der gedrückten Stimmung winkten wir uns nur kurz aus der Entfernung zu. Am Ende des Hofs stand ein kleines Gebäude mit ungeheiztem Innenraum. An der gegenüberliegenden Wand hing eine Reihe schwarzer Fleischerhaken. Darunter lagen Kränze aus Tannengrün.

Eine Frau ist mir in Erinnerung geblieben. Ihr blasses Gesicht schaute mich mit mütterlicher Besorgnis aus der anonymen Menge der Erwachsenen heraus an, während mir endlos scheinende Reden gehalten wurden.

Ein weiteres Taxi brachte uns nach Hause. Im Gegensatz zu anderen Erwachsenen besaß mein Vater keinen Führerschein oder ein Auto. Mir kam es vor, als würde er immer gern das Gegenteil von dem machen, was die anderen taten.

Er sagte mir, dass in diesem Raum Menschen ermordet wurden, die gegen Hitler gekämpft hatten. Den Rest der Strecke fuhren wir schweigend. Ich fragte nicht nach, denn ich hatte keine Lust, mich weiter mit ihm darüber zu unterhalten. „Das war dermaßen schrecklich, sowas könnt ihr euch gar nicht vorstellen", betonte eine seiner Schwestern manchmal und bezog sich auf die Zeit, in der die Nationalsozialisten in unserem Land geherrscht hatten. Die Menschen in Berlin waren meist schlecht gelaunt. Bei jeder Gelegenheit wurde man als Kind angebrüllt. Mir war klar, dass diese Stimmung, die wie eine düstere Wolke über uns hing, auf dies unsagbar Schreckliche zurückzuführen war. Also verweigerte ich meinem Vater den Dialog, den er mir an jenem Tag anbot. Das war seine Sache und die der Alten, mit der ich nichts zu tun haben wollte.

Ein paar Jahre später, 1968, erzählte unsere Mutter meinen beiden Brüdern und mir, dass man unseren Vater beschuldigen würde, in der Nazi-Zeit „Kommunist und Landesverräter" gewesen zu sein. Im SPIEGEL war eine sechsteilige Serie über die Widerstandsgruppe „Rote Kapelle" erschienen. Wir sollten uns darauf vorbereiten, dass man uns eventuell beschimpfen würde. Für mich klang das nicht bedrohlich. Das Wort „Landesverräter" klang interessant und Kommunist zu sein war damals Mode.

Greta Kuckhoff, Berlin 1946
Quelle: Gedenkstätte Deutscher Widerstand

Helmut Roloff, um 1960
Quelle: Privatbesitz

Nur passte diese Zuschreibung nicht zu meinem Vater, einem konservativen Anzug- und Schlipsträger, der klassische Konzerte spielte und einmal in der Woche exakt um dieselbe Zeit im Treppenhaus einen alten Regulator aufzog. Ich vergaß das Ganze sehr schnell und leider sprach mich auch niemand darauf an.

Nun aber, im Moment des sich ankündigenden Todes meines Vaters, setzten sich die Fragmente meiner Erinnerungen zu einem unscharfen Bild zusammen. Mir war plötzlich klar, dass ich kein lockeres Gespräch beim Malen mit ihm führen, sondern ihm Fragen stellen wollte. In meiner künstlerischen Laufbahn hatte ich mich auch mit dem Medium Film auseinandergesetzt. Ich beschloss, ihn statt auf einer Leinwand in einem Dokumentarfilm zu porträtieren.

Ich rief in der Gedenkstätte Deutscher Widerstand an und erzählte ihrem Leiter, Johannes Tuchel, von meinem Plan. Er lud mich ein mit den Worten, dass das Projekt sehr wichtig sei und ich mich damit auf ein großes, der Öffentlichkeit weitgehend unbekanntes Gebiet begeben würde. Bei meinem nächsten Besuch in Berlin übergab er mir einen erschreckend hohen Stapel widerstandsgeschichtlicher Fachbücher.

Ich war nie Freund derartiger Literatur. Aber das änderte sich schnell, als ich in die Umstände einzutauchen begann, in denen mein Vater seine jungen Jahre verbrachte, die Zeit, in der er zusammen mit Gleichgesinnten Aktionen gegen Hitler unternommen hatte. Die Freunde und Freundinnen hatten unterschiedliche politische und weltanschauliche Hintergründe. Sie waren verbunden durch ihre Bereitschaft, für das Eintreten für Frieden und Freiheit, ihre Leben zu riskieren.

Mir wurde klar, dass das Bild meines Vaters, dieses eingefleischten Individualisten, möglicherweise ein Gruppenbild werden musste. Ein bewegtes Bild, das ihn in einer anderen Zeit zeigte, mit Menschen, für die in dem eiskalten Raum, zwei Tage vor Weihnachten, Kränze abgelegt wurden.

Es war die Gestapo, die den Festgenommenen den Namen „Rote Kapelle" gab. In ihrer Sprache war ein „Pianist" ein Spion, der Morsetasten drückte. Eine Gruppe von „Pianisten" bildete eine „Kapelle". Die Farbe Rot stand für die den Widerständlern zugeschriebene kommunistische Gesinnung. Damit wurden die locker um den Luftwaffenleutnant Harro Schulze-Boysen und den Nationalökonomen Arvid Harnack gruppierten Freundeskreise, in denen zu 40% Frauen vertreten waren, von der Gestapo als „verräterisches Spionagenetz" definiert. Angeblich war es unter kommunistischer Führung im Auftrag der Sowjetunion tätig.

Nach dem Krieg wurden die Widerstandskämpferinnen und -kämpfer im Westen öffentlich diffamiert. Der Osten Deutschlands stilisierte sie wenige Jahre später zu kommunistischen Kämpfern. Die Darstellung der Gestapo hielt in beiden Teilen Deutschlands Einzug in Presse, Geschichtsbücher und Geheimdienstakten. Bis heute ist sie nicht wirklich aus dem kollektiven Bewusstsein verschwunden.

Nicht nur auf politischer Ebene wurden die Widerstandskämpfer diffamiert. Helmut Himpel und Marie Terwiel gehörten zu den engsten Freunden meines Vaters. Sie wollten heiraten, aber wegen der jüdischen Mutter Marie Terwiels war ihnen das durch die „Nürnberger Gesetze" verboten. So sahen sie sich gezwungen, als Verlobte zusammen zu leben, bis sie im Rahmen ihrer Widerstandsaktionen festgenommen wurden. Im Gestapo-Verhör nahm jeder der beiden die Schuld des anderen auf sich und so schrieben sie ihre eigenen Todesurteile.

Hochzeit von Joy und Günther Weisenborn (untere Reihe 2. und 3. von links) am 25. Januar 1941, rechts daneben Libertas Schulze-Boysen, links oben Harro Schulze-Boysen
Quelle: Gedenkstätte Deutscher Widerstand

HIMPEL, Helmuth Executed

ESPIONAGE:

1941 - 1942:	Member of SCHULZE-BOYSEN's Group in Berlin, probqbly employed as courier.
Autumn 1942:	Arrested in the general round-up of SCHULZE-BOYSEN's agents.

PERSONAL PARTICULARS:

Nationality:	German.
Occupation:	Dentist.

HISTORY: Lover of Marie TERWIEL (q.v.)

(?) 1939:	Student of electrical technique in Karlsruhe.
1943:	Executed.

970

SECRET

Hq's 66th TSC Log No.
HE-0027-2

Ausschnitt aus der CIC-Notiz über Helmut Himpel, um 1948
Quelle: U.S. National Archives and Records Administration (NARA)

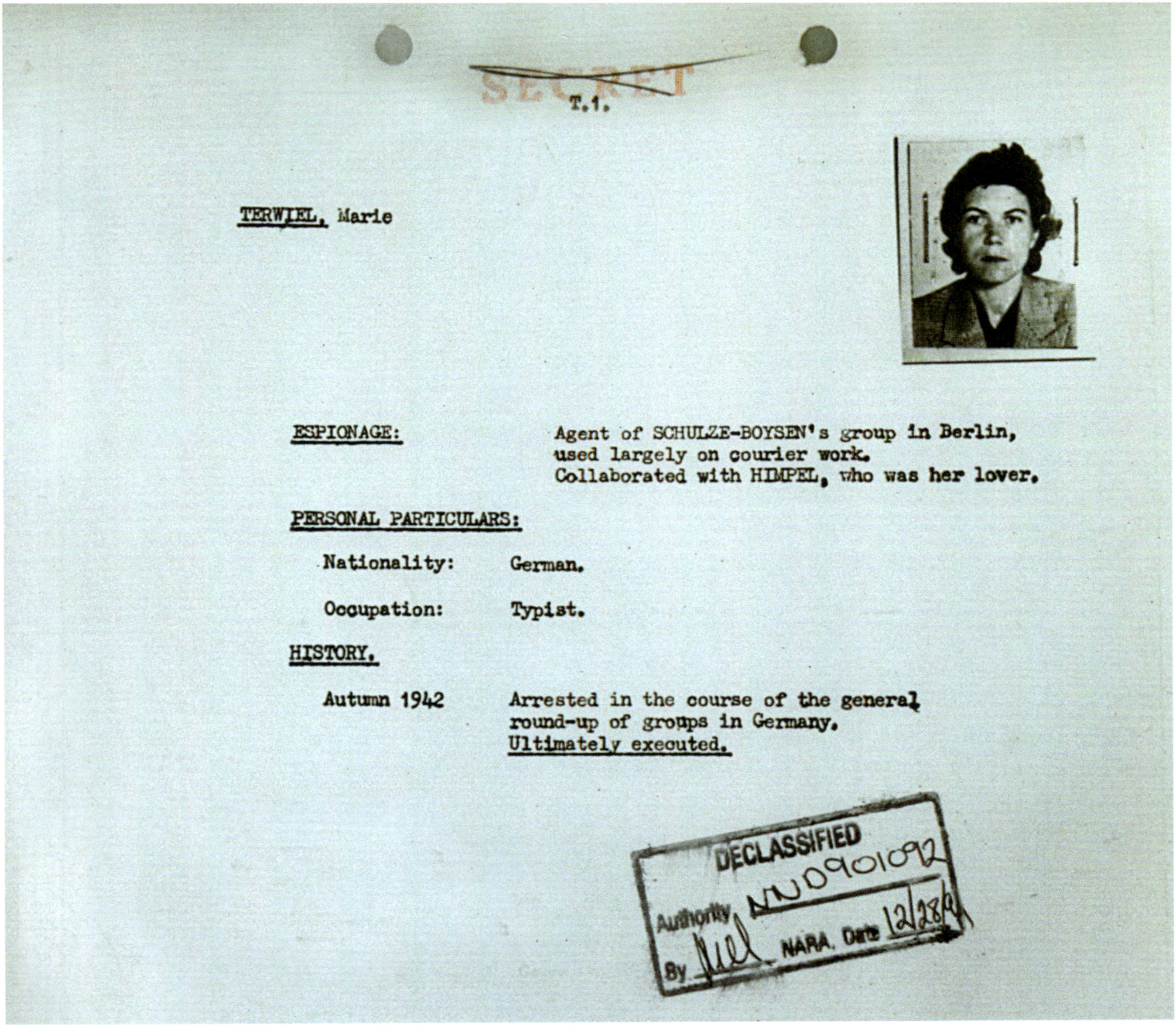

~~SECRET~~

T.1.

TERWIEL, Marie

ESPIONAGE: Agent of SCHULZE-BOYSEN's group in Berlin, used largely on courier work. Collaborated with HIMPEL, who was her lover.

PERSONAL PARTICULARS:

Nationality: German.

Occupation: Typist.

HISTORY.

Autumn 1942 Arrested in the course of the general round-up of groups in Germany. Ultimately executed.

DECLASSIFIED
Authority NND901092
By [signature] NARA, Date 12/28/[illegible]

Ausschnitt aus der CIC-Notiz über Maria Terwiel, um 1948
Quelle: U.S. National Archives and Records Administration (NARA)

Nach dem Krieg wurden sie in den Papieren der US-Spionageabwehr CIC als Spione und Liebhaber bezeichnet – in den 1950er Jahren eine schwere moralische Anschuldigung.

Aus der Literatur, die ich in der Gedenkstätte Deutscher Widerstand erhalten hatte, wusste ich, dass auch der US-amerikanische Geheimdienst über Informationen über die Angehörigen der Freundeskreise um Schulze-Boysen und Harnack verfügte. Anders als in Deutschland hat man in den USA durch den „Freedom of Information Act Request" die Möglichkeit, Einsicht in Akten zu nehmen. Ich nahm einen Zug nach Washington DC und fuhr mit einem Taxi nach College Park in Maryland. Die Archive befinden sich dort in einem gigantischen, hellgrauen Gebäudekomplex mit einer Vorderfront mit grün getönten, quadratischen Fenstern. Er könnte in einem Science-Fiction-Film erscheinen und tatsächlich sollte mir in seinem Inneren ein Treffen der dritten Art bevorstehen.

Die Webseite der Archive informiert heute, dass Sicherheitskameras, elektronische Schlösser und Sensoren jede Bewegung im Gebäude überwachen. Als ich gegen Mittag dort ankam, erfuhr ich, dass man mir ohne Identitätsnachweis mit Foto keinen Zutritt gewähren könnte. Erst um 16 Uhr konnte ich mich den Anforderungen entsprechend ausweisen. Ein Archivar schob mir eine vielleicht 15 cm tiefe Schachtel mit Papieren in Schreibmaschinengröße über den Tisch. Ich hatte eine Stunde Zeit, vor Schließung der Behörde circa eintausend Akten durchzusehen. In größtmöglicher Geschwindigkeit blätterte ich sie durch und stoppte nur da, wo ich Referenzen zu meinem Vater fand oder zu Menschen, deren Namen ich aus Gesprächen zu Hause kannte. Auf einem der Aktenblätter wurde mein Vater durch ein von der Gestapo gemachtes Foto identifiziert und als kommunistischer Spion bezeichnet.

In einem weiteren Papier fand ich eine Referenz zu unserer Familie und damit, indirekt, auch zu mir. Ihr zufolge war der CIA erst 1974 klargeworden, dass mein Vater kein kommunistischer

Spion, sondern ein konservativ eingestellter Hochschulprofessor mit Ehefrau und drei Söhnen war. Der Geheimdienst stellte in diesem Dokument die Beobachtungen meines Vaters offiziell ein. Pünktlich um 17 Uhr musste ich die Kiste an den Archivar zurückgeben.

Etwa eine Woche später stieg ich erneut in einen Zug nach Washington. Diesmal hatte ich mich rechtzeitig auf den Weg gemacht. In meiner Tasche waren die Identitätskarte und meine Kamera. Ich fotografierte alle Akten, die ich vergrößern wollte. Andere fotokopierte ich vor Ort. Als ich den Gesamtinhalt der Kiste durchgesehen hatte, bemerkte ich, dass die CIA-Akte fehlte. Ich fragte einen der Archivare nach ihrem Verbleib, aber er konnte meine Frage nicht beantworten. Ich wollte herausfinden, wo sich das Papier befand und natürlich auch, warum es aus der Kiste verschwunden war. Die Archivare, größtenteils ältere Herren, mit denen ich dort sprach, waren ohne jeden Zweifel aus ehrlichen, zutiefst demokratischen Überzeugungen an diesem Ort tätig. Transparenz spielte für sie eine große Rolle. Dennoch schienen sie zunehmend nervös auf meine Fragen zu reagieren. Als mich der Letzte, mit dem ich redete, fragte, ob ich wirklich den Chef der Militärarchive sprechen wolle und ich das bejahte, war er gekommen, der Moment der dritten Art.

Ich hatte erwartet, dass mir ein Mann in Uniform entgegentreten würde. Nicht damit gerechnet hätte ich, dass er unauffälliger Statur sein und in eine graue Bundjacke gekleidet auftauchen würde. Seine Kleidung und seine misstrauischen Augen, selbst Haarschnitt und Brillengestell ließen ihn aussehen, als wäre er einer der Funktionäre aus der DDR, die man auf Fotos des Politbüros oft in den hinteren Reihen sah. Ausgerechnet dieser Mann wollte sich nun ein Bild darüber machen, wer hier so nachdrücklich nach einem fehlenden Dokument über sowjetische Spione fragte. Ich erklärte ihm, warum es sich für mich gerade bei diesem Papier um eine Familienangelegenheit handelte. Er reagierte verständnisvoll

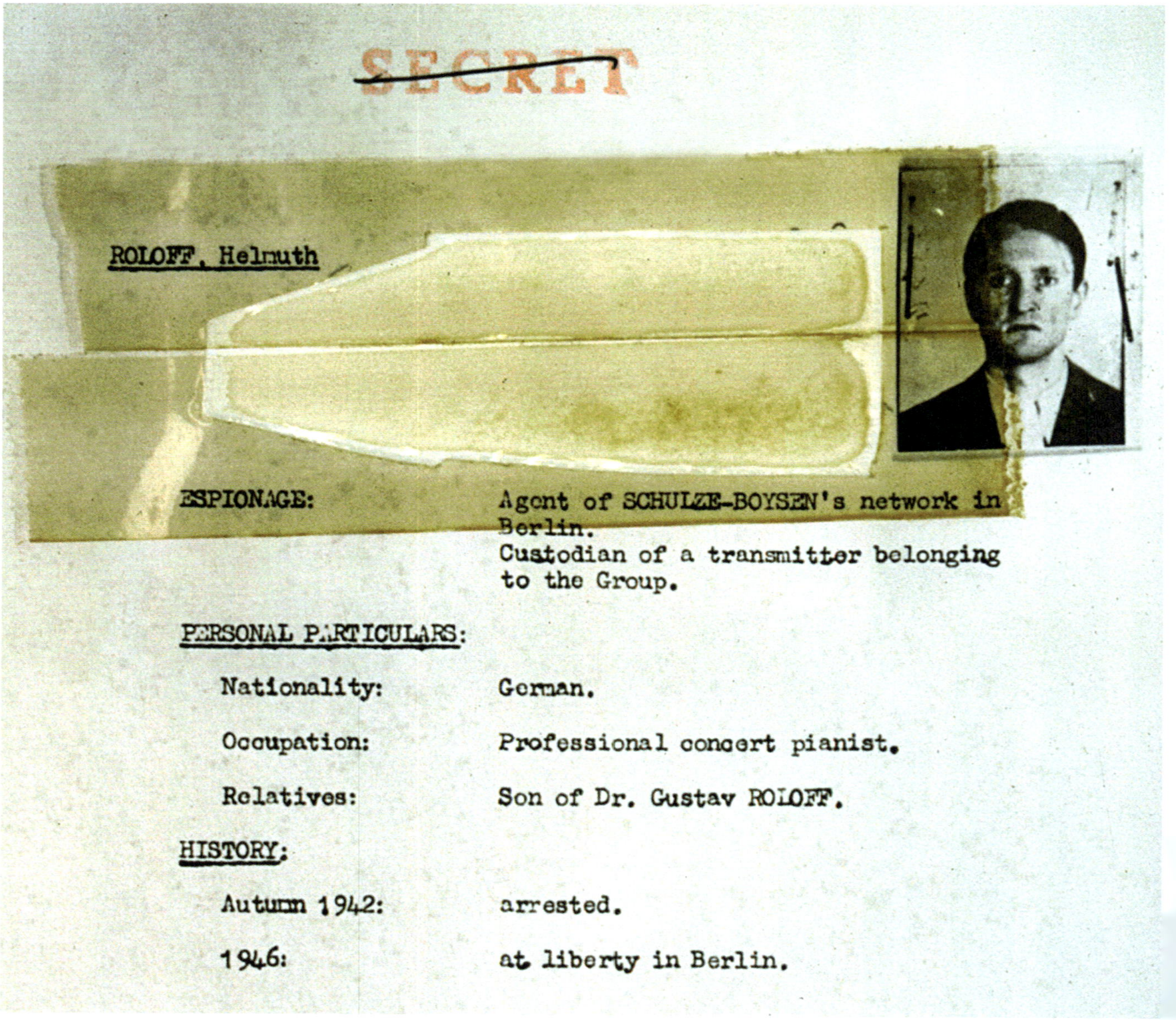

~~SECRET~~

ROLOFF, Helmuth

ESPIONAGE: Agent of SCHULZE-BOYSEN's network in Berlin.
Custodian of a transmitter belonging to the Group.

PERSONAL PARTICULARS:

Nationality: German.

Occupation: Professional concert pianist.

Relatives: Son of Dr. Gustav ROLOFF.

HISTORY:

Autumn 1942: arrested.

1946: at liberty in Berlin.

Ausschnitt aus der CIC-Notiz über Helmut Roloff, um 1948
Quelle: U.S. National Archives and Records Administration (NARA)

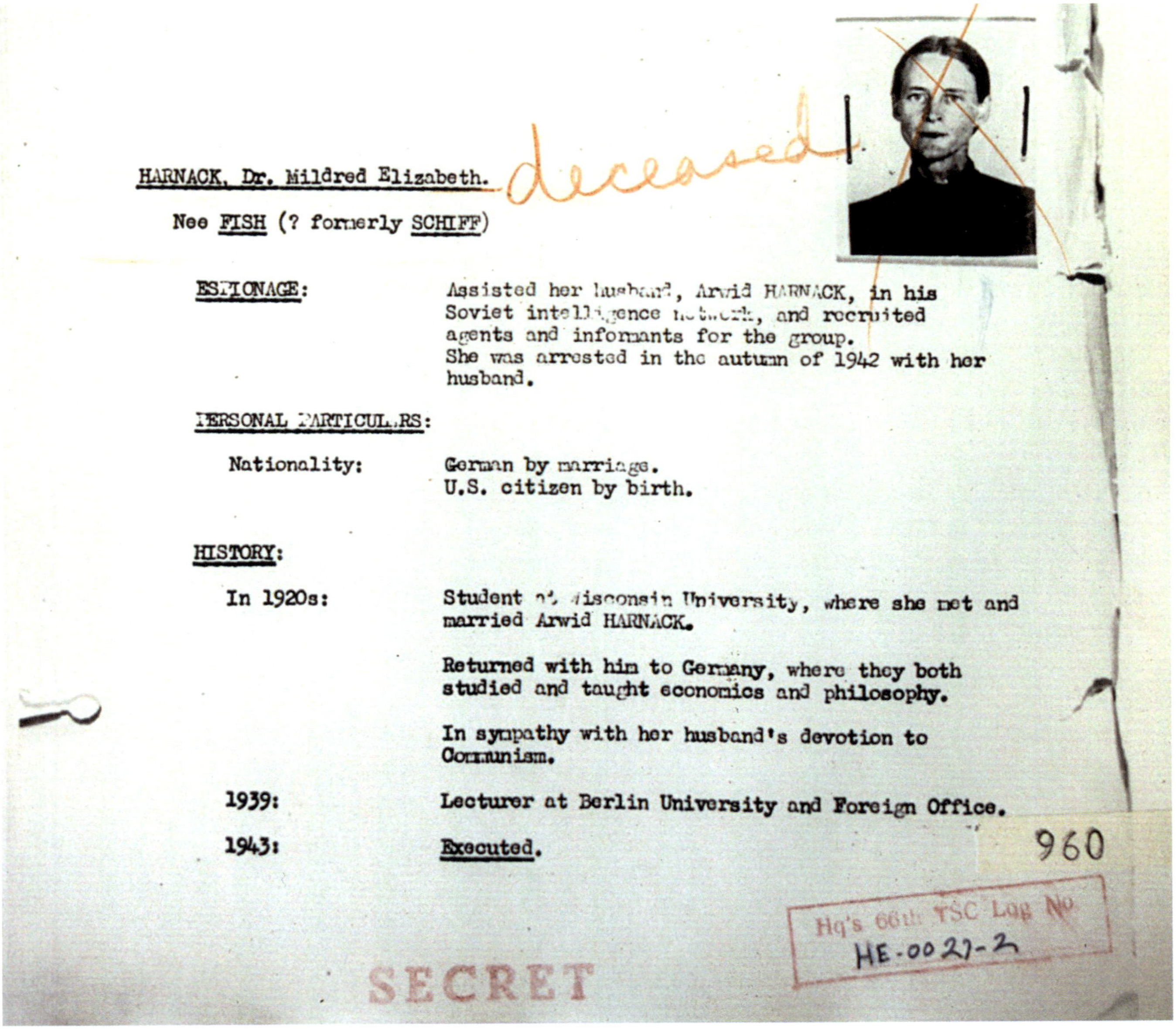

HARNACK, Dr. Mildred Elizabeth. deceased

Nee FISH (? formerly SCHIFF)

ESPIONAGE: Assisted her husband, Arwid HARNACK, in his Soviet intelligence network, and recruited agents and informants for the group.
She was arrested in the autumn of 1942 with her husband.

PERSONAL PARTICULARS:

Nationality: German by marriage.
U.S. citizen by birth.

HISTORY:

In 1920s: Student at Wisconsin University, where she met and married Arwid HARNACK.

Returned with him to Germany, where they both studied and taught economics and philosophy.

In sympathy with her husband's devotion to Communism.

1939: Lecturer at Berlin University and Foreign Office.

1943: Executed.

960

Hq's 66th TSC Log No
HE-0027-2

SECRET

Ausschnitt aus der CIC-Notiz über Mildred Harnack, um 1948
Quelle: U.S. National Archives and Records Administration (NARA)

und sagte, dass die Akte, wenn sie nicht mehr in der Kiste sei, vermutlich versehentlich nach meinem letzten Besuch fehlplatziert wurde. Da könne man nichts machen.

Zurück in New York fand ich in Gesprächen mit US-amerikanischen Historikern heraus, dass der US-Geheimdienst zwar Akten öffentlich macht, deren Zugänglichkeit er als für die Öffentlichkeit geeignet einschätzt, dass er diese Zugänglichkeit aber unter Umständen auch wieder zurückziehen kann. Von der Möglichkeit, Akten in einem weniger bürokratischen Verfahren falsch einzuordnen, wurde mir ebenfalls berichtet. In so einem Fall verschwindet ein Papier in einer anderen Kiste zwischen Milliarden von Akten und wird nie wiedergesehen.

Als mich zwei Monate später ein US-amerikanischer Historiker aufgeregt anrief und mir mitteilte, dass er in den Archiven war und nun die gesamte Kiste verschwunden sei, war ich erleichtert, dass ich alles, bis auf die CIA-Akte, kopiert und abfotografiert hatte.

Bei einem Washington-Besuch ein paar Monate später fuhr ich in die Archive und fragte noch einmal nach den Akten. Zu meinem Erstaunen wurde mir eine doppelt so große Kiste über den Tisch geschoben. In ihr befanden sich neben den Akten der Widerständlerinnen und Widerständler der sogenannten „Roten Kapelle“ jetzt auch Akten kubanischer Revolutionäre. Das CIA-Dokument über meinen Vater aber fehlte weiterhin.

Mein Vater hatte inzwischen mehrere Schlaganfälle überlebt. Er war Mitte achtzig. Um ihn nicht mit einem großen Stab für Kamera, Ton und Beleuchtung zu konfrontieren, bat ich meinen ehemaligen Klassenkameraden und Freund Louis von Adelsheim, der als Kameramann arbeitete, unsere Gespräche zu filmen. Er hatte während unserer Schulzeit oft bei uns zu Mittag gegessen und die beiden waren einander vertraut.

Doch die Dreharbeiten gestalteten sich auf andere Weise schwierig. Mein Vater hatte immer einen speziellen Sinn für Humor. Mitten in den Dreharbeiten, bei laufender Kamera, nutzte er kleine Pausen, um Louis direkt anzusprechen und sich zum Beispiel nach der Herkunft seiner Kamera zu erkundigen. Je öfter ich ihn bat, sich auf die Beantwortung meiner Fragen zu konzentrieren, desto mehr schien er Gefallen an diesem Spiel zu finden.

Im Herzen war mein Vater immer ein Provokateur und darin, verbunden mit einem tiefen Gefühl für Menschlichkeit, Verantwortung und Großzügigkeit, erkenne ich einen entscheidenden Schlüssel zu seiner Widerstandstätigkeit. Ich habe diese ungewöhnliche Kombination auch bei anderen Menschen entdeckt, die in unterschiedlichen Situationen Widerstand geleistet haben.

Ein weiteres Problem im Rahmen unserer gefilmten Gespräche waren geistige Aussetzer, die mein Vater in Folge seiner Schlaganfälle hatte. Allerdings sollten sie sich später für das Projekt positiv auswirken. Es geschah wiederholt, dass ich ihm eine Frage stellte, die er nicht beantwortete. Egal wie sehr ich ihn erinnerte, er sprach über andere Themen weiter. Erst am nächsten Tag, aus dem Nichts, begann er mitten in einem völlig anderen Zusammenhang, plötzlich und unerwartet, meine Frage vom Vortag zu beantworten. Mir schien es, als hätte ich Zugang zu seinem tiefsten Unterbewusstsein gefunden.

Natürlich ging es auch um die Frage, wie er aus dem Gefängnis gekommen war und warum er überlebt hatte, obwohl seine Freundinnen und Freunde hingerichtet wurden. Die Gestapo hatte bei ihm das Belastendste gefunden, das es geben konnte: Ein Funkgerät, mit dem versucht worden war, mit der Sowjetunion Kontakt aufzunehmen. Entfernt stand auch die Frage im Raum, ob er, unter welchen Umständen auch immer, andere verraten hatte, um das eigene Leben zu retten.

Seine Strategie in den Verhören beschreibt er in diesem Buch selbst. Zusammenfassend stellte er sich eine Frage, die auch für die meisten Verhafteten ein zentraler Punkt war: „Wie komme ich hier raus, ohne etwas zu sagen, das andere belastet?"

In den letzten Kriegstagen hat die Gestapo verzweifelt versucht, alle ihre Akten zu verbrennen. Ein paar Dokumente blieben trotzdem erhalten. Erst das, was ich später in einem solchen fand, bewies, dass mein Vater, wie die meisten seiner Mitstreiterinnen und Mitstreiter, auch in Todesangst geschwiegen und niemanden verraten hatte.

Die Gestapo hatte eine junge Frau aus der Gruppe festgenommen. In Sorge um ihr neugeborenes Kind sagte sie alles ihr Bekannte aus. Sie verriet ihren Mann sowie andere Freundinnen und Freunde. Aber sie bestätigte auch, dass mein Vater den Koffer mit dem Funkgerät verschlossen und ohne Schlüssel erhalten hätte. Damit war klar, dass er nur, wenn er ihn gewaltsam geöffnet hätte, wissen konnte, was sich in dem Koffer befand.

Dass mein Vater am Leben geblieben war, hatte er jedoch hauptsächlich der Tatsache zu verdanken, dass seine Freunde ihn nicht verraten hatten und dass er Jura studiert hatte, was der Gestapo unbekannt war. So konnte er bei den Verhören einen ahnungslosen Musiker spielen, aber aufgrund seiner juristischen Kenntnisse Sätze einfügen, die ihm das Leben retteten. Rückblickend führt seine Geschichte vor Augen, wie in einer Diktatur Glück oder Pech über Leben und Tod entscheiden können.

Nach dem Filmen unserer Gespräche machte ich mich auf die Suche nach weiteren Überlebenden und Nachfahren der Freundeskreise um Harro Schulze-Boysen und Arvid Harnack.

Auszug aus dem Vernehmungsprotokoll von Hannelore Thiel, 18.9.1942
Quelle: Militärhistorisches Archiv Prag

In der Wohnung meines Mannes, Nürnbergerstr. 33/34, befand sich dann der Koffer mit dem Sende-Gerät bis zum 9x9x 11. 9. 42. Am 11.9.42 mittags 1/2 3 Uhr habe ich den Koffer mit dem Sende-Gerät in der Wohnung meines Mannes abgeholt, ihn in den Kinderwagen gepackt und zum Zahnarzt H i m p e l nach der Lietzenburgerstr. 6 gefahren. Vorher hatte mein Mann um den Koffer ein Band aus Stahldraht, das an 2 Ösen mit einem Schloß zusammengehalten wurde, versehen. Daß ich den Koffer abholen sollte, wurde an dem Abend vorher bei H i m p e l besprochen. Als ich den Koffer zu H i m - p e l brachte, wurde mir dieser an der Korridortür von Herrn H i m p e l abgenommen. Die Wohnung des H i m p e l habe ich bei dieser Gelegenheit nicht betreten. Am selben Abend traf ich mit meinem Ehemann in der elterlichen Wohnung zusammen, wobei ich ihm die Mitteilung, machte, daß ich den betreffenden Koffer zu H i m p e l gebracht habe.

Die Person, zu der der Koffer von H i m p e l aus geschafft wurde, war und ist mir nicht bekannt.

Die Telefonnummer von HANS COPPI, dem Sohn von Hans und Hilde Coppi, erhielt ich von meinem Vater. Der groß-gewachsene Mann, dessen Augen mich, wie mir schien, bei unserer ersten Begegnung mit leichtem Misstrauen betrachteten, begrüßte mich und führte mich in seine Wohnung. Die Wände hingen voller Bilder von DDR-Malern, die mir gefielen und lebendige Hintergründe für die Filmaufnahmen boten. Hans war der erste Mensch, den ich kennenlernte, der im Osten aufgewachsen war. Während unseres Gesprächs spürte er, dass ich keine vorgefertigten Pläne oder Meinungen zum Thema hatte und auf dieser Basis entdeckten wir im Lauf der folgenden Zeit viele Gemeinsamkeiten.

Von ihm erfuhr ich auch mehr über Greta Kuckhoff, die Frau, die mich vor vielen Jahren bei der Gedenkfeier so besorgt angeschaut hatte. Im Gefängnis hatte sie zum Tode verurteilten Freundinnen versprochen, sich im Fall ihres Überlebens um deren Kinder zu kümmern. Die Mutter von Hans, Hilde Coppi,

Hans Coppi bei einer Gedenkveranstaltung zur „Roten Kapelle", 2011
Quelle: Privatbesitz

Karin Reetz während der Dreharbeiten 1998/99
Kamera: Louis von Adelsheim

hatte ihn im November 1942, neun Monate vor ihrer Hinrichtung im August 1943 im Gefängnis zur Welt gebracht. Die ersten Lebensjahre verbrachte er bei seinen Großeltern in einer Laubenkolonie im Westteil von Berlin. Als im Kalten Krieg Widerstandskämpferinnen und -kämpfer dort als Spione und Landesverräter stigmatisiert, beobachtet und zum Teil verfolgt wurden, zogen sie mit Hans ins kommunistische Ost-Berlin. Er hat sein Leben der Auseinandersetzung mit dem Widerstand der Freundeskreise der „Roten Kapelle" gewidmet und mich großzügig bei meinem Projekt unterstützt. Ich sehe in ihm nicht nur einem Freund, sondern auch einen Bruder. Ein vergleichbar familiäres Gefühl wuchs auch zu den anderen Menschen, deren Erfahrungen und Gedanken in ihren eigenen Worten in diesem Buch abgedruckt sind.

Schwieriger als mit Hans war mein erster Kontakt mit KARIN REETZ, deren Vater, John Graudenz, zum engeren Freundeskreis meines Vaters gehörte. Als ich sie anrief, lehnte sie zuerst

Cato Bontjes van Beek (vorne links), dahinter Heinz Strelow in der Keramikwerkstatt ihres Vaters Jan Bontjes van Beek (zweiter von rechts) und die Schwester Mietje Bontjes van Beek (vorne rechts), um 1941
Quelle: Privatbesitz

ein Gespräch über die „Rote Kapelle" ab. Schließlich willigte sie ein, sich mit mir in Gegenwart meiner Eltern zu treffen. Sie erwartete uns in einem kleinen Haus außerhalb Berlins mit Kaffee und Kuchen.

Hier hatte die Familie gewohnt, als ihre Eltern, die 16-jährige Karin und ihre jüngere Schwester, 1942 von der Gestapo festgenommen wurden. Nach einigen Wochen in Einzelhaft wurden Karin und ihre Schwester aus der Haftanstalt entlassen. Die Mutter erhielt eine Gefängnisstrafe, aber ihr geliebter Vater wurde in Plötzensee erhängt. Wie traumatisierend diese Erfahrung auf sie gewirkt haben muss, konnte ich nur erahnen. Ich erlebte Karin als eine äußerst warmherzige und sensible Frau. Nach dem Krieg studierte sie gemeinsam mit einem anderen Überlebenden der „Roten Kapelle", den ich erst später kennenlernte, an der Kunsthochschule in Weißensee. Als sie zu ihrem Mann nach West-Berlin umzog, erlebte sie hier die Verfolgung der Überlebenden der „Roten Kapelle". Einige Jahre lang lebte sie mit ihrer Familie in Südamerika. In den 1990er Jahren zog sie zurück in ihr Elternhaus. Von hier aus beobachtete sie den wiederauflebenden Rechtsextremismus im Osten Deutschlands. Nach unserem ersten Treffen war das Eis gebrochen. Sie vertraute mir, ich durfte sie allein besuchen und unsere Gespräche filmen. Bis heute verbindet uns eine tiefe Freundschaft.

Eine Freundin setzte mich mit TIM und MIETJE BONTJES VAN BEEK in Verbindung, den Geschwistern der im August 1943 hingerichteten Cato Bontjes van Beek. Wie Karin wohnten auch sie in ihrem Elternhaus in Fischerhude, einem idyllisch gelegenen Dorf in Norddeutschland. In der Umgebung hatten schon lange viele Künstlerinnen und Künstler gelebt, wie auch Paula Modersohn-Becker, mit der die Familie van Beek verwandt war. Mein ehemaliger Kommilitone aus der Kunsthochschule, Rainer Fetting, selbst ein Maler aus Norddeutschland, begleitete mich diesmal als Kameramann.

Die Mutter der Geschwister war Tänzerin und ihr Vater Töpfer. Cato, Mietje und Tim wuchsen in einem künstlerischen Haus auf, in dem ein individueller Lebensweg als selbstverständlich angesehen wurde. Mietje, auch eine Malerin mit frischer, verträumter, mädchenhafter Ausstrahlung, hatte ihr Atelier im Haus. Kurz bevor ihre Schwester, die Freunde und Freundinnen sowie der Vater in Berlin verhaftet wurden, war sie schwer erkrankt und zu ihrer Mutter nach Fischerhude gefahren. So entging sie der Festnahme.

Briefe, die sie und ihre Schwester Cato in Berlin heimlich mit französischen Kriegsgefangenen ausgetauscht hatten, vergrub sie damals im Garten ihres Elternhauses in einer Flasche. Cato starb unter dem Fallbeil. Ihr Vater überlebte. Jahrzehnte später suchte und fand ein Fernsehsender die früheren Kriegsgefangenen in Frankreich. Mietje grub die Flasche im Garten aus, holte die Briefe heraus und fuhr in Begleitung ihrer Schwägerin Roseli zu einem von dem Sender organisierten Wiedersehen nach Frankreich. Anschließend sprach sie lange Zeit nicht und ihr künstlerisches Werk war, laut Roseli, von diesem Moment an nur noch vom Holocaust bestimmt.

Catos Bruder Tim wohnte in einem anderen Teil des Hauses. Dort hatte er mit seiner Frau im Laufe seines Lebens Objekte zusammengetragen, die es zusammen mit der Umgebung und Atmosphäre zu einem der schönsten Orte machten, die ich im Lauf der Filmarbeiten besucht habe. Tim war als Wehrmachtssoldat im Krieg, als seine Schwester Cato festgenommen und bald darauf zum Tode verurteilt und hingerichtet wurde. Vorher konnte er sie ein letztes Mal kurz besuchen. Sehr bewegt hat mich, wie er mir die Begegnung mit Manfred Roeder, dem Ankläger seiner Schwester Cato, auf einer Veranstaltung nach dem Krieg schilderte, in der dieser die DRP, die zweite neonationalsozialistische Partei Deutschlands propagierte.

Mietje und Tim waren eng mit dem in Frankreich lebenden RAINER KÜCHENMEISTER befreundet, einem weiteren Überlebenden, mit dem Karin Reetz an derselben Kunsthochschule in Berlin studiert hatte. Sie hatte ihn mir als sehr impulsiven Menschen geschildert, der sich von Autoritäten nicht einschüchtern ließ. Auch von anderer Seite wurde ich vor Rainer Küchenmeister gewarnt. Er galt als schwieriger Gesprächspartner, den man nicht gern zu Gesprächsforen einlud: aufbrausend, unberechenbar, unter Umständen auch gewaltbereit. Das machte mich nur gespannter auf unsere Begegnung, als ich zu dem von den Geschwistern arrangierten Treffen fuhr. Als Kameramann begleitete mich mein Freund Ralf Schultze nach Fischerhude und ich freute mich über die Gelegenheit, ein zweites Mal in das Haus der Bontjes van Beeks zurückzukehren. Rainer war mit 16 Jahren der jüngste Festgenommene der „Roten Kapelle". Ich begegnete einem 80-jährigen Maler mit frechem Gesicht, ein ewig 17-Jähriger im Geist, der im Vorkriegsslum am Schlesischen Bahnhof aufgewachsen war und im Alter gern Led Zeppelin hörte. Als Maler war er seinen total eigenen, individuellen Weg gegangen und hörte, wie Marcel Duchamp, auf zu arbeiten, als alles, das er ausdrücken wollte, erledigt war. Auf dieser Basis wurden wir mit großer Selbstverständlichkeit Freunde.

Es war im Herbst 1942, als Rainer zusammen mit seinem Vater und dessen Lebensgefährtin Elfriede Paul von der Gestapo festgenommen und in ihr Hauptquartier in der Prinz-Albrecht-Straße 8 gebracht wurde. Hier sah er seinen Vater zum letzten Mal. In der Haft hatte er Kontakt zu der fünf Jahre älteren Cato Bontjes van Beek in der Zelle über ihm und sie tauschten Kassiber aus. Kurz vor ihrer Hinrichtung wurde er in ein KZ transportiert.

Rainer Küchenmeisters Tochter Eurydice liest die Kassiber mit Rainer im Hintergrund während der Dreharbeiten 1999.
Kamera: Ralf Schultze

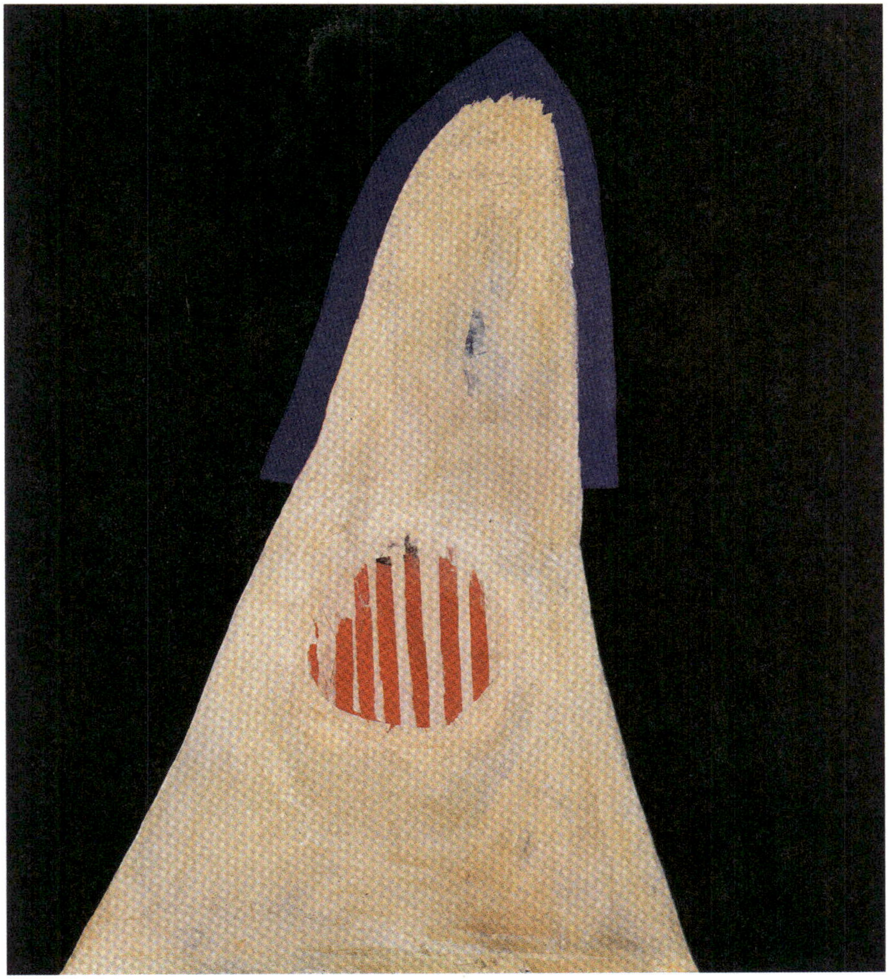

„Große Figur" von Rainer Küchenmeister, Mischtechnik auf Novopan, 1976
Quelle: Privatbesitz

Nach Kriegsende studierte er, der Kiezjunge, einem Versprechen folgend, das er Cato vor ihrer Hinrichtung gegeben hatte, Malerei. 1964, als Arbeiten von ihm auf der Documenta III in Kassel gezeigt wurden, bekam er für sein künstlerisches Werk internationale Anerkennung.

Die Festnahme, Inhaftierung, die Zeit im Konzentrationslager und sein nachfolgendes Überleben im Strafbataillon hatten ihn traumatisiert. Auch wenn er sein Arbeitskonzept offiziell anders beschrieb, in seiner Kunst konnte man die Wirkung des Erlebten erahnen. Er malte Menschen ohne Köpfe oder Gesichter.

Sein jüngerer Bruder Claus war vor der Festnahme des Vaters in ein Schweizer Elite-Internat geschickt worden, wo er mit privilegierten, jungen Leuten wie Gunter Sachs die Kriegszeit wohl behütet überlebte. Nach dem Krieg nutzte er in der sowjetisch besetzten Zone und der späteren DDR die Situation, dass die Widerständler der „Roten Kapelle" hier als „Kundschafter für die Sowjetunion" dargestellt wurden. Im Auftrag von Stasi-Chef Erich Mielke festigte Claus Küchenmeister mit seiner Mitarbeit an dem Drehbuch für den Film „KLK an PTX", einem der teuersten historischen Propagandafilme, den die DDR produziert hat, die Legende der kommunistischen Spione. Später erfuhr ich, dass ein ungewöhnliches Team an dem Drehbuch gearbeitet hatte. Es bestand aus Claus Küchenmeister, seiner Frau Wera und zwei Mitarbeitern des Ministeriums für Staatssicherheit. Die vier Autorinnen und Autoren hatten den Auftrag, einander während der Arbeit am Drehbuch zu überwachen. Sie wussten zum Teil nicht, dass auch die anderen für das Ministerium für Staatssicherheit arbeiteten. Obwohl mehrere Überlebende der „Roten Kapelle" in der DDR lebten, wurden längst nicht alle nach ihrem Widerstand befragt.

Claus hatte keine der Widerstandstätigkeiten seines Vaters oder älteren Bruders miterlebt und Greta Kuckhoff, eine der Hauptfiguren im Film und eine prominente Frau in der DDR, machte im privaten Kreis ihrem Ärger darüber Luft, dass sie nicht einmal von der Schauspielerin, die im Film ihre Rolle spielen sollte, kontaktiert wurde. Stasi-Chef Mielke wollte beim Schaffen der Legende kein Risiko eingehen, dass Elemente der wahren Geschichte einer ideologisch unabhängigen Gruppe durchscheinen könnten. Weil sein Bruder Privilegien in Anspruch nahm und sich in solcher Form korrumpieren ließ, lehnte Rainer zeitlebens jeden Kontakt zu ihm ab.

HARTMUT SCHULZE-BOYSEN, den jüngeren Bruder von Harro Schulze-Boysen, traf ich auf einer Veranstaltung im deutschen Konsulat in New York, wo er selbst als Konsul tätig gewesen war. Der groß gewachsene Mann stand mit vorgebeugter Postur und Händen in den Hosentaschen mitten im Saal, als ich ihn ansprach. Er war sichtlich erfreut, jemanden mit direkter verwandtschaftlicher Verbindung zum Freundeskreis seines Bruders zu treffen und lud mich nach Bad Godesberg ein. Mein Neffe Sebastian Quack lebte in der Nähe und begleitete mich als Kameramann in Hartmuts lichtdurchflutetes Haus. Dort traf ich auch JOHANNES HAAS-HEYE, den Bruder von Libertas Schulze-Boysen, einen sanften alten Herrn mit einem Seidenhalstuch.

Gleich zu Anfang unseres Gesprächs empörte sich Hartmut darüber, dass es Zeit seines Lebens eine Kluft innerhalb seiner Familie gegeben hatte. Sein Bruder Harro wurde als „Spion der Sowjets" hingerichtet. Mit Ulrich von Hassell gehörte ein anderes Familienmitglied dem nationalkonservativen Widerstand an, der im Umsturzversuch vom 20. Juli 1944 kulminierte, und 1944 ebenfalls in Berlin-Plötzensee hingerichtet wurde. Doch während die Männer des 20. Juli in den späten 1950er Jahren zu Helden erhoben wurden, hat man die Männer und Frauen der „Roten Kapelle" als Verräter beschimpft und als Sowjetspione verleumdet. Das sorgte innerhalb der Familie für anhaltende Auseinandersetzungen. Hartmut fasste seinen Unmut darüber mit dem Satz zusammen, dass man das „bisschen" Widerstand, das es in Deutschland gegeben hätte, nicht noch in guten und schlechten Widerstand unterteilen sollte. Als in den 1970er Jahren ein Herr aus der sowjetischen Botschaft in Bonn bei den Eltern erschien, um ihnen den Harro posthum verliehenen „Rotbannerorden" zu übergeben, war sein Vater empört und weigerte sich, den Gast zu empfangen. Die Mutter nahm das Stück entgegen und verwahrte es in einer Schublade. Nachdem wir unser Gespräch gefilmt hatten, wollte Hartmut mir den Orden zeigen. Er suchte in Schränken und Schubladen, aber er fand ihn nicht. Erst 2009 gelang es ihm nach Jahrzehnten unermüdlicher Kämpfe, die Rehabilitation seines Bruders durchzusetzen.

Hans Coppi, Johannes Haas-Heye und Hartmut Schulze-Boysen (von links nach rechts), Berlin-Mitte, Niederkirchnerstraße, 26. Juli 1994 bei der Anbringung einer provisorischen Gedenktafel für Harro und Libertas Schulze-Boysen
Quelle: Privatbesitz

Nach Hartmut nahm ich mein Gespräch mit Libertas Bruder Johannes Haas-Heye auf und er schilderte mir in lebendigen Details aus der Zeit vor und während der Festnahmen. Sie waren als Darstellungen direkt erlebter Situationen aus der Sicht enger Familienangehöriger für meinen Film sehr wertvoll.

Auf Vorschlag meines Vaters rief ich DONALD R. HEATH JR. an. Ich wusste über Donald nur, dass sein Vater ein US-amerikanischer Diplomat in Berlin und enger Vertrauter von Arvid Harnack war. Er kam nach New York und schlug den nach einem deutschen Emigranten benannten Steuben Park in Manhattan als Treffpunkt vor. Mein Freund, der Künstler Txuspo Poyo, begleitete mich mit der Kamera zu diesem Treffen. Donald, ein humorvoller, lockerer Mann in seinen Mittsiebzigern, kam in Begleitung seiner Frau Julie und war sichtlich bewegt, in mir

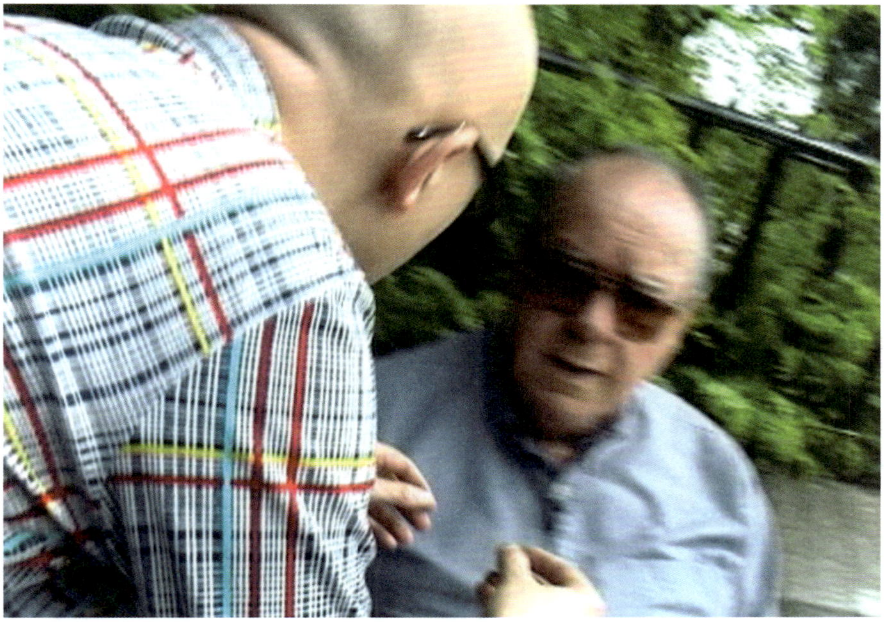

einen Nachkommen der Widerständler kennenzulernen. Er war mir umgehend vertraut, als ich mit ihm, auf einer Parkbank sitzend, vor Txuspos Kamera ins Gespräch kam. Donald erzählte von Arvid Harnacks Frau Mildred, die in Berlin seine Privatlehrerin war. Zu ihr hatte der damals Zehnjährige eine sehr enge Beziehung. Er selbst gab in den 1930er Jahren mit seiner Schulmappe auf den Straßen Berlins ein unauffälliges Bild ab und wurde beauftragt, Kurierdienste zwischen Arvid, der im Finanzministerium tätig war und seinem Vater zu übernehmen. Über diesen ungewöhnlichen Boten gelangten Informationen über Hitlers Kriegsvorbereitungen zu Präsident Roosevelt.

1941, nach dem Eintritt der USA in den Krieg, musste Donald mit seiner Familie die Stadt verlassen. Er erinnerte sich sehr lebendig an den Abschied von den Harnacks auf einem der Berliner Bahnhöfe. Später wurden Arvid und Mildred als einzige US-Amerikanerin des Widerstandskreises wegen „Vorbereitung zum Landesverrat" hingerichtet.

Txuspo Poyo justiert das Mikrofon von Donald R. Heath jr. während der Dreharbeiten 1999/2000.
Kamera: Txuspo Poyo

Donalds Vater wollte den deutschen Widerstand und das Schicksal von Mildred und Arvid in den USA öffentlich machen. Das wurde ihm jedoch durch den damaligen General Eisenhower verboten. Sein Vater litt zunehmend psychisch unter diesen Einschränkungen seines Berufs und war am Ende seines Lebens schwer davon geplagt. Auch Donald und ich blieben nach unserem Treffen bis zu seinem Tod in Kontakt.

Unausweichlich waren in allen Gesprächen die Umdeutung des Widerstands in Spionage und Verrat und die daraus resultierenden Schwierigkeiten für die Überlebenden und ihre Familien zentrale Themen. Den Ankläger Manfred Roeder und den Leiter der Gestapo-Sonderkommission „Rote Kapelle" Horst Kopkow konnte ich dazu nicht mehr befragen, da beide bereits verstorben waren.

Ich erinnerte mich daran, dass unsere Mutter uns vor möglichen Schwierigkeiten in der Schule wegen einer Verleumdung unseres Vaters gewarnt hatte und fand die Landesverräter-Serie im SPIEGEL von 1968. In ihr hatte der Autor HEINZ HÖHNE auch diskutiert, ob die angeblich funkenden Spione der „Roten Kapelle" u. a. für den Tod von 200.000 deutschen Soldaten verantwortlich gewesen wären.

Mir war bewusst, dass Höhne sich nicht unbedingt wohl fühlen konnte, vom Sohn eines ehemaligen Angehörigen der Widerständler kontaktiert zu werden. Eine Chance, ihn zu treffen, erhoffte ich mir über eine zugegebenermaßen etwas primitive Kontaktaufnahme. Am Telefon sagte ich ihm zunächst, dass ich ihn aus New York anrufen würde. Ein internationales Interesse an seiner Person schmeichelte ihm offensichtlich. Ich fügte hinzu, dass mein Vater mir empfohlen hätte, ihn zu kontaktieren, weil ihn die akribische Recherche zu der SPIEGEL-Serie sehr beeindruckt hätte. Höhne stimmte daraufhin freudig einem Interview zu.

Ich flog sofort, bevor er es sich anders überlegen würde, nach Deutschland. In Ermangelung eines Kameramannes auf so kurze Ankündigung filmte Eberhard Kredel, ein in seiner Gegend lebender befreundeter Zahnarzt, das Interview für mich. Als wir das Haus betraten, fiel mir ein Foto auf, das den jungen Heinz Höhne in Wehrmachtsuniform zeigte und zentral auf seinem Kaminsims stand. Unser Gespräch wurde ein paar Mal unterbrochen, als Höhnes Hund immer wieder laut bellend ins Bild sprang, bis er mit näselnder Stimme laut seiner Frau zurief: „Sperr ihn in den Keller!" Das tat die Frau dann auch und wir konnten uns ungestört unterhalten. Er sprach über die Umstände, die zum Entstehen der SPIEGEL-Serie geführt hatte. Dabei sagte er den entscheidenden Satz, mit dem er sich selbst enttarnte: „Die 500 Funksprüche, von denen in der Literatur, ich möchte hinzufügen leider auch bei mir, die Rede ist, ist natürlich nur eine Behauptung von Leuten, die ein gewisses Wissen über die Dinge hatten, aber selbstverständlich nicht über diese Funksprüche verfügten."

Heinz Höhne erschrickt während der Dreharbeiten, als sein Hund bellend ins Bild springt.
Kamera: Eberhard Kredel

Mit der von ihm unterschriebenen Rechteerklärung flog ich zurück nach New York, im Bewusstsein, dass es sich unter Umständen lohnen kann, eine weite Reise zu machen, um einen einzigen Satz zu bekommen.

Bei der Sichtung des nun fertig gefilmten Materials fiel mir auf, dass meine zu großen Teilen hoch betagten Gesprächspartnerinnen und -partner oft langsam, stockend und mitunter auch undeutlich gesprochen hatten. Ich fragte mich, wie ich ihre authentischen Erzählungen von Widerstandsaktionen, Verhaftungen oder Verhören, für die es kein Archivmaterial gab, mit der ihnen innewohnenden Spannung bildlich spürbar machen könnte.

Das oft benutzte Nachstellen historischer Situationen durch Schauspieler und Schauspielerinnen, dessen sich Dokumentationen gern bedienen, kam für mich nicht in Frage. Dies bemüht sich, Authentizität und Fiktion, die gegensätzlich wie Öl und Wasser sind, zu vermischen. Das erschien mir mit Blick auf die immer wieder verfälschte Geschichte der „Roten Kapelle" besonders anmaßend. Mitte der 1980er Jahre hatte ich frühe Formen digitaler Bildbearbeitung entwickelt, bei denen ich unter anderem meine gemalten Bilder filmisch in Bewegung setzte. In diesem Kontext kam mir eine Idee, eher zufällig, als ich auf einer Autobahn in Pennsylvania entspannt durch eine dunkler werdende Landschaft glitt. Abends bat ich meine Begleiterin des Moments, mich vom Balkon unseres Motels dabei zu filmen, wie ich auf dem leeren Parkplatz einmal im Kreis lief, so, wie Gefangene es auf einem Gefängnishof tun.

Zurück in Brooklyn verwandelte ich die Szene am Computer in eine schwarz-weiß Animation, die einer in Bewegung gesetzten polizeilichen Phantomzeichnung ähnelte. Das resultierende Video gab ein klares Bild, aber es täuschte keine Realität vor.

Animations „Flugblattaktion“
Quelle: Stefan Roloff

Es fehlte jetzt nur noch ein letzter, für mich persönlich wesentlicher Baustein der Geschichte: die Filmmusik. Für sie hatte ich einen sehr guten Komponisten gewonnen. Er schickte mir ein Demoband, aber was er darin anskizziert hatte, war mir zu schwer. Ich sagte ihm, dass die Widerstandskämpferinnen und Widerstandkämpfer für etwas Positives gekämpft hätten, dass auch Freiheit und Lebensfreude für sie eine Rolle gespielt hätten. Er wurde wütend und antwortete, dass sein Vater in der US-amerikanischen Armee in Deutschland stationiert gewesen sei. Er würde das Land wie seine Hosentasche kennen und hier ginge es um „angst", womit US-Amerikaner eine negative Form von Nervosität bezeichnen. Wir stritten eine Weile, aber unsere Auseinandersetzungen zeigten mir zunehmend, wie komplex das Thema „Rote Kapelle" ist, wie weit es an jeder Ecke von vorgefertigten Meinungen und Interpretationen besetzt war und bis heute ist. Ähnliche Erfahrungen machte ich in der Folge auch mit weiteren Komponisten.

Composite von Martin Rev, in der Wohnung und auf der 3rd Avenue, 1997
Quelle: Stefan Roloff

Parallel dazu äußerten sich wohlmeinende Bekannte fassungslos, dass ich keine Pianoaufnahmen meines Vaters für die Filmmusik zu nutzen plante. Wie sie auf diese Idee kamen, bleibt mir bis heute schleierhaft – was hat kultivierte Konzertmusik mit dem Kampf gegen brutale, moderne Massenhypnose zu tun? Ich brauchte revolutionäre Musik, aber inzwischen hatte ich alle Komponisten, die für dieses Projekt in Frage kamen, erfolglos abgegrast.

Außer einem.

Seit 15 Jahren hatte ich mit Martin Rev von der Band „Suicide" fast exklusiv an unzähligen audiovisuellen Projekten zusammengearbeitet. Der Gedanke, dass auch unsere Freundschaft durch dieses Projekt in Mitleidenschaft gezogen werden könnte, erfüllte mich mit Besorgnis. Aber der Film war weitgehend geschnitten und ich brauchte eine Lösung. Martin ist Jude. Das hatte in unseren Künstlerleben nie eine auch nur entfernte Rolle gespielt. Diesmal tat es das und schon unser Vorgespräch gab mir ein gutes Gefühl. Er stürzte sich in die Arbeit und schickte mir vierzehn CDs, auf denen sich, ich konnte es kaum glauben, die perfekte Musik für meinen Film befand.

In New York lief der Film im März 2005 bei „Anthology Film Archives", dem Kino von Jonas Mekas. Seit Jahren hatte außer Zweifel gestanden, dass sich die Diskussionen des New Yorker Publikums um den Holocaust drehen würden, aber das Thema füllte einen überraschend kleinen Teil der Auseinandersetzung. Gerade war klargeworden, dass die Gründe, unter denen George W. Bush zwei Jahre früher den Krieg gegen den Irak begonnen hatte, auf gefälschten Informationen basierten.
In der Diskussion nach der Uraufführung stellte ein Zuschauer die Frage, wie man sich verhalten sollte, wenn das eigene Land einen unrechtmäßigen Krieg gegen ein anderes Land beginnt, und die Zeitlosigkeit des „Rote Kapelle"-Themas wurde spürbar.

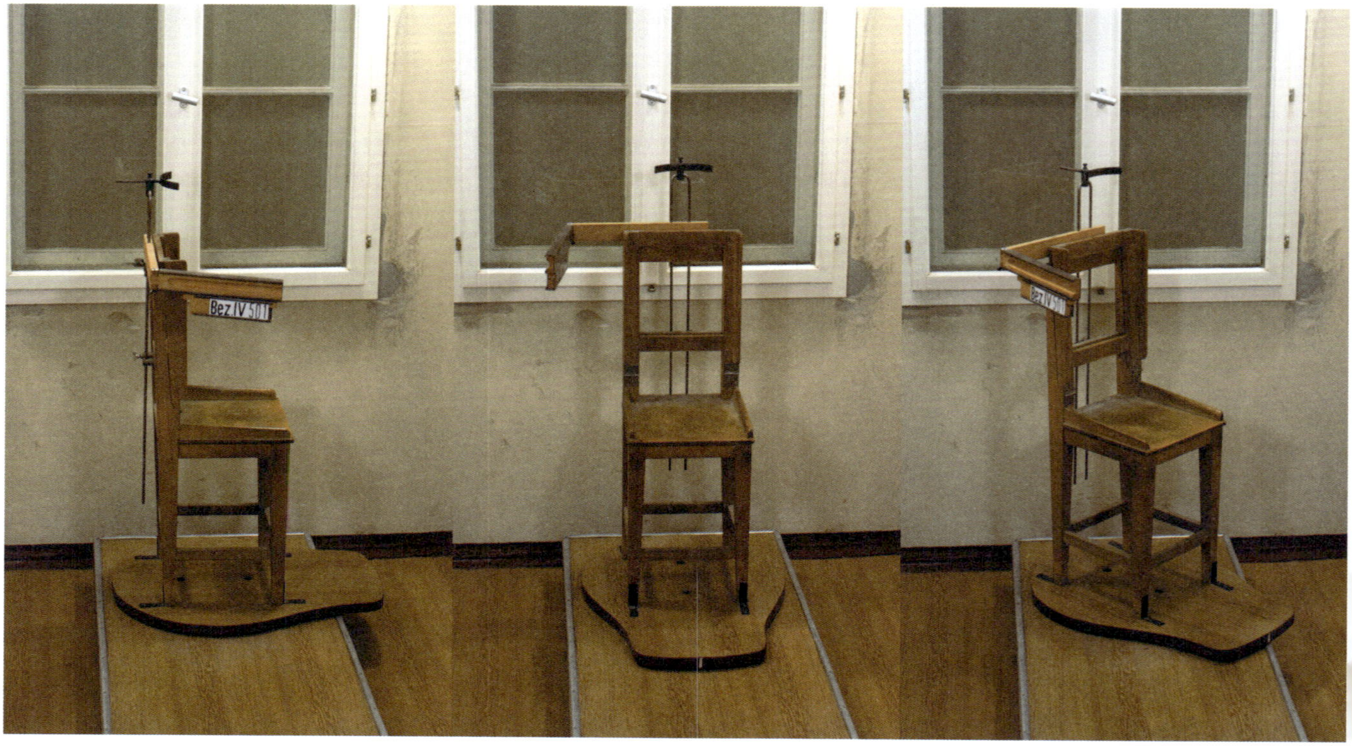

Fotostuhl in der Gedenkstätte Lindenstraße (1933–1945 Gerichtsgefängnis, 1945–1952 Untersuchungsgefängnis des sowjetischen Geheimdienstes (NKWD/MGB), 1952–1989 Untersuchungsgefängnis für das Ministerium für Staatssicherheit (MfS))
Fotos: Stefan Roloff

Ein weiteres zeitloses, mir besonders am Herzen liegendes Thema kam bei anderen Vorführungen zur Sprache: Die Manipulation von Medien, der sich antidemokratische Kampagnen im aufkommenden Nazireich ebenso wie in letzter Zeit gern bedient haben.

Über die Jahre hatte ich mir immer wieder die Identifikationsfotos angeschaut, die die Gestapo von den Verhafteten in der polizeiüblichen Form eines Triptychons gemacht hatte – Profil, frontal und Halbprofil. Die Festgenommenen wurden auf einen Holzstuhl gesetzt, den ein Hebel mit plötzlichem, hartem Ruck in diese drei Positionen verstellte, um ihre erkennungsdienstlichen Fotos zu machen.

Die Gefangenen taten ihr Bestes, ihr inneres Selbst, ihre Ängste oder Beweggründe nicht mit ihren potentiellen Henkern zu teilen. Zweifellos konnten diese die Beweggründe der Menschen, die sie ablichten sollten, beim besten Willen nicht verstehen. Beide gehörten zu polaren Gegensätzen einer gespaltenen Gesellschaft. Wie konnte bei einem derartigen Prozess ein echtes Porträt entstehen?

Maler oder Fotografen werden, wie eingangs erwähnt, immer das Gespräch oder den Kontakt mit ihren Modellen suchen, um Zugang zu deren Inneren zu bekommen. Diese entscheidende Grundlage des Porträtierens war hier nicht gegeben, sondern ihr Gegenteil.

Ich finde es bemerkenswert, dass Gesichter, die nicht wirklich echt waren, nach dem Krieg zur Verbreitung gefälschter Informationen über die angebliche Spionagegruppe benutzt wurden. Ich bezeichne diese Fotos deshalb als „Antiporträts".

Auszüge aus dem Gestapo-Album zur „Roten Kapelle" 1942, Frieda Coppi, Hedwig Raasch und Hans Coppi

Martha Schulze, Walter Küchenmeister und Helmut Himpel
Quelle: Bundesarchiv Berlin, R 58/3191

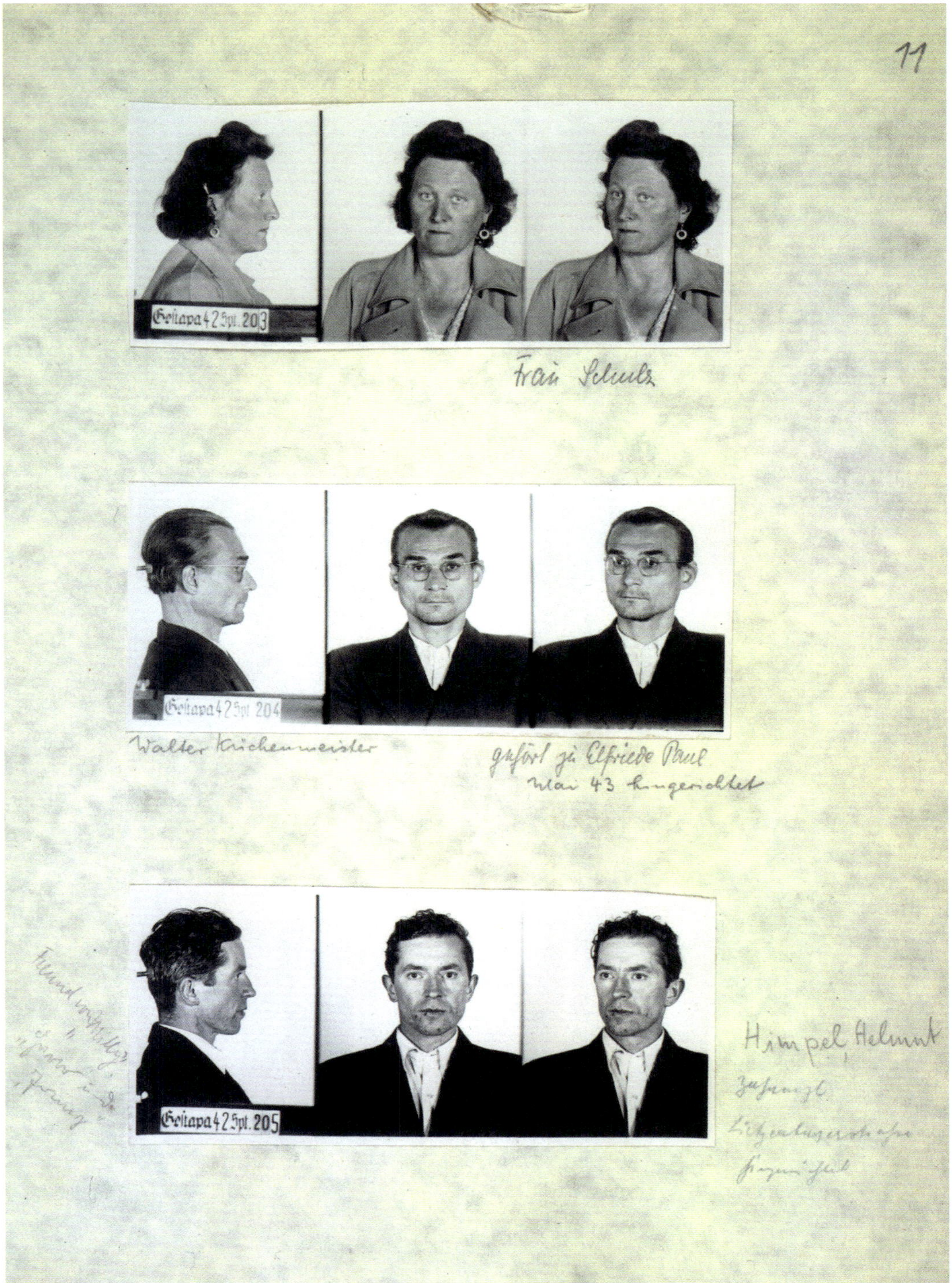
11
Gestapa 425pt. 203
Frau Schulz
Gestapa 425pt. 204
Walter Küchenmeister
gehört zu Elfriede Paul
Mai 43 hingerichtet
Gestapa 425pt. 205
Himpel, Helmut

Auszüge aus dem Gestapo-Album zur „Roten Kapelle“ 1942, Ernst Happach, Rose Schlösinger und Hermann Natterodt

Liane Berkowitz, Maria Terwiel und Leo Skrzypczynski
Quelle: Bundesarchiv Berlin, R 58/3191

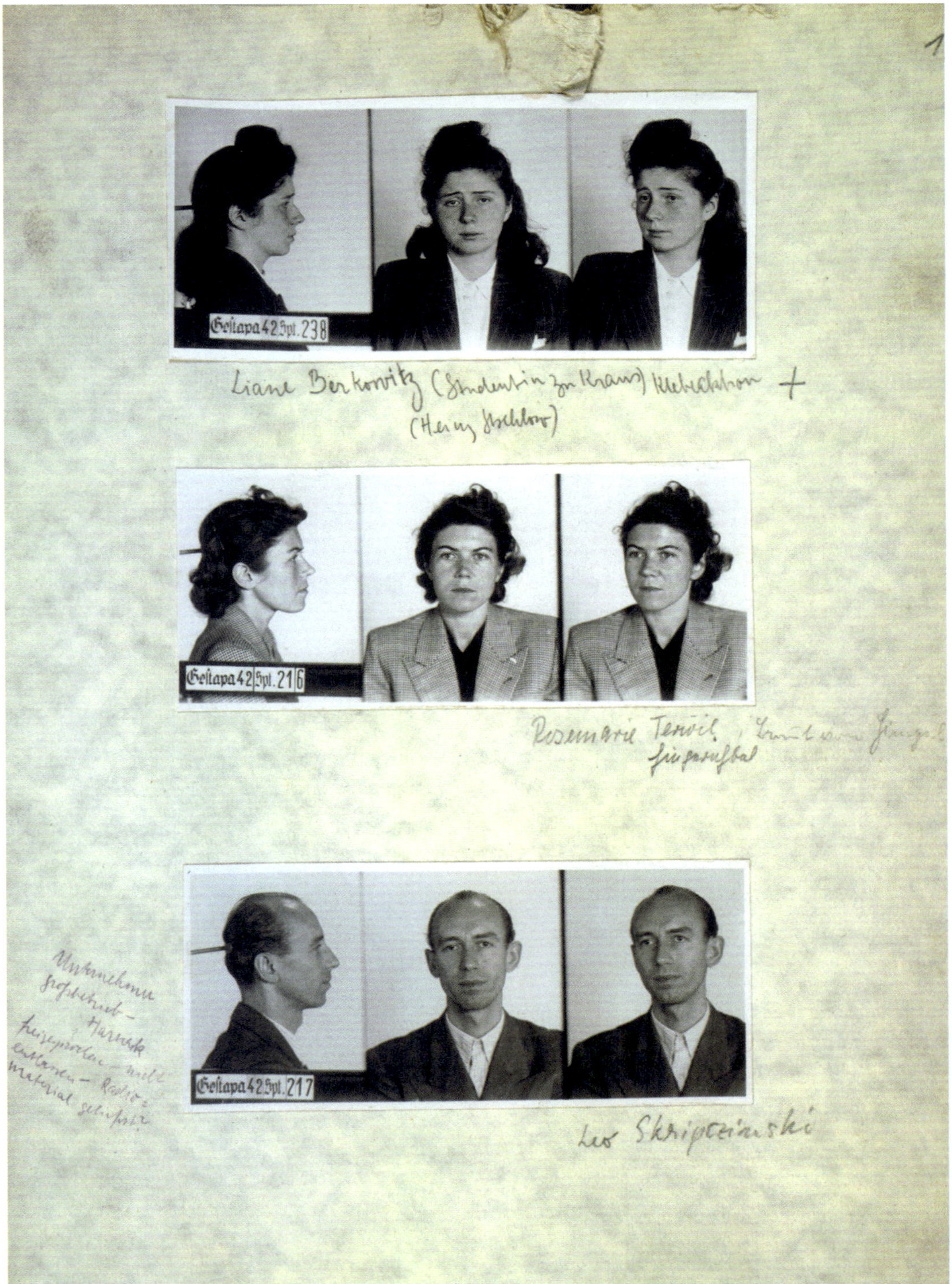
Gestapa 42 Spt. 238
Liane Berkowitz
Gestapa 42 Spt. 216
Rosemarie Terwiel
Gestapa 42 Spt. 217
Leo Skripczinski

Ich habe diese Fotos an das Ende des Films gesetzt und in einem Morphing-Prozess jeweils ein Bild in das nächste übergehen lassen. Durch diesen Prozess konnte ich die auf den Fotos abgebildeten Menschen trotz ihrer Unterschiedlichkeit miteinander verbinden, so wie die Mitglieder einer Familie trotz ihrer Individualität miteinander verbunden sind.

Dazu kam ein zweiter Aspekt: Von meinem Vater wusste ich, dass es noch andere Menschen gegeben hatte, die in der „Roten Kapelle" Widerstand gegen Hitler geleistet hatten, aber nie entdeckt wurden.

Gerd Terwiel, der Bruder seiner hingerichteten Freundin Marie Terwiel, zum Beispiel, hatte an Flugblattaktionen teilgenommen, war aber der Gestapo nie bekannt geworden. Auch Mietje Bontjes van Beek, die in Fischerhude die Flasche mit Briefen der französischen Kriegsgefangenen vergraben hatte, war dem Netz entgangen. Sie überlebte, im Gegensatz zu Gerd Terwiel, der zusammen mit seiner jüdischen Mutter einem Bombenangriff zum Opfer fiel, als er sie in ihrem Versteck besuchte. Es gab also Menschen, deren Aktionen gegen die nationalsozialistische Diktatur unentdeckt geblieben waren.

Wenn man das Morphing-Video genau zwischen zwei ineinander übergehenden Gesichtern anhält, entstehen dritte, fotorealistische Bilder, die sich übergangslos aus jeweils zwei Gestapo-Fotoaufnahmen zusammensetzen. Diese Bilder konnte ich in Form digitaler, echten Fotos gleichender Dateien extrahieren. Sie standen für mich unter anderem für die Unbekannten, die Widerstand geleistet hatten, aber nicht entdeckt, verhaftet oder von der Gestapo fotografiert worden waren.

Gerd Terwiel, 1939
Quelle: Privatbesitz

Mietje Bontjes van Beek, um 1940
Quelle: Privatbesitz

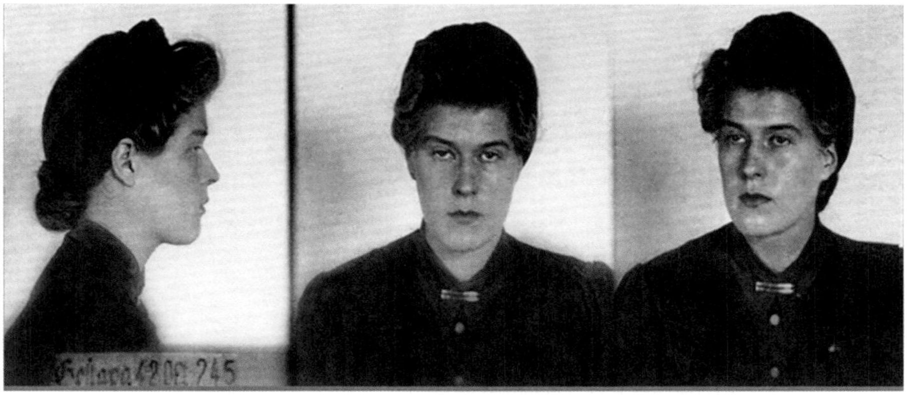

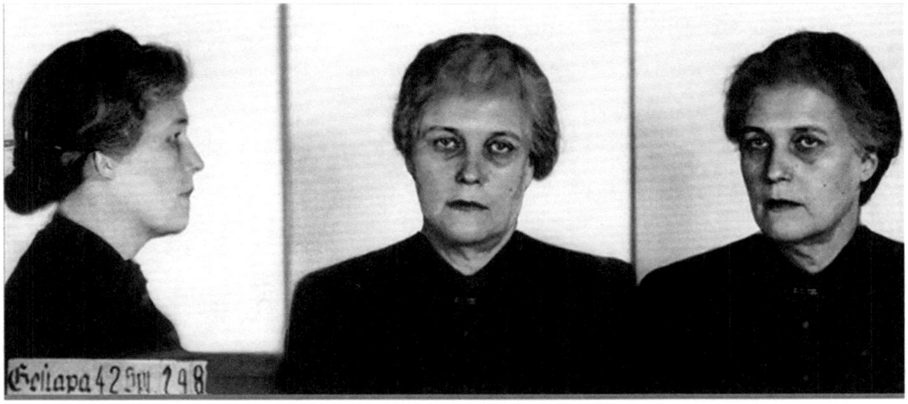

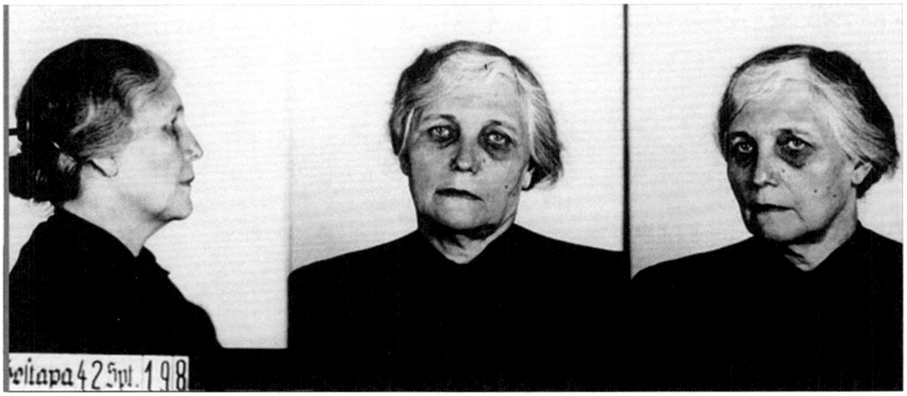

Beispiel eines gemorphten Bildes aus einem Ausschnitt des Gestapo-Albums zur „Roten Kapelle“ mit den Gestapo-Aufnahmen von Eva-Maria Buch (obere Reihe) und Annie Krauss (untere Reihe)
Quelle: Stefan Roloff und Willi Wirz

Die Betrachtung der gemorphten Bilder als der Gestapo entgangene Unbekannte provozierten in mir den Wunsch, noch eine nicht entdeckte, zum Widerstand gehörende Person zu finden. Die Chancen waren gleich null. Alle, die ich gefilmt hatte, inklusive meines Vaters, waren inzwischen verstorben. Mietje Bontjes van Beek und Rainer Küchenmeister lebten noch. Er war mit sechzehn festgenommen worden und hatte inzwischen ein sehr hohes Alter erreicht.

Mit dem Gedanken an einen abstrakten Überlebenden im Hinterkopf entwickelte ich eine Installation mit dem Titel „Prinz-Albrecht-Straße 8", benannt nach der Adresse des Berliner Gestapo-Hauptquartiers, in dem die Verhafteten fotografiert wurden. Durch einen labyrinthartigen Flur, in dem man die Orientierung verliert, gelangt man in dieser Installation in einen schwarzen Innenraum, wo eine nackte Glühbirne von der Decke hängt. An alle vier Wände ist je ein Gestapo-Triptychon projiziert, in einer Zufallsmischung aus echten und gemorphten Fotos. In unregelmäßigen Abständen blitzt die Glühbirne hell auf und im selben Moment wechseln die Projektionen.

Um Technik und Wirkung auszuprobieren, baute ich einen Prototyp der Installation 2006 in Potsdam für ein begrenztes Publikum auf. Der labyrinthartige Eingang nahm den Besucherinnen und Besuchern die Orientierung. Innen waren sie unsicher, ob sie selbst fotografiert wurden. Viele versuchten, zu erraten, welche der projizierten Fotos „echt" oder „unecht", also im Morphprozess entstanden, waren. In 90% der Fälle rieten sie falsch.

Eine knappe Woche nach dem Bau der Installation war ich zurück in New York. Dort erhielt ich eine im Nachhinein gespenstisch anmutende E-Mail. Sie kam von einer Frau, die mich über die englischsprachige Webseite meines Dokumentarfilms gefunden hatte. Im Nachlass ihrer Mutter war sie auf Unterlagen gestoßen, die möglicherweise der „Roten Kapelle" zuzuordnen waren. Ihre Mutter stammte aus Berlin,

Gouache **„flag shirt" von Katja Meirowsky, um 1947**
Eine Erläuterung des Werkes gibt es im Transkript des Interviews mit Katja Meirowksy.
Quelle: Privatbesitz

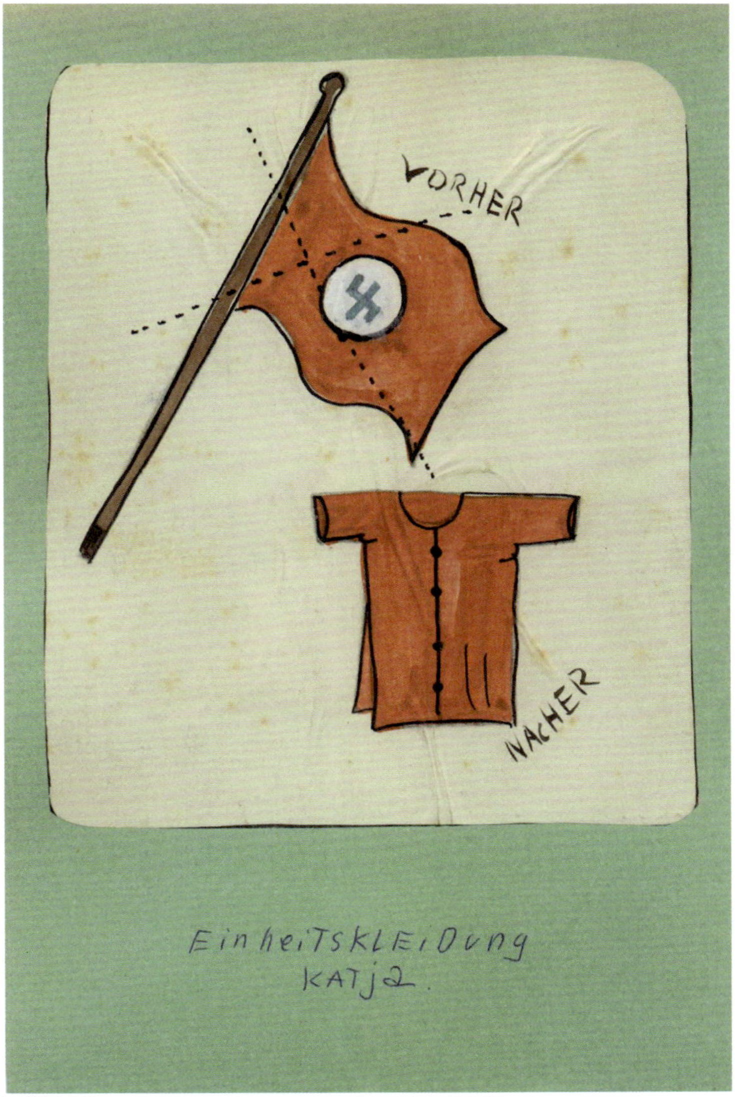

aber die Frau sprach kein Deutsch und brauchte eine Übersetzung. Drei Wochen später kam sie in die Stadt. Wir trafen uns im Restaurant des Hyatt-Hotels in Midtown. Die Unterlagen, die sie vor mir auf dem Tisch ausbreitete, waren Gouachen in starken Farben, die Szenen aus dem Leben von zwei jungen Frauen darstellten.

Eindrücke aus dem Prototypen der Installation in Potsdam, 2006
Quelle: Stefan Roloff

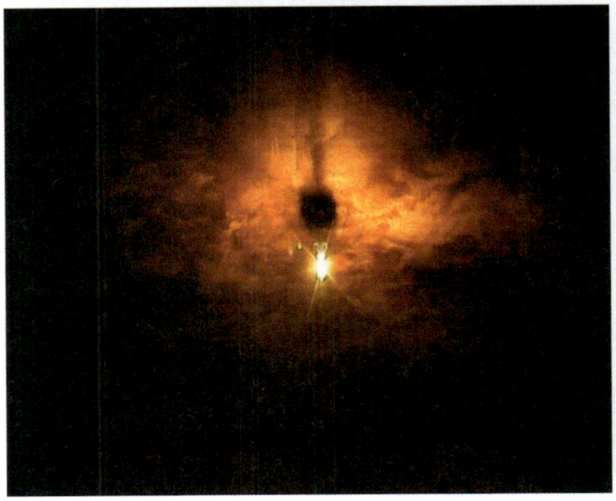
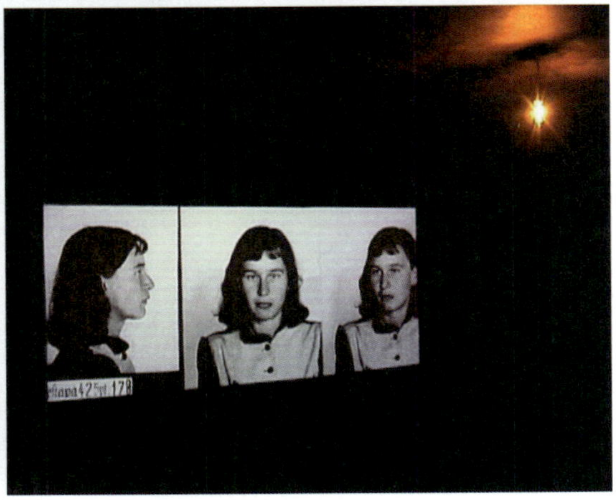

Auf zwei Arbeiten war Heinz Strelow, der Freund von Cato Bontjes van Beek, zu erkennen. Aus der Zeit, in der sie geschaffen worden waren, ging klar hervor, dass die Malerin der Gouachen mit Widerstandskämpfern der „Roten Kapelle“ in Kontakt gewesen war.

Die Mutter der mir gegenübersitzenden Frau war nach dem Krieg in die USA ausgewandert. Gegen Ende ihres Lebens war sie wiederholt in psychiatrische Kliniken eingeliefert worden. Sie hatte von Freunden gesprochen, die guillotiniert worden waren. Ihre Familie hielt das für Teil ihrer Wahnvorstellungen. Sie wussten, dass in der französischen Revolution guillotiniert wurde, aber die Zeit, von der ihre Mutter sprach, befand sich im 20. Jahrhundert. Eine Übersetzung im herkömmlichen Sinn brauchte die Frau offensichtlich nicht. Es lag lediglich ihre Frage nach der Authentizität der vor uns liegenden Bilder und der Erzählungen ihrer Mutter in der Luft. Beide konnte ich ihr zu ihrer Erleichterung bestätigen.

Die Bilder hatte eine Freundin ihrer Mutter, KATJA MEIROWSKY gemalt, die zweite junge Frau, die auf ihnen abgebildet war. Ob Katja noch lebte, war der Frau unbekannt. Sie wusste nur, dass sie zum Zeitpunkt des Todes ihrer Mutter auf Ibiza wohnte. Zunächst rief ich die damals noch lebende Mietje Bontjes van Beek an und bat sie, eine junge Frau zu identifizieren, die in dem Buch „Erfasst?“ des „Rote Kapelle“-Überlebenden Heinrich Scheel auf Fotos mit Cato und Heinz Strelow zu sehen war. Mit größter Selbstverständlichkeit sagte Mietje: „Na, wieso? Das ist doch Katja.“

Ich fand die Telefonnummer einer Vereinigung älterer Künstler auf Ibiza und rief dort an. Ein Mann sagte mir, dass sie tatsächlich bis etwa 1990 dort gelebt hatte. Dann war sie nach Berlin gezogen und ihre Spur verlor sich. Im Internet gab es zu diesem Zeitpunkt keine einzige Referenz über sie. Ich bat Bekannte, über Einwohnermeldeämter nach Katja zu suchen. Nicht allzu lange danach stand ich vor einer kleinen

Cato Bontjes van Beek, Heinz Strelow und Katja Casella (später: Meirowsky), Berlin 1942
Quelle: Privatbesitz

Katja Casella sucht Nixe in der Kunstakademie. Gouache von Katja Meirowsky, um 1943/44
Quelle: Privatbesitz

Hütte in einem abgelegenen Teil Berlins. Mich begrüßte eine jung wirkende Malerin in ihren Achtzigern, mit der sofort das alte Gefühl von Verbundenheit vorhanden war. Katja stand ständig unter Strom und rauchte Kette. Ihre Haare hatten blaue und rote Highlights. Unter sechs bis acht Gin Tonics konnte man keinen Abend bei ihr verbringen.

Sie hatte seit den 1950er Jahren auf Ibiza gelebt, aber nach einem Unfall gab sie ihre Finca vierzig Jahre später an Leute ab, die ihr zum Tausch ein Haus in Berlin angeboten hatten. Erst nach ihrer Übersiedlung merkte sie, dass es sich dabei um eine Gartenlaube handelt. Ihre Bilder lagerten in einem Container auf dem kleinen Grundstück, wo sie inzwischen bereits schimmelten. Zu meinen beiden separaten Gesprächen mit Katja, dem filmischen Abschluss meines Projekts, lud ich wieder die beiden Kameramänner ein, die als erste in diesem Projekt gearbeitet hatten, Louis von Adelsheim und Rainer Fetting. In den ihnen eigenen sehr unterschiedlichen Formen setzten sie Katja ins Bild.

Katja hatte ihre jüdische Abstammung vor den Nazis verbergen können. Sie war freundschaftlich mit Cato Bontjes van Beek und deren Freund Heinz Strelow verbunden. Nach der Festnahme und dem Verschwinden von Nixe, einer engen Freundin an der Kunstakademie, entschloss sich Katja, Widerstand gegen die NS-Diktatur zu leisten. Sie versteckte in ihrem Atelier Menschen, die desertiert, aus einem Lager geflohen waren oder sich aus anderen Gründen verstecken mussten. So erfuhr ich von Katja zum ersten Mal, dass Angehörige der „Roten Kapelle" über eine der Underground Railroad ähnliche Kette von Orten verfügten. So wurden Menschen an wechselnden Orten versteckt, bis sie das Land eventuell verlassen konnten.

Katja Meirowsky als „Die Dame ohne Unterleib", Kabarett „Die Badewanne", 1949, Bühnenbild von Katja Meirowsky
Quelle: Berlinische Galerie

Nach der Festnahme von Heinz Strelow floh Katja nach Polen zu ihren Eltern, die sich dort versteckt hielten. Mit ihr fuhr Lisa Egler, die Mutter der Frau, die mich in den USA kontaktiert hatte. Lisa war laut Katja nicht aktiv in die Widerstandsaktionen involviert, aber wenn ihre Eltern in ihrem Wochenendhaus waren, versteckte Katja manchmal Verfolgte in deren Wohnung. Nun graute es Lisa, allein in Berlin zu bleiben. Drei Jahre später verlor sie in Polen die Nerven und kehrte gegen Katjas Rat sechs Wochen vor Ende des Krieges nach Berlin zurück. Sie wurde an der Grenze abgefangen und wegen ihrer jüdischen Abstammung noch in ein Lager gebracht.

Nach dem Krieg kehrte auch Katja zurück in die Stadt. Sie gründete mit einem großen Freundeskreis ein radikales Künstlerkabarett namens „Badewanne", in dem sie die Nazis, ihre Taten und ihre Mitläufer aufs Korn nahm. Es war das erste Performance-Projekt in der Nachkriegsstadt und laut Katja eine direkte Anknüpfung an die multimedialen Formen der Weimarer Republik, die von der Machtübernahme der Nazis unterbrochen worden waren. Als Louis Armstrong auf einer Tour in Berlin von der „Badewanne" hörte, sie besuchte und sich zu den Künstlerinnen und Künstlern auf der Bühne gesellte, wusste Katja, dass die Nazis, für den Moment zumindest, überwunden waren.

Nach meiner Entdeckung von Katja wurde ihr früherer Galerist wieder auf sie aufmerksam, nahm ihre Bilder und die Kunst, die sie gesammelt hatte, in Zahlung und verschaffte ihr eine geräumige Wohnung im Zentrum Potsdams, in der sie die Jahre bis zu ihrem Tod 2012 verbringen konnte.
*

„Die spanische Tänzerin" (nach einem Bild von Joan Miró), Kabarett „Die Badewanne", 1949, Bühnenbild von Katja Meirowsky
Quelle: Berlinische Galerie

Johannes Hübner „Am Fallbeil", Kabarett „Die Badewanne", 1949, Bühnenbild von Katja Meirowsky
Quelle: Berlinische Galerie

Wollt Ihr denn in Deutschl. bleiben? Haettet Ihr nicht im Ausland viel bessere Moeglichkeiten? Wuerde es nicht auch fuer die Zukunft Eurer Jungen besser sein???? Wa rum kommt Ihr micht nach hier??????

Die bisher hierher vorgestellten Überlegungen sind eine fragmentarische Auswahl meiner Erfahrungen auf der Suche nach der „Roten Kapelle". Abschließend möchte ich vier Erlebnisse aufführen:

1 – Während eines Berlin-Besuchs sagte mein Vater eines Abends in seinem Arbeitszimmer: „Vielleicht interessiert dich das für dein Projekt." Er bat mich, einen Ordner oben aus einem der Regale zu nehmen. Er enthielt die Hälfte einer Korrespondenz, die er nach dem Krieg mit einer jüdischen Freundin, Annemarie Kuttner – die uns besucht hatte, als ich Kind war – geführt hatte. Es waren nur ihre Briefe an ihn. Seine verschwanden, als Annemarie 1964 in New York frühzeitig an den Folgen ihrer Zwangsarbeit starb.

Als mein Vater 1942 festgenommen wurde, konnte er sie und ihre Mutter nicht mehr unterstützen. Annemarie verbrannte ihren „Gelben Stern", tauchte unter und wurde von verschiedenen Menschen versteckt. Ihre Mutter, Margarete Kuttner, warnte sie vor dem illegalen Vorhaben und blieb in der ihnen zugeteilten Wohnung. Sie wurde Ende Februar 1943 von Berlin in das Vernichtungslager Auschwitz-Birkenau deportiert und dort unmittelbar nach ihrer Ankunft in der Gaskammer ermordet. Annemarie überlebte den Krieg und konnte 1946 in die Vereinigten Staaten auswandern.

In diesen Briefen, deren Großteil sich Annemarie und mein Vater während der Eichmann- und Auschwitz-Prozesse schrieben, fragte sie ihn, warum er nicht nach New York auswandern wollte, wo es ihm unter Freunden gut gehen würde. Er hätte doch auch Schlimmes in Deutschland erlebt.

Ausschnitt aus einem Brief von Annemarie Kuttner an Helmut Roloff
Quelle: Privatbesitz

Sicher hat mein Vater den Gedanken seiner eigenen Emigration nicht einfach abgetan, aber er hatte eine Familie in Berlin und seine Priorität war, Deutschland im akademischen und musikalischen Bereich demokratisch neuzugestalten. Manchmal frage ich mich, ob diese Realität, gepaart mit der Selbstverständlichkeit meiner eigenen Emigration in meinem tiefen Unterbewusstsein mit dazu beigetragen hat, dass ich mich in New York vom ersten Augenblick an zu Hause fühlte, ein Gefühl, das sich bis heute nicht verändert hat.

Annemaries jüngerer Bruder Paul Kuttner war als knapp 16-Jähriger mit dem Kindertransport nach England entkommen. Nach dem Krieg folgte er seiner Schwester nach New York. Bis zu seinem Tod vor ein paar Jahren wurde er eine Art Onkel für mich in der Stadt, mit dem ich mich regelmäßig in seinem Bezirk in Jackson Heights traf.

Von ihm erfuhr ich, wie viele Menschen seiner Schwester in Berlin während der Nazizeit Unterschlupf gewährt hatten. Ein Aristokrat mit einer geräumigen Wohnung war ebenso darunter wie ein Straßenbahnfahrer mit großer Familie und kleiner Wohnung. Ich fragte mich, wer diese Leute waren, die ihr Leben riskierten, um ein anderes Leben zu retten, aber sie waren tot und ich konnte sie nicht mehr fragen.

Paul Kuttner während gemeinsamer Dreharbeiten
Kamera: Stefan Roloff

2 – Im November 2004 wurde ich zu einer Konferenz in Deutschland über die „Rote Kapelle" eingeladen, in der es unter anderem ein Podium mit vier Kindern von Widerstandskämpferinnen und -kämpfern gab. Hans Coppi, Karin Reetz und ich nahmen teil. Rechts neben mir saß eine Frau, die ich vorher einmal flüchtig getroffen hatte, SASKIA von BROCKDORFF. Ihre Mutter war hingerichtet worden, als sie vier Jahre alt war. Ihr Vater war in ein Strafbataillon eingezogen worden. Sie selbst hatte die Zeit bis zum Kriegsende in einem Nazi-Kindergarten verbringen müssen. Nach dem Krieg war ihr Vater durch eigene traumatisierende Erlebnisse nicht in der Lage, seine Tochter dauerhaft zu sich zu nehmen.

Auf diesem Podium erzählte sie zum ersten Mal in ihrem Leben öffentlich ihre auch in diesem Buch abgedruckte Geschichte und es war ein entsprechend intensiver Moment für sie. Ihre Mutter hatte ihr im Gefängnis einen Abschiedsbrief geschrieben. Kurz vor ihrer Hinrichtung gab sie ihn einer Mitgefangenen, die frei gelassen wurde. Aus unverständlichen Gründen dauerte es Jahrzehnte, bis der Brief in Saskias Hände gelangte. Ihr ganzes Leben hatte sie gedacht, dass sie ihrer Mutter nicht wichtig gewesen war.

Als sie mit ihrer Erzählung zum Ende gekommen war, saß das Publikum zutiefst betroffen schweigend vor ihr. Saskia griff schüchtern nach meinem Arm und fragte mich, ob sie gerade alles richtig dargestellt hätte. Sie wirkte wie ein Kind und mir fiel auf, dass viele Menschen das Alter, in dem sie traumatisiert wurden, nie komplett verlassen. Das war auch bei Rainer Küchenmeister stark merkbar, aus dem selbst in hohem Alter stets ein aufrührerischer Teenager sprach.

3 – Die Gespräche mit Katja Meirowsky und Saskia von Brockdorff, in denen sie ihre Erfahrungen mitteilen, konnte ich erst nach der Fertigstellung meines Dokumentarfilms filmen. Dieser wird seit seiner Entstehung, vor allem in den USA, immer wieder gezeigt. Ein Grund dafür ist, dass ich, ebenfalls um das Jahr 2000 herum, mit meinem Freund Gus Reichbach, einem Richter in Brooklyn, einen Plan entwickelt hatte.
Gus war 1968 einer der Anführer der Studentenunruhen in der Columbia University gewesen. Aus einem nicht privilegierten Elternhaus stammend ging er damit ein großes persönliches Risiko ein. Hätte sich die Studentenschaft nicht hinter ihn gestellt, wäre er von der Universität geworfen worden. Widerstand oder der Mut dazu gehörten zu seinen Lebensthemen.

Gus und ich wollten die „Rote Kapelle" in die ständige Ausstellung des kurz zuvor eröffneten United States Holocaust Memorial Museum (USHMM) in Washington DC integrieren, in dem zu diesem Zeitpunkt die Weiße Rose als einzige deutsche Widerstandsgruppe vertreten war. Uns war es wichtig, auf eine Gruppe aufmerksam zu machen, die aus allen sozialen Schichten bestand und damit erwies, dass kein Mensch in der Bevölkerung Grund hatte, sich widerständigem Verhalten zu entziehen.

Das Unterfangen war utopisch. Das USHMM ist eine bundesstaatliche US-amerikanische Institution und die „Rote Kapelle" war zu diesem Zeitpunkt, nicht zuletzt durch ihren Gestapo-Namen, fest als kommunistisches Spionagenetz in allen Köpfen verankert. Das war Gus, der auch als Richter regelmäßig unpopuläre Positionen vertrat, egal.

Über Jahre arbeiteten wir daran, eine Lobby für das Projekt zusammenzustellen, zu der Vertreter orthodoxer bis säkularer jüdischer Hintergründe gehörten. Am 14. Juli 2012, dem Jahrestag des Sturms auf die Bastille und mitten in unserer Arbeit, starb Gus. Seine Witwe Ellen Meyers übernahm die Aufgabe. Neben Gus war auch ihre Tochter unerwartet

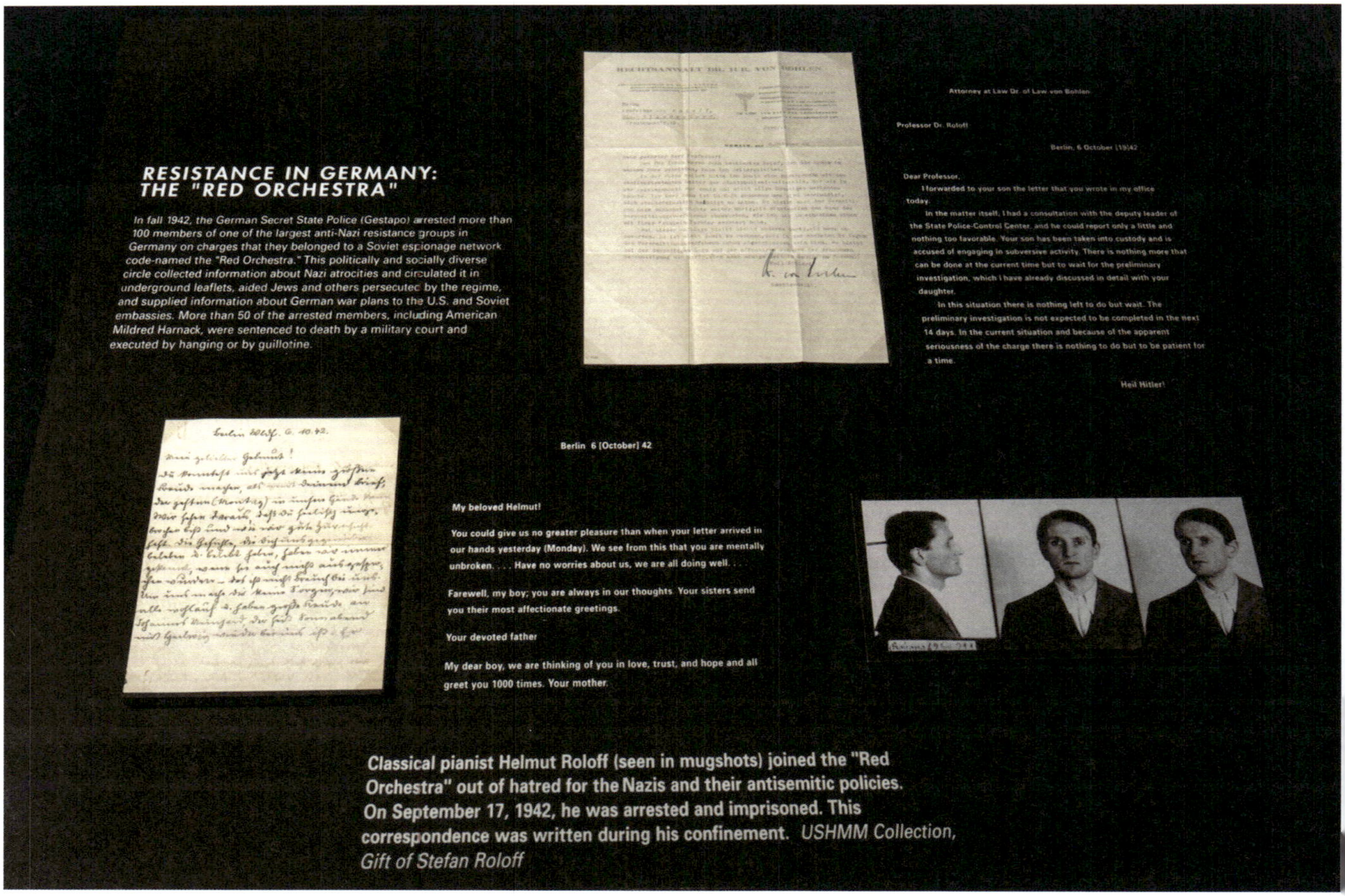

Ausstellungsbereich im United States Holocaust Memorial Museum über die „Rote Kapelle“
Quelle: Privatbesitz

gestorben. Es schien, als sei ihr ganzes Leben vor ihren Augen explodiert. Mit hohem Einsatz an Energie und strategischem Denken schaffte sie es zusammen mit mir, das Ziel innerhalb von zwei Jahren zu erreichen. 2014 wurde die „Rote Kapelle" in die ständige Ausstellung des USHMM integriert. Ellens persönliches Interesse an der „Roten Kapelle" war, dass die meisten darin aktiven Menschen eine andere Wahl hatten. Nichts in ihren eigenen Leben zwang sie zum Widerstand. Es ging ihnen finanziell gut und sie hätten die nationalsozialistische Zeit ohne große persönliche Gefahren überdauern können.

In Vorbereitung unseres USHMM-Projekts zeigten Ellen und ich meinen Dokumentarfilm an unzähligen Orten jüdischen Lebens: in Synagogen, Kulturzentren und privaten Vorführräumen. Nach jeder Vorführung hörten wir wiederholt den Kommentar: „Ich bin ein Kind Überlebender oder Gelehrter des Holocaust. Wie kommt es, dass ich von dieser Geschichte noch nie gehört habe?" Die Zuschauer betonten wiederholt, dass wir einen Spielfilm entwickeln sollten, um die Geschichte über dieses Medium einem größeren Publikum zugänglich zu machen. Zusammen mit der ehemaligen DDR-Dissidentin Carola Stabe habe ich danach ein Drehbuch geschrieben. Seine Protagonisten sind Donald Heath und Katja Meirowsky und alle Szenen basieren auf den in diesem Buch veröffentlichten Protokollen.

4 – Für den Dokumentarfilm hatte ich mit meinem Vater, ebenso wie mit anderen Angehörigen der Widerstandsgruppe, in letzter Minute vor ihrem Tod vor laufender Kamera sprechen können.

Mein Vater ging inzwischen nicht mehr spazieren. Er war aus seinem Garten, in dem er sich tagsüber noch einige Monate lang aufgehalten hatte, endgültig in das obere Stockwerk des Hauses umgezogen, das er nicht mehr verließ. Seine Realität befand sich in anderen Gefilden. Bei einem Berlin-Besuch etwa drei Wochen vor seinem Tod, als er nicht mehr aus seinem Bett aufstand, beschloss ich, ihn noch einmal auf einen seiner alten Freunde anzusprechen. Der Dialog, unser letztes Gespräch, war kurz und hat sich in mein Gedächtnis eingebrannt:

Ich: *„Kannst du mir bitte noch etwas über Helmut Himpel erzählen?"*
Er: *„Woher kannten Sie den?"*
Ich: *„Du brauchst mich nicht zu siezen. Ich bin dein Sohn und ich habe einen Film über die damalige Zeit gemacht."*
Er: *„Ja, hat man Sie denn damals auch gehen lassen?"*
Ich: *„Nein, wie gesagt, und du kannst mich gern weiter duzen."*
Worauf er meine Hand fest griff, mich anschaute und sagte:
„Ja, wenn Sie auch Herrn Himpel kannten, könnte ich Sie vielleicht fast als Freund bezeichnen."

Das letzte Foto von Helmut Roloff während der Dreharbeiten 1998/99
Foto: Stefan Roloff

ZEITZEUGNISSE

Helmut Roloff während der Dreharbeiten 1998 – 2000
Kamera: Louis von Adelsheim

**„ABER MIR KAM NICHT
DER GEDANKE DABEI,
DASS ES BESSER GEWESEN WÄRE,
ICH HÄTTE SO ETWAS
ÜBERHAUPT NICHT GETAN."**

HELMUT ROLOFF

Ich bin 1912 in Gießen geboren. Das war damals ein sehr normales deutsches Leben in einer kleineren Stadt mit einer Universität und einer Garnison.

Ich kannte einen Professor Mombert. Er war Jude und seine Frau war auch Jüdin. Mit ihnen waren wir relativ gut befreundet. Ich weiß noch im Jahr 1933, am 1. April, da hatten meine Eltern Silberne Hochzeit und da war am selben Tag der „Judenboykott". Und an dem Tag ging mein Vater, das weiß ich noch, mit dem Professor Mombert über den Ludwigsplatz spazieren. Andere hätten ihn wahrscheinlich schon gar nicht mehr angesehen.

Mein Vater war Professor für Geschichte. Meine Mutter spielte gut Klavier. Und so war es ganz klar, dass wir auch alle ein bisschen, und ich in dem Fall besonders, Musik machten. Mein Vater war unmusikalisch, aber er war ein kultivierter Mensch. Deshalb hat ihn das Musizieren der Kinder nicht gestört. Erst habe ich natürlich nur so weit Musik gemacht, wie man das so tat, wenn man zu Hause spielt. Musiker wurde ich erst, als ich die Juristerei an den Nagel hängte. Das lernte ich dann später im Jahr 1933 kennen, als ich nach Leipzig kam, um dort Jura zu studieren, aber zugleich bei einem sehr guten Klavierpädagogen war. Der hieß Hubert Teichmüller und war noch ein Schüler von Liszt. So hatte ich diese ganze Verbindung zur Vergangenheit. Dort habe ich dann gedacht, dass ich das vielleicht auch professionell könnte. Es war auch in Leipzig und wo man mit der Juristerei zu tun hatte und sich überlegte, was man dann vielleicht macht. Dabei kam mir dann doch der Gedanke, dass es eigentlich besser wäre, in der Musik zu sein, weil man da mit diesen Dingen nicht so viel zu tun hat.

Nun, ich war auch sehr viel im Hause des jüdischen Professors Rosenberg. Der wohnte in einem Vorort von Leipzig und bei denen war ich täglich zum Essen. Da störte mich das natürlich auch, dass er, was so ein Mann gar nicht nötig hatte, denn er war ein bedeutender Professor, doch immer wieder versuchte,

aus diesen Schwierigkeiten herauszukommen. Er hatte einen Hund, einen großen und den führte ich oft spazieren. Da kam ich mal in eine Beißerei mit einem anderen Hund aus derselben Gegend. Und dann hat der Sohn Rosenberg später leider dem Besitzer dieses anderen Hundes erzählt, wie sein Vater hieß und daraufhin hatte ihm der geschrieben. Da weiß ich, dass der Rosenberg dann sagte: „Na, was bleibt mir weiter übrig? Ich bezahle das eben." Da merkte ich, dass er sehr viele Schwierigkeiten hatte und manche Dinge tat, die er sonst als Jurist gar nicht tun würde.

Sie hatten ein altes Dienstmädchen. Sie war vielleicht, sagen wir mal, rund 50 Jahre alt. Eine „Arierin". Ich weiß nicht woher, aus welcher Stadt und dann kamen diese ersten Schikanier-Gesetze, dass Juden nicht mehr solche Dienstmädchen haben durften. Sie musste aus der Familie Rosenberg ausscheiden. Das gefiel mir auch nicht. Wie kommt man plötzlich dazu? Der Hintergrund ist doch der, dass man annimmt, dass er mit dem Dienstmädchen ein Verhältnis anfängt. Und das ist nicht erlaubt für Juden.

Ich hatte noch eine Unterredung mit vielen anderen juristischen Studenten, die sich da so unterhielten, ob der Rosenberg nun Jude sei oder nicht. Ich wusste natürlich ganz genau, dass er Jude ist, aber sagte: „Nein, er ist kein Jude." Einfach damit er aus der Schusslinie war. Das habe ich ihm dann erzählt und damit war er auch zufrieden. Ich fand diese ganzen Vorbereitungen, dass man die Juden so anders behandelte, die man Jahre vorher immer restlos als normale Menschen behandelt hatte, ziemlich schlimm. Insofern war das für mich eine Enttäuschung.

Dann kam ich wieder zurück nach Gießen. Da war die Luft inzwischen dicker geworden. Irgendwo fand ich einen Zettel: „Jeder Student muss in der SA sein." Das war für mich ziemlich schwierig, denn damals war zugleich jeder Eintritt in die SA verboten.

Gruppierungen waren Studentenverbindungen und die bestanden seit jeher. Da war schon der Vater drin und der Großvater. Man bot mir das auch an oder wollte mich „keilen", wie man das nennt. Das machte mir nicht unbedingt Spaß. Ich wollte da nicht unbedingt hinein, weil ich lieber freier sein wollte. Das war aber noch vor dem „Dritten Reich". So war ich nur ein ehrloser, nichtfarbentragender Student. Ein halbes, viertel Jahr später war das Ergebnis, dass in sämtlichen reichsdeutschen Universitäten, von Königsberg bis Freiburg, alles gleichgeschaltet wurde. Die gesamten Couleurs, so nannte man das. Da mussten die dann alle mitmarschieren. Alle in der braunen Uniform unter dem Hakenkreuz. Ich brauchte das nicht. Es gab nur noch die braune Studentenschaft. Natürlich entsetzlich, auch, dass die Studenten das so heil mitnahmen. Einige waren im Grunde uninteressiert wie vorher auch, aber sie wollten keine Schwierigkeiten haben und sind deshalb in die SA eingetreten. Ich glaube, es war keiner meiner Freunde und Bekannten nicht in der SA.

Da war es natürlich für mich auch sehr schwierig, jetzt, als ich von Leipzig, wo bisher noch nicht diese SA-Schwierigkeit war, plötzlich nach Gießen kam und dort eintreten sollte. Mir sagte sogar ein guter Freund von uns, Professor Eger, auch ein Jurist, der im Grunde ein vollkommener Antinazi war, mit erhobenem Zeigefinger gewissermaßen: „Treten Sie ein! Es bleibt nichts weiter übrig." Aber ich dachte trotzdem: Wir müssen mal sehen. Vielleicht bleibt doch was übrig. Und dann ergab sich folgendes: Weil es so einen gewaltigen Ansturm von willigem Stimmvieh gab, das in die SA hineinwollte, mussten die einfach, um das bearbeiten zu können, eine kleine Bremse einlegen. Sie sagten: „Jetzt gibt es überhaupt eine Sperre. Es kann niemand rein." Das war natürlich ein Widerspruch zu dem, wie es für die Studenten offiziell hieß: jeder muss in der SA sein. Andererseits hieß es: es gibt aber jetzt eine Sperre. Je größer eine Universität war, wie in München oder Leipzig, umso geringer war die Gefahr, solchen Dingen ausgesetzt zu sein. In einer kleineren Universität wie

Gießen oder Marburg war es ja klar, dass dann sofort gefragt wurde: „Was? Wo sind Ihre Papiere? Warum sind Sie nicht in der SA?"

Ganz nach Berlin ging ich im Jahr 1936. Das heißt, da zog meine Familie nach Berlin, weil mein Vater nicht länger in Gießen bleiben wollte. In Berlin ging es mir natürlich viel besser, weil man da auch nicht wusste, wer im Nebenhaus wohnt. Dann fing ich da an, an der Hochschule für Musik zu studieren. Dort gab es aber kaum noch Juden in der Hochschule.

Der Pfarrer Weckerling, das ist einer, der ist ein Jahr älter als ich. Er hatte Theologie studiert und stammte aus Wiesbaden. Und er war ziemlich radikal. Der war in der Bekennenden Kirche und ich war mit dem auch gut befreundet. Er kam dann öfter zu uns und wohnte mitunter auch bei uns. Er hatte in Gießen Schwierigkeiten gehabt und war sogar auch im Gefängnis, aber das hat mich nicht gekümmert. Ich habe es mit ihm genauso gesehen wie unsere ganze Familie sonst auch. Und der kam dann im Jahr 1936 vielleicht auch '37 oder '38, und mit dem habe ich manchmal gewisse Dinge gemacht. Der setzte sich in eine katholische Kirche in der Nähe vom Südwestkorso. Da ging ich auch manchmal hin. Ich lernte einen jungen Mann kennen, der gegen Hitler war und der sich dann spezialisieren wollte. Er war nachher weg, aber ihm hatte ich geholfen, damit er bei dieser Geschichte ein bisschen Unterstützung hatte.

Dann gab ich meine ersten Konzerte. Ich machte die Reifeprüfung im Jahre 1938 an der Hochschule für Musik, Fasanenstraße Nr. 1. Von dort ging ich weiter zu einem gewissen Herrn Horbowski. Der war ein glänzender Privatlehrer und den bezahlte ich selbst. Er hat für meine Karriere auch eine große Rolle gespielt. Und durch ihn lernte ich die Familie Mendelssohn kennen. Meine Eltern wussten das auch und fanden das ganz richtig. Was geht uns Herr Hitler an, wenn der meint, die Juden taugen nichts? Für uns war das sowieso ohne Bedeutung, was Herr Hitler meinte. Ich habe keine Läden in Berlin-Mitte bemerkt, in denen dann mit „Heil Hitler" oder sowas begrüßt wurde, aber es kann sein. Es war viel lockerer, als in Gießen etwa. Wenn ich in Gießen losging und dort etwas kaufen wollte, dann musste ich schon richtig sagen: „Heil Hitler". Aber 1936 war es auch gefährlich. Man durfte im Grunde gar nichts gegen die Nazis sagen. Man konnte nicht auf die Straße gehen und sagen: „Hier, helft uns, diese Kerle abzuservieren." Das war doch unmöglich. Schon seit 1933.

Worüber man sich ärgerte? Zum Beispiel, sagen wir mal, dass die Juden so behandelt wurden. Oder dass fürchterliche Kerle an der Regierung waren. Und dass der Herr Goebbels seine ganze Auffassung überall verbreitete. Das Haus in der Trautenaustraße Nr. 10 war an sich ein völlig jüdisch besetztes Haus und wie wir kamen, lebte unter uns eine Familie Nachtlicht. Er war Architekt, hatte ein Haus gebaut. Ich glaube, die „Traube" hieß das. Das war ein ganz bekanntes Haus am Zoo, ein großes Haus. Sie lebten dann eben noch so, weil sie damals schon älter waren, als wir im Jahr 1936 kamen. Bei Nachtlicht waren sämtliche Zimmer an andere Juden vermietet. Ich wusste, dass die Leute, die bei ihm zur Untermiete waren, alle demnächst abgeholt würden. Das muss dann schon 1939 gewesen sein, denn da war ja dann Polen offen und dann konnten die Deutschen oder die Nazis dort machen was sie wollten. In der Zeit wusste ich, dass die Leute dahinkamen. Unter meinem Zimmer wohnte eine Jüdin, die sich das Leben genommen hat. Sie ist dann so allmählich eingeschlafen. Sie hatte keinen Gashahn in ihrem Zimmer, aber es gab doch eine ganze Menge medizinischer Möglichkeiten. Sowas hat sie gemacht.

Wenn die Leute sagen: „Das haben wir alles nicht gewusst", stimmt das nicht. Die Leute haben das gewusst. Viele auch in Berlin, der großen Stadt, haben das gewusst. Auch, dass die Juden dann am Bahnhof Grunewald zusammengetrieben und nach Osten gefahren wurden. Das ist alles klar, dass das bekannt war. Das hat sich sofort rumgesprochen. Da waren welche da, die das zufällig wussten oder auch Bahnbeamte und die das dann ihrer Frau erzählten. Und ihre Frau hat es dann wieder ihrer Schwiegermutter erzählt oder ihrer Tante. Und so kam das alles raus.

Es gab eine Familie Förtsch. Die waren ziemliche Antinazis, aber mehr so im belanglosen Gespräch. Bei denen war der Zahnarzt Himpel und das war ein ganz kolossaler Antinazi. Der gefiel mir eigentlich in allem sehr gut. Seine Braut war eine geborene Terwiel. Fräulein Terwiel war eigentlich eine Medizinerin, aber sie war „Halbjüdin". Dann waren wir zusammen eingeladen und kamen so ins Gespräch. Nachher fragte er mich, als wir alleine irgendwo saßen, ob ich nicht mit ihm arbeiten wollte. Ich wusste erst nicht genau, was er meinte. Aber dann sagte er: „Ich gebe ja meinen Kopf damit in Ihre Hand." Und dann wusste ich, was er meinte. Ich sagte ihm: „Ja, wir können zusammenarbeiten." So bin ich da reingekommen. Der war bei der „Roten Kapelle". Irgendwo gibt es dann eben mal den Punkt, wo man sich durch die Erzählungen so gut kennt, dass man schließlich auch das Vertrauen hat zu fragen: „Wollen Sie mit mir zusammenarbeiten?" Ich glaube, drei- oder viermal hatten wir einander getroffen und sprachen dann persönlich miteinander. Nachdem er mir das gesagt hatte und ich ihm meine grundsätzliche Zustimmung gegeben hatte, war ich dann auch mal bei ihm.

Er wohnte in der Lietzenburger Straße. Er hatte da eine ganz hübsche Praxis und da lernte ich ihn dann auch näher kennen. Dann besprachen wir, was man so machen könnte. Er sagte mir: „Wir können zum Beispiel an alle möglichen Leute Briefe schreiben." Dann gab es eben den Brief „Agis". Das war einfach eine ganz scharfe Kritik an den Nazis. Wir haben das dann auch auf Maschine geschrieben. Die hatten dann Handschuhe an. Dann wurde das eben verpackt. Das haben wir an verschiedene Adressen verschickt, zum Beispiel an Wehrbezirkskommandos oder ähnliche. Ich hatte zum Beispiel in Dahlem kolossal viele verbreitet. Es war natürlich gefährlich, denn ich fuhr mit der U-Bahn bis Thielplatz vom Hohenzollernplatz, wo wir wohnten. Dann hatte ich eine Aktentasche auf meinem Schoß liegen und die war voller revolutionärer Schriften. Manchmal war es auch so, dass man, ohne das irgendwas vorlag, von einer Gruppe von Gestapoleuten untersucht wurde. Dass die plötzlich die ganzen Sachen, die man hatte, durchsahen. Aber das gehörte auch zu dieser Einstellung, die man dort hatte, dass man nicht immer denkt: Was kann jetzt alles kommen? Sondern man dachte eben nur: man muss sich möglichst unauffällig verhalten.

Das war also die Hauptsache, was wir machten. Aber es wurde eben noch kritischer, denn eines Tages rief mich das Fräulein Terwiel an, die Braut vom Himpel und sagte, ich möchte mal schnell vorbeikommen. Es wäre etwas. Sie müssten mich sprechen, dringend. Dann ging ich da hin. Das war die Nikolsburger Straße runter und dann Fasanenstraße bis zur Lietzenburger Straße und die ging ich dann links herein. Da wohnten sie. Ich traf dann nur den Herrn Himpel. Die Terwiel habe ich bei der Gelegenheit nicht mehr gesehen. Er sagte mir: „Wir hätten jetzt etwas Wichtiges, was man verstecken müsste." Und sie würden mich bitten, das mit nach Hause zu nehmen. Naja, was sollte ich nun machen? Sollte ich vielleicht sagen: „Ach, das kann ich doch nicht. Meine Eltern wissen nichts davon. Die muss ich erst fragen", und so weiter? Das wäre ja lächerlich gewesen. Da war ein Geheimsender drin. Das wusste ich aber nicht. Da sagte ich: „Was ist denn drin?" Und dann sagte er: „Das dürfen Sie nicht wissen." Da sagte ich noch zu ihm: „Aber eins weiß ich jetzt schon: wenn der gefunden wird, ist der Kopf ab." Man redet ja dann leicht so. Dann nahm ich den eben mit, verabschiedete mich und stieg in die die Uhlandstraße runterfahrende Straßenbahn Nr. 7. Dann ging ich in mein Haus. Da mich keiner unterwegs anhielt und kontrollierte, ist mir auch nichts passiert. Ich machte es nicht mal auf, weil ich das nicht konnte. Das hat mir nachher

das Leben gerettet. Dann stellte ich den Koffer einfach unter den Flügel. Da blieb das ein paar Tage stehen, bis eines Tages die Gestapo kam und sagte: „Wir suchen einen Koffer bei Ihnen." Dann sagte ich: „Was für einen Koffer?" Und dann sagten die: „Lügen Sie nicht. Herr Himpel hat uns schon alles gesagt." Das war natürlich dumm von denen, denn damit wusste ich ja, dass Himpel schon bei ihnen war. Es bestand für mich keine Notwendigkeit mehr, ihn noch zu verheimlichen. Ich sagte: „Achso, den suchen sie." Sie hatten auch gleich eine Zange dabei und machten das auf.

Dann sah ich, was das war. Ich habe aber so getan als wüsste ich nichts. Naja und dann fuhren wir eben zusammen los. Mein Vater kam zwischendurch in das Zimmer rein und wollte nachgucken, was eigentlich los ist. Da wurde er gleich wieder rausgedrängt. Dann sagte ich noch zu ihm zum Abschied: „Also, geht nur gut in die Oper heute Abend." Meine Mutter sagte: „Ja, wir wollen denn in die Oper?". Das hatte dieser eine Gestapomann falsch verstanden und sagte zu mir: „Sie haben dann noch Ihre Mutter belogen und gesagt, sie sollte in die Oper gehen", und so weiter. Meinen Vater, den hatten sie anscheinend, soweit das die Gestapo kann, geschätzt und wohl aufgenommen, weil er irgendwie so aussah. Während meine Mutter ein bisschen böse aussah. Sie wollte nur ihren Sohn verteidigen. Dann ging ich die Treppe mit denen runter. Unten stand ein Auto vor der Tür. Da saß schon einer drin, vorn. Dann wurde ich hinten in die Mitte genommen und die beiden Kerle saßen rechts von mir. Dann fuhr man zur Prinz-Albrecht-Straße.

Als wir in der Prinz-Albrecht-Straße ankamen, gingen die gleich freudestrahlend in ein besonderes Zimmer, in das ich nicht mit hineinkam. Aber ich merkte, dass es eine große Rolle spielte, was in dem Koffer war. Das eine war ein richtig böser Gestapomann, der hieß Fuhrmann, ein Großer. Und ein anderer war ein Kleinerer. Das war meiner Meinung nach ein vernünftiger, ehemaliger Polizist. Der sagte mir zum Schluss noch, dass es der andere nicht hörte: „Nun, Sie haben die Sache ja ganz gut dargestellt. Nun halten Sie sich auch daran." Dann wurde ich in einen Raum geführt, wo ein großer Aufnahmeapparat war. Da wurde ich fotografiert. Ich habe immer nur gedacht: Wie komme ich hier wieder raus? Und wie sage ich etwas, was einigermaßen überzeugend klingt und die anderen nicht verrät? Dann kam ich in irgendeine kleine Zelle. In derselben Nacht noch, das weiß ich aber nicht sicher, wurde ich vernommen. Das ging stundenlang und da haben sie alles Mögliche gefragt. Der Größere stellte die Fragen. Der sagte auch, ich hätte den Koffer unter meinem Flügel versteckt. Und dann sagte ich: „Nein, den habe ich gar nicht versteckt, den habe ich da nur hingestellt, weil ich keinen anderen Platz dafür hatte."

[Stefan Roloff:] Sie werden doch versucht haben, von dir rauszufinden, wer sonst noch zu der Gruppe gehörte.
[Helmut Roloff:] Das natürlich.
[Stefan Roloff:] Und wie haben sie das gemacht? Und wie hast du darauf geantwortet?
[Helmut Roloff:] Da habe ich gesagt: „Die kenne ich nicht." Ich kenne niemanden, wusste keinen Namen.
[Stefan Roloff:] Und haben die dann nicht gesagt: „Wir haben Sie mit denen gesehen", oder so was?
[Helmut Roloff:] Nein, das haben sie nicht gesagt. Das wäre ja auch sehr schwer für die, weil sie mich nicht gesehen hatten. Es sei denn, sie hätten mich zufällig getroffen, als sie den Himpel verhafteten, in seiner Wohnung und ich wäre da gewesen. Obwohl ich auch da gleich dachte: ich habe mit denen immer nur Musik gehört. Und das stimmte auch in einem gewissen Teil. Weil die sehr musikalisch waren und eine Plattensammlung hatten.
[Stefan Roloff:] Also, du hast, weil sie zu Anfang gleich von dem Himpel redeten, über Himpel sprechen können und sonst über niemanden?
[Helmut Roloff:] Über niemanden.

[Stefan Roloff:] Und was hast du da für ein Prinzip für dich entwickelt? Wie du das machen sollst?
[Helmut Roloff:] Ich habe immer nur gedacht: Ich habe also diesen Apparat untergestellt. Nachher habe ich mir auch noch eine kleine Ausrede ausgedacht: Ich hätte ja nicht gewusst, was da drin war. Und das wussten die zum Glück, weil der Schlüssel zu dem Koffer weg war. Der war schon vorher irgendwie weg, wieso weiß ich nicht. Und daher konnten sie nicht mehr behaupten: „Aber Sie haben das ja benutzt." Ich habe dann immer nur so getan: „Ich weiß nicht, was das war. Ich habe mir da gar nichts weiter bei gedacht. Ich habe das mitgenommen und ich dachte, der Himpel hat vielleicht von irgendwelchen Patienten Äpfel oder so was bekommen, was ein bisschen gefährlich ist, was man nicht so ohne Weiteres haben darf. Aber ich habe nicht weiter darüber nachgedacht." Sie waren zwar nicht freundlich oder auch nur höflich, aber sie konnten mir nichts direkt nachweisen. Das war mir ja das Wichtigste zunächst. Ich wurde nach dem eigentlichen Verhör am nächsten Tag, glaube ich, oder am selben noch zum Verhör geführt. Es war auf jeden Fall ein stundenlanges Verhör und wie ich dann in die Zelle herunterkam, bekam ich Handschellen. Nur wenn man pissen gehen wollte, musste man das anmelden, wurde irgendwo hingeführt und bekam einen Moment die Handschellen ab. Aber sonst hatte man eigentlich immerzu die Handschellen an.
[Stefan Roloff:] Und beim Essen zum Beispiel? Kannst du das beschreiben?
[Helmut Roloff:] Das musste man eben so können.
[Stefan Roloff:] Und hast du geschlafen mit diesen Handschellen?
[Helmut Roloff:] *[lacht]* Natürlich. Man kann ja nicht eine Woche lang wach liegen. Und dabei sagten sie sowas: „Du hast ja gelogen", und dann bekam man quasi die Handschellen. Vielleicht sollte das noch ein Druckmittel sein. Vielleicht wollten sie sich auch selbst versichern, dass ich ihnen einiges vorgelogen hätte, was ja auch stimmte, was sie aber nicht wussten. Aber es war so, dass die Handschellen ein bisschen

lockerer wurden, irgendwie. Dann konnte ich mir die Hände bequemer halten, aber das haben sie gesehen. Denn die Zellentür hatte ein Loch, wo die Leute durchgucken konnten. Und da kamen sie dann gleich reingestürmt: „Wu, wu, wu!", und machten die Handschellen wieder fester. Das ist das Einzige, was ich weiß. Die Handschellen blieben die ganze Zeit, bis ich nach ungefähr einer Woche nach Spandau überführt wurde. Und da waren die Handschellen alle weg. Bei diesen Gelegenheiten, wenn ich nachts schlief oder versuchte zu schlafen, kamen natürlich viele Gedanken: was ich vielleicht falsch gemacht hatte, um diese Situation zu vermeiden. Aber mir kam nicht der Gedanke dabei, dass es besser gewesen wäre, ich hätte so etwas überhaupt nicht getan.

Herrn Rittmeister lernte ich kennen, als wir in Spandau eingeliefert wurden. Man stand in der Reihenfolge, wie sie sich ergab, als man aus der Grünen Minna herauskam. Da waren verschiedene Gesichter, die man nie gesehen hatte, darunter auch der Rittmeister. Aber der machte einen sehr netten Eindruck. Ich kam mit ihm in ein Gespräch oder in ein Geflüster, besser gesagt. Denn man konnte nicht einfach so drauflosreden, weil die Beamten alle darumstanden. Da fragte ich ihn, was er hätte und er sagte: „Nun ja, ist nicht so schlimm. Das ist nur eine Kleinigkeit." Da fragte er mich, was ich hätte. Ich sagte, dass das für mich ziemlich egal sei, weil es mit einem Todesurteil enden würde. Für ihn war es sicher nachher viel schwieriger, das Urteil hinzunehmen, als ihm das gesagt wurde.

Die erste Vernehmung geschah durch einen Gestapomann und der war nicht freundlich. Später, als ich schon in Spandau war, kam ich zu dem richtig führenden Mann. Das war ein Oberstkriegsgerichtsrat, namens Roeder. Der machte das auf eine intellektuell gar nicht so schlechte Art, dass man bereit wäre, was zuzugeben. Aber man darf eben nichts zugeben. Bei solchen Sachen muss man eisern bleiben. Nichts kann man zugeben. Damals schrieb mir auch der Himpel in einem Kassiber, Roeder hätte auf ihn einen durchaus freundlichen

und netten Eindruck gemacht, aber im Grunde war er nur ein Schauspieler und wollte was aus den Leuten herausholen. Auch ich war an sich von ihm angenehm überrascht, aber ich habe den Leuten nicht getraut. Ich habe auch gesagt, dass der Himpel ein vernünftiger und anständiger Mensch sei. Aber das wollte Roeder gar nicht hören. Er wusste nur, wenn ich das so sage, dass ich eben doof bin. Und ich wollte gern, dass er das glaubte. Dann dachte ich auch: ich muss eine Verbindung mit dem Himpel haben, damit ich weiß, was er gesagt hat. Daher schrieb ich ihm und ganz so wie in einem Vorwurfsbrief: „Lieber Herr Himpel, ich verstehe ich nicht, warum Sie sagen konnten, wir hätten zusammen irgendwelche politischen Dinge besprochen. Sie wissen doch, dass wir nur immer Musik gehört haben", und so weiter und so fort. Da wusste er ganz genau Bescheid, weil das mit der Musik gar nicht stimmte.

Am Morgen war in einem großen Hof die Möglichkeit, dass man sich ein bisschen freier bewegte, aber man war natürlich doch ganz in der Haft. Man ging in einem großen Kreis und da ging jeder so wie seine Tür lag und da war ich ganz woanders als der Himpel. Zuerst sprang ich aus dem Kreis der herumdefilierenden Gefangenen heraus und tat so, als wäre mein Schuh nicht in Ordnung. Ich kniete mich neben den Wachthabenden, nicht um ihn anzubeten, sondern um dieses Papier ein bisschen herauszunehmen. Dann stand ich draußen, machte an meinem Schuh herum und wartete bis der Himpel herumgekommen war. Der war ja an einer anderen Stelle. Dann nahm ich den Platz vor ihm ein und war wieder drin im Kreis. Wenn man aus dem Hof herauskam und wieder in seine Zelle gehen sollte, ging es eine Steintreppe rauf. Ich würde denken so vielleicht fünf, sechs Stufen. Dann wartete ich bis der Himpel näher an mich rankam. In dem Moment stieß ich den Brief in seine Hand. Die hatte er offen. Ich weiß noch, als ich ihm den Brief gab, gab es einen Schlag in meinem Herzen. Da stand ein Kalfaktor und guckte uns an. Ich dachte, wenn der jetzt was sagen will, sind wir gegessen. Aber er sagte nichts. Diese Briefe sind nie entdeckt worden, auch nicht die,

die er mir danach schickte. Ich glaube auf die Weise haben wir uns vielleicht fünf- oder sechsmal Briefe geschickt. Komisch, dass das nie rausgekommen ist. Und er schrieb mir: „Ganz gleich wie Sie. Ich sagte aus", er hat das aus einer Zeitung ausgeschnitten, „und M. Terwiel." Daher wusste ich: „Aha, das ist also nicht unglaubwürdig, wenn ich das erzähle."

Bei der zweiten Vernehmung von diesem Oberstkriegsgerichtsrat sagte er: „Ja, aber Sie haben doch selbst geschrieben, dass Sie den Koffer versteckt hätten." Sagte ich: „Nein, das stimmt nicht. Das hat mir der Gestapomann gegen meinen Willen abgezwungen. Ich wollte das nicht unterschreiben, aber ich wurde dazu gezwungen." Da hat er sich sicher auch erkundigt und der hat gesagt: „Nö", und hat das einfach geleugnet. Dann kam ich in die Gefängniszelle zurück und sagte mir, weil ich auch wusste, was Himpel gesagt hatte: „Da ist noch die Möglichkeit, dass ich vielleicht nicht gleich hingerichtet werde."

Da war eine Art Feldwebel, so nannte ich den. Das war ein Gefängniswärter, mit dem ich auch nochmal ein sehr hübsches Erlebnis hatte. Am 9. Oktober hatte ich Geburtstag. Da lag plötzlich eine Zeitung vor der Tür. Der kam dann und machte aus irgendeinem Grund die Tür auf, wollte irgendwas.
Ich sagte: „Das finde ich aber sehr nett, dass ich heute am Geburtstag eine solche Zeitung bekomme." Da sagte er: „Sagen Sie das nicht, heute bin ich erst in Plötzensee gewesen. Und da waren 25 Leute und alle haben sie geglaubt, sie kommen raus. Und sie sind nicht rausgekommen. Sie sind alle hingerichtet worden." Als die ersten Todesurteile verhängt wurden, das war im Dezember 1942 und zwar war es ungefähr um Weihnachten herum. Es war natürlich sehr schrecklich, das zu hören, aber die Zellen waren ja abgeschlossen. Man saß darin und hörte das. Damals meinte ich ja für mich kommt das auch noch.

Als ich einmal die Gelegenheit hatte, beim Heraustreten aus den Zellen mit Herrn Strelow in Kontakt zu kommen, sagte er mir: „Einen schönen Gruß von Cato." Das war für mich eine sehr freundschaftliche Erinnerung. Ich ging mal zu einem Abendessen bei einer mehr künstlerisch interessierten Gesellschaft und dort war auch Cato Bontjes van Beek. Wir hatten einen guten Kontakt, aber wir sind nie so genau ins Gespräch gekommen, dass ich etwa gemerkt hätte, dass sie zur selben Gruppe gehört. Ich habe Cato nachher nicht mehr gesehen. Sie ist leider auch hingerichtet worden.

Als ich in die Prinz-Albrecht-Straße kam, fuhr ich mit der Grünen Minna. Da war ein junger, sympathischer Mensch, namens Scheel. Mit dem konnte ich mich sehr gut unterhalten, denn es gab komischerweise keinerlei Kontrolle, was man miteinander besprach. Es war ganz interessant, sich mit Herrn Scheel zu unterhalten, denn er erzählte mir unter anderem auch von dem Klopfalphabet und wie das funktioniert. Man hat fünf Buchstabenreihen. Danach hat man bei jeder Reihe vier Buchstaben: A, B, C, D. Vier Mal fünf sind zwanzig. Es ist an sich ganz leicht, wenn man es mal verstanden hat. Das Klopfalphabet war sehr wichtig, weil man sich Verschiedenes über die Heizungsrohre klopfen konnte. Ich brauchte das auch bei der Unterredung mit Gaudenz, der mir vieles sagte, auch die Geschichte, dass ich nachher den Pieck von ihm benachrichtigen sollte. Er hat mir den Namen durchgeschlagen: P i e c k.

Graudenz, dessen Name war eine wichtige Chiffre bei uns allen. Ich kann mich ganz gut an ihn erinnern, sehr gut sogar. Ich hatte eben das Glück, dass er in der letzten Zelle war, die noch nach meiner kam. Ich saß am Tisch und dahinter war die Tür. Eine, die aber nie aufging. Da konnte ich dann einfach ranklopfen. Er saß an der anderen Seite gegenüber und konnte mir antworten. Wie ich ihn kennengelernt habe, weiß ich nicht. Ich nehme an bei Himpels. Ich weiß aber nicht mehr, wo das passierte. Da habe ich auch den Schulze-Boysen kennengelernt. Graudenz war ein netter Mensch, ein sehr menschlicher

Mensch und sehr bewusst in diesen ganzen Dingen. Er wusste, worum es ging, worauf es ihm vor allem ankam. Er sagte an dem letzten Tag, ich glaube an Weihnachten, da wurden die ja abgeholt: „Mein Herz schlägt sehr. Jetzt geht es also los. Wir werden abgeholt."

Himpel hatte wahrscheinlich im Januar, so erinnere ich mich, eine Verhandlung. Als er wiederkam, haben sie ihn gleich gefesselt, denn die Todeskandidaten wurden immer gefesselt. Er hat mir auch gleich durchgeklopft, dass er zum Tode verurteilt sei. Herr Himpel gab mir sein Testament als Kassiber und ich steckte es dann ein, in meine Tasche. Ich hatte meinen normalen Anzug an. Wir hatten alle normale Anzüge, keine Gefängniskleidung oder sowas. An irgendeinem Morgen kam plötzlich ein Wärter und sagte: „Nun mal ein bisschen schnell machen, die Mutter hat schon den Kaffee bereitet." Da wusste ich, dass es rausging. Dann sah ich auch noch den Himpel draußen. Der musste mit seiner Fessel herumgehen. Er sagte mir noch im letzten Moment: „Sie werden noch ein großer Pianist." Ich steckte also dieses Testament vom Himpel in eine Tasche. Das war vielleicht ein bisschen unvorsichtig, aber ich tat es eben. Es ist ja auch nichts passiert. Dann kam ich zu der Stelle draußen, wo man freigelassen wird, aber ich war ja noch nicht freigelassen. Ich ging immer noch nur unter der Aufsicht dieses Herrn Fuhrmann und bekam irgendwelche Sachen wieder, die sie von mir eingezogen hatten. Irgendwas in der Tasche oder so, was ich damals gehabt habe. Sie hätten mich ja auch filzen können. Wenn Sie wissen, was filzen ist? Mich untersuchen, ob man was hat und das haben sie nicht getan.

Ich habe das Testament von Himpel mitgenommen und kam nachher in einem normalen Auto, dem selben Auto, in dem sie mich von zu Hause abgeholt hatten, zur Prinz-Albrecht-Straße. Da war ein Herr Kopkow dabei. Der fiel mir auf, weil mir der Name bekannt war. Es hieß, das wäre so ein großer Mann, er wirkte aber sehr klein. Später habe ich viel von ihm gelesen.

Er hat schnell in Mühlhausen oder in der Gegend, in Thüringen, eine neue Karriere gemacht. Und niemand hat ihn gestört. Aber auch der untersuchte mich nicht, ob ich etwas in der Tasche gehabt hätte. Er sagte mir, es könnte ja nun sein, dass mir einige Sachen bekannt geworden wären. Ich dürfte auf keinen Fall etwas erzählen. Das wäre für mich sehr gefährlich. Dann war da noch irgendein Herr, naja Herr *[lacht]*, ein Beamter von der Gestapo, dem wurde ich auch vorgeführt. Das war alles dasselbe. Mit mir zusammen war ein gewisser Herr Melliand dort, ein Verleger aus Leipzig. Er ist aber bald gestorben. Mit ihm kam ich raus. Er hatte einen großen Koffer bei sich und ich half ihm noch, den Koffer herauszutragen. Da machte der Fuhrmann so eine Bewegung, als wäre etwas faul. Ich sagte: „Na, sehen Sie: schon wieder ein Koffer!" Das war eigentlich eine ziemliche Frechheit. Sie machten das große Hauptportal auf und da ging ich dann heraus. Ich muss auch Geld gehabt haben für die Straßenbahn, denn die habe ich nachher genommen. Mit der bin ich dann bis in die Trautenaustraße gefahren und dann traf ich meinen Vater auf der Straße. Das war sehr komisch und damit war die, also die äußere Sache, abgeschlossen.

Ich ging mit dem Testament von Herrn Himpel in die Seesener Straße und klingelte, aber niemand machte auf. Dann ging ich wieder die Treppe runter und da begegnete mir Herr Dr. Terwiel. Er fragte mich etwas erschrocken: „Hat meine Mutter aufgemacht?" Ich sagte: „Nein, es hat niemand aufgemacht." Dann habe ich ihm das erzählt und er sagte: „Ich kann doch meiner Mutter nicht sagen, dass meine Schwester hingerichtet wird. Deshalb habe ich ihr gesagt, meine Schwester ist nach der Schweiz gefahren und der Himpel auch." Dann gab ich ihnen das Testament und an sich ist das nicht sehr wichtig, aber immerhin hatten sie das von ihrem Schwiegersohn. Dann ging ich wieder nach Hause. Ein paar Tage später las ich in der Zeitung, dass die Mutter und der Bruder von Frau Terwiel nach einem Bombenangriff, in der Zeitung hieß es damals „Terrorangriff", umgekommen sind.

Als das „Dritte Reich" zu Ende war und ich dann dorthin ging, wo der Herr Pieck saß, waren die sehr hochnäsig und sagten: „Naja, das ist ja nichts Besonderes. Das haben wir ja alle gehabt." So etwas.

Nach dem Krieg hatte ich ein Interesse daran, dieses Gefängnis wieder zu sehen. Also, zum ersten Mal richtig, ohne besondere Beobachtung durch Gefängnispersonal. Und zwar konnte ich das durch einen Oberstaatsanwalt, den ich auch im „Dritten Reich" gut gekannt hatte und der politisch einwandfrei war und daher auch sehr bald nach dem Krieg diese Stellung hatte. So kam ich dahin und war verabredet mit Herrn Weisenborn, der auch mitkam. Wir kamen in dieses Gefängnis hinein und das war an sich ganz interessant. Es war alles ein bisschen anders, aber manche Leute, die da drin waren, unter anderem Gefängniswärter, waren noch da. Da hörte ich dieses Geräusch: „Ba, ba, ba, ba, baba!", wie immer, wenn mit den Gefangenen geschrien wurde. Nachher kam der Wärter weiter nach vorn und dann sah ich: das war einer der Schlimmsten, die schon früher da waren.

HELMUT ROLOFF, 1920
Quelle: Privatbesitz

Hans Coppi während der Dreharbeiten 1999
Kamera: Louis von Adelsheim

**„SO MERKTE ICH DANN,
DASS DAS LEBEN UND DER TOD
MEINER ELTERN EINE
GRÖSSERE BEDEUTUNG HATTEN
ALS NUR BEI UNS ZU HAUSE […]“**

HANS COPPI

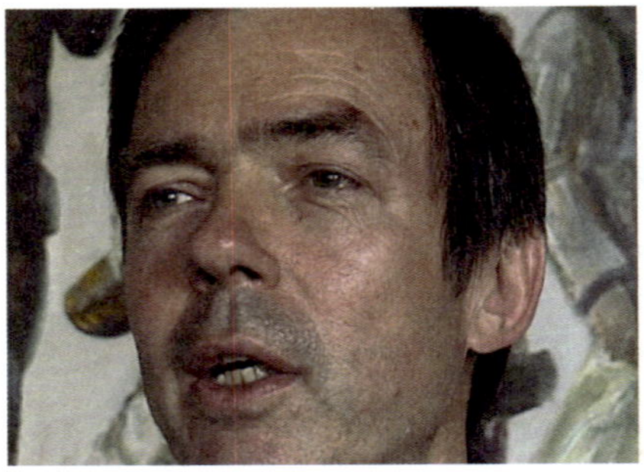

Ich bin Hans Coppi. So heiße ich und so hieß auch mein Vater, nach dem mich meine Mutter offensichtlich benannt hat. Ich bin 1942 im November hier in Berlin in einem Frauengefängnis geboren. Meine Eltern waren zu diesem Zeitpunkt bereits verhaftet. Sie wurden im September 1942 von der Gestapo festgenommen.

Mein Vater war seit 1940/41 mit Schulze-Boysen befreundet gewesen. Harro Schulze-Boysen war Oberleutnant im Reichsluftfahrtministerium und einer der führenden Köpfe eines verzweigten Freundes- und Widerstandskreises hier in Berlin. Die „Rote Kapelle" als solche gab es nicht. Das ist ja eine Bezeichnung der Gestapo, die im Rahmen von Ermittlungen entstand, die die Gestapo und die Abwehr des Oberkommandos der Wehrmacht in Frankreich und Belgien gegen Personen und kleinere Gruppen, die in einem Funkkontakt zur Sowjetunion standen, geführt hatten. In ihrem Funk- und dem Abwehrchinesisch heißt ein Funker, wenn er arbeitet, Pianist. Und da es offensichtlich mehr als einer war, war es eine Kapelle und da die Funksignale von oder nach Moskau gingen, nannten sie das „Rote Kapelle".

Und diese Bezeichnung wurde dann für alle Personen übernommen, die in einem Ermittlungszusammenhang hier in Berlin standen, wo zuerst Harro Schulze-Boysen und dann über 120 Frauen und Männer aus verschiedenen Freundes- und Widerstandskreisen verhaftet wurden. Harro Schulze-Boysen zählte deshalb zu diesem von der Gestapo konstruierten Netz der „Roten Kapelle", weil sein Name und seine Adresse in einem Funkspruch standen, der aus Moskau nach Belgien im Herbst 1941 übermittelt wurde und worin es hieß, dass ein für den sowjetischen Nachrichtendienst arbeitender Agent sich von Brüssel nach Berlin zu Schulze-Boysen begeben sollte.

Die Gestapo hat dann die Berliner Gruppen, also die Freundes- und Widerstandskreise, wo sich viele Kontakte bei Schulze-Boysen schnitten, diesem von ihr konstruierten Netz der sowjetischen Spionage zugeordnet. Das war für sie ein großer Fall, den sie dann Hitler und der NS-Führung vorführen konnten, auch zu ihrer eigenen Reputation.

In diesen verschiedenen Freundschaftskreisen, die so in den 1930er Jahren entstanden sind, waren Frauen und Männer. Es waren Arbeiter wie mein Vater zum Beispiel, er war Dreher in einer kleinen Maschinenbaufabrik. Es waren Soldaten, es waren Offiziere dabei wie Harro Schulze-Boysen oder der Oberst Erwin Gehrts aus dem Luftfahrtministerium. Es waren Künstler wie der Bildhauer Kurt Schumacher, die Tänzerin und Bildhauerin Oda Schottmüller, die Tänzerin Hanna Berger, Schriftsteller wie Günther Weisenborn, Ärzte wie Elfriede Paul und Helmut Himpel, Musiker wie Helmut Roloff und Angestellte und auch führende Angestellte wie der Oberregierungsrat im Reichswirtschaftsministerium, Arvid Harnack. Seine Frau war Literaturwissenschaftlerin und Amerikanerin, die er in Amerika kennengelernt hatte. Es war also ein sehr breiter und bunter Kreis von überwiegend jungen Leuten. Der Jüngste, der verhaftet worden war, war 16, und der Älteste war über achtzig Jahre alt, ich glaube 84 Jahre, der Herr Hübner.

Es war ja so, dass verschiedene Leute aus diesen Kreisen auch selber schon mit dem Naziregime in Konflikt geraten waren. Sie waren, so wie mein Vater zum Beispiel, bereits verhaftet worden. Er war mit 18 Jahren verhaftet worden und hatte dann Glück, dass er nur ein Jahr Jugendgefängnis erhielt. Es waren Leute dabei, die in Konzentrationslagern waren und das natürlich nicht vergessen hatten. Und die bereits verhaftet waren, wussten natürlich auch, dass eine neue Verhaftung für sie nochmal ein größeres Risiko darstellte. Und dort gab es ja auch schon einfache Solidaritätsbekundungen. Also, man half zum Beispiel Angehörigen von politisch Verfolgten mit Sach- und Geldspenden. Man half auch einem Mann, der aus einem

Konzentrationslager geflohen war und brachte ihn in die Schweiz. Es gab eben auch solche solidarischen Gesten wie die von Helmut Himpel, dem Zahnarzt, der zu seinen jüdischen Patienten in die Wohnung ging und sie behandelte. Kostenlos, natürlich. So war es doch für diese Leute selbstverständlich, etwas sehr Persönliches zu tun, um anderen, die vom NS-Regime verfolgt wurden, zu helfen. Und daraus entstand natürlich auch die Frage: Ja, was kann man eigentlich mehr tun? Reicht das, wenn man nur eine Geste macht oder etwas Geld gibt? Da gab es auch unterschiedliche Ansätze. Es gab einen Kreis, einen Diskussionskreis zum Beispiel, um Arvid Harnack, die sich in unregelmäßigen Abständen trafen und es gab den Kreis um meinen Vater. Das waren frühere Schulfreunde der Schulfarm Scharfenberg. Und es gab den Freundeskreis um Harro Schulze-Boysen.

Wenn man mit den Freunden, die überlebt haben, spricht und sie von dieser Zeit erzählen, dann ist da zuerst mal, ja, das ganz normale Leben. Man traf sich, man half sich, wenn man Probleme hatte oder eine Wohnung bezog. Oftmals gehen die Erzählungen eben um gemeinsame Ausflüge oder Feste. Das Leben war ein Zusammenhalt, der sich aber von dem, was sie umgab, unterschied, weil die Leute auch einen Zusammenhalt hatten, der sich gegen das richtete, was sie umgab. Und deshalb wurde eben nicht nur gefeiert, sondern es gab dann auch eine Verständigung darüber: Wie kann man eigentlich diese nazistische Gesellschaft aufbrechen? Wie kann man den anderen zeigen, dass da im Inneren noch Gegner sind? Und was sind auch die Zeitpunkte für solche Aktionen?

Ein Zeitpunkt, zu dem offensichtlich ein Ruck durchging und man sich überlegte: „Jetzt ist der Zeitpunkt, wo wir nicht nur innerhalb unserer Kreise sind, sondern wo wir rausgehen müssen." Das war Weihnachten, um das Jahresende 1941. Also, die deutschen Truppen waren im Winter vor Moskau

steckengeblieben. Die Rote Armee war zum ersten Mal in der Lage gewesen, diesen Angriff nicht nur abzuwehren, sondern zurückzuschlagen. Da wurden dann auch erste Flugschriften erarbeitet, erste Aktionen, zum Beispiel eine Zettelklebeaktion, durchgeführt. Aber es gab in diesem Sinne keine große Organisation mit einer Leitung, die also nach bestimmten Vorgaben handelte, sondern die Dinge entwickelten sich auch sehr spontan. Sie waren nicht geleitet, sie warteten auch auf keine Aufträge von einer übergeordneten Organisation, wie es dann später hieß, von der illegalen Leitung der KPD in Berlin zum Beispiel oder von der Zentrale des sowjetischen Nachrichtendienstes in Moskau. Auch von da gab es keine Befehle, was zu machen sei. Nein, das war ein Kreis von Leuten, die deshalb etwas taten, weil sie es für wichtig hielten, sich jetzt auch an andere Menschen zu wenden.

Es war nicht so, dass die meisten nichts gewusst haben, sondern Terror war auch Teil der Machtinszenierung der Nazis hier in Deutschland. Wenn man sich zum Beispiel die Zeitungen ansieht, auch aus den Anfangsjahren, dann findet man immer wieder Hinweise, dass Kommunisten oder Sozialdemokraten oder Marxisten verhaftet wurden. Es gab in den Zeitungen auch einen unsäglichen Antisemitismus. Jeder wusste, wenn er oder sie eine bestimmte Grenze überschreitet, dass dann derjenige oder diejenige in ein Konzentrationslager kommen kann. Das war also auch ständig präsent und es gab natürlich auch viele Leute, die nicht nur den Großdeutschen Rundfunk, sondern auch die ausländischen Sender gehört haben, in der Kriegszeit nachher noch viel mehr. Das war natürlich verboten, aber die Neugier war trotzdem groß. Und als dann hier in Berlin die Aktionen gegen die noch verbliebenen jüdischen Frauen, Männer, Kinder und Greise losgingen, war diese angebliche „Entjudung" auch ein öffentliches Ereignis. Die Wagen fuhren vor, die Leute wurden aufgeladen und kamen in Sammelstützpunkte. Man fuhr durch die Straßen, durch

den Verkehr. Die Nachbarn wussten das und man kann es heute noch in Akten nachlesen, wie eifrig dann die Nachbarn oder andere darangingen, diese Wohnungen mit dem Mobiliar zu besetzen oder für billiges Geld zu erwerben. Und von denen, die da reindrängten, fragte keiner, wo die Leute waren, die bisher da gelebt hatten.

In Berlin gab es hunderttausende Zwangsarbeiter, die in den verschiedenen Betrieben arbeiteten, die man auch in der S-Bahn sehen konnte. Zum Beispiel das vor den Toren der Stadt gelegenen Konzentrationslager Sachsenhausen: dort arbeiteten tausende von Häftlingen, auch in Berlin in Außenkommandos. Sie arbeiteten ja nicht in einer normalen Montur, sondern in Häftlingskleidung und wer da Augen hatte, konnte sehen, dass das Teil dieses Lebens in Nazideutschland war. Der hatte sich dann damit auch schon identifiziert.

Es gab in dieser „Roten Kapelle" viele Frauen, fast 40 % der Verhafteten waren Frauen. Es war keine Kaderorganisation, wo sich also nur die „harten Illegalen" getroffen haben, sondern es war etwas, was aus dieser Gemeinschaft von Frauen und Männern herauswuchs und wo die Frauen auch die Männer unterstützten und umgekehrt, weil sie es für wichtig hielten. Sie nahmen auch an Aktionen teil, weil man den anderen nicht alleine gehen lassen wollte und das eher als eine Gefährdung ansah, als wenn man sich dort zurückzog.

Ich bin ja bei meinen Großeltern aufgewachsen. Wir haben seit 1945, nach der Befreiung, wieder in einer Kleingarten-kolonie gelebt, „Am Waldessaum" in Berlin-Borsigwalde, Tegel. Dort in Borsigwalde bin ich auch eingeschult worden. 1950 haben sich dann meine Großeltern entschieden, in den Ostteil Berlins zu ziehen. Diese Entscheidung wurde sehr gefördert durch die Umstände, in denen wir damals lebten. Es war die Hochzeit des Kalten Krieges. In Berlin-Reinickendorf gab es eine Straße, die 1946 nach meinen Eltern benannt wurde. Die wurde 1948 wieder zurückbenannt. Das war ein Klima, wo plötzlich der Sohn und die Schwiegertochter meiner Großeltern, also meine Eltern, wieder diffamiert wurden, eigentlich mit ähnlichen Argumenten, mit denen sie 1942 vom Reichskriegsgericht zum Tode verurteilt wurden. Und das in einer Situation, wo meine Großeltern auch wussten, dass der Chefankläger in diesem Prozess, der diese Todesurteile alle gefordert hatte, ein freier Mann war, der wieder dort öffentlich für eine neonazistische Partei auftreten konnte. Deshalb haben sie dann auch entschieden, dass ich in einer Gesellschaft aufwachse, wo meine Eltern nicht wieder diffamiert werden. Und so kam der Entschluss, dass sie mit mir in die DDR gingen.

Der amerikanische Geheimdienst fertigte noch einmal über jede Frau und jeden Mann, der in irgendeinem Zusammenhang mit der „Roten Kapelle" stand, ein Dossier an. Es gibt also über 400 Dossiers, auch von vielen Leuten, die überhaupt nichts damit zu tun hatten.

Und so waren dann die überlebenden Gestapo-Beamten und Richter und Ankläger des Reichskriegsgerichtes, vor allem auch der Chefankläger Roeder, wieder gefragte Gesprächspartner der Nachrichtendienste. Das haben sie also auch weitgehend genutzt, um ihre Version dieser Organisation, die sie geschaffen hatten, dort darzulegen. Und diese Dinge sind dann auch von den Medien aufgenommen worden.

Es war natürlich so, dass dann 1945, '46, '47, als der Kalte Krieg begann, alle Leute, die mit den Sowjets zusammenarbeiteten oder von denen man annahm, dass sie es schon vor 1945 getan hatten, oder Leute, die in kommunistischen Zusammenhängen aktiv waren oder es noch sind, zunächst verdächtigt wurden. Dass sie mit dem neuen Feind, der sich da am Horizont aufmachte, zusammenarbeiten würden. Die Amerikaner gingen davon aus, das haben ihnen die Gestapo-Beamten suggeriert, dass die Gestapo 1942 nicht alles aufgedeckt hätte, sondern dass bestimmte Strukturen nicht zerschlagen seien und dass dieses angeblich schlafende Netz jederzeit bereit sei, wieder aktiviert zu werden. Deshalb ging man den Leuten nach, die damals in diesem ganzen, sogenannten „Rote Kapelle"-Zusammenhang verhaftet oder bekannt wurden, weil die Amerikaner, aber auch nachher der Bundesnachrichtendienst und der Herr Gehlen vermuteten, dass dieses Netz der „Roten Kapelle" gewissermaßen im Untergrund weiter aktiv sei. Herr Gehlen hat es dann so formuliert, dass nicht erkannte Agenten der „Roten Kapelle" in den 1950er Jahren noch unerkannt in leitenden Stellungen der Bundesrepublik ihr Werk treiben würden. Diese Spionagephobie, die dort herrschte, wurde immer neu angefacht durch den Kalten Krieg. Man konnte dann in Klappentexten von Büchern lesen, dass die „Rote Kapelle" tausende Mitglieder hatte, die europaweit agierten und so weiter. Da waren den Phantasien keine Grenzen mehr gesetzt. Der Generalankläger Roeder hat dann eine Broschüre verfasst, in der er nochmal seine ganzen Angriffe auf die von ihm zum Tode verurteilten Frauen und Männer machte. Also, es fand nochmal eine moralische Verurteilung dieser Zeit statt.

Wir sind mit so einem Dreirad, also einem kleinen Auto, das drei Räder hatte, vorne war der Motor mit einem Rad und hinten war eine kleine Ladefläche mit noch zweien und da durfte ich mitfahren. Da sind wir mit ein paar Sachen, die hinten drauf waren, irgendwo in der Stadt im Wedding in einer der damals noch zahlreichen Straßen und Übergängen dann in den Osten gefahren und zogen nach Karlshorst. Da habe ich dann nach und nach auch einen anderen Umgang mit der Geschichte und meinen Eltern erlebt. Da kamen immer mal Leute vorbei, die wissen wollten, ob meine Großeltern etwas mit Hans und Hilde Coppi zu tun hätten und ob ich denn der Sohn sei. Das hatte den Grund, dass 1948/49 eine Frau Elfriede Brüning, Schriftstellerin, Briefe von meinen Eltern gelesen hatte, die sie im Gefängnis geschrieben hatten und die meine Großeltern noch hatten. Sie war von den Briefen so angetan, dass sie einen Roman darüber geschrieben hat, in dem hinten ein Teil dieser Briefe auch abgedruckt war. Es gab dann auch

den Antrag, ob ein Kinderheim oder eine Schule oder eine Straße den Namen tragen konnte. So merkte ich dann, dass das Leben und der Tod meiner Eltern eine größere Bedeutung hatten als nur bei uns zu Hause, wo es natürlich auch manchmal schwierig war, wenn also, der Geburtstag oder der Todestag von meinem Vater waren. Das ist der 22. Dezember und das überwölbte und manchmal überschattete das auch dieses Weihnachten. Eine richtige Fröhlichkeit kam zu diesem Zeitpunkt nicht auf, weil das immer mit den Erinnerungen an dieses Ereignis und dem Tod meines Vaters verbunden war.

Ich merkte, dass sich doch mehr Leute dafür interessierten, aber das war für mich auch nicht unbedingt so angenehm. Es war so, dass ich auch als Kind so ein Stück öffentlichen Interesses wurde. Das gefiel mir nicht so, weil meine Großeltern mir immer sagten, ich dürfe mir darauf nichts einbilden, aber ich müsse mich natürlich auch in meinem Verhalten danach richten oder darauf achten, dass ich diesen Hintergrund habe. Es war mir natürlich zuwider, dass ich da einerseits meine Eltern nicht hatte und gleichzeitig immer noch darauf achten musste, dass ich in diesem Sinne zu leben hatte, wobei ich ja nichts von ihnen hatte. Sie waren ja nicht da. Das führte dann auch zu Konflikten mit meinen Großeltern oder manchmal auch mit Lehrern, die dann die Haltung hatten: ich muss mich unbedingt so und so bewegen, weil ich ja gewissermaßen das lebende Vermächtnis sei. Also, das war mir schon doch sehr zuwider.

Begonnen hatte das, obwohl ich da nicht so klare Erinnerungen habe, als wir in dieser Kleingartenkolonie „Am Waldessaum" lebten. Das Häuschen von meinen Eltern war wiederaufgebaut worden und an dieser Laube hing eine kleine Tafel, dass hier Hans und Hilde Coppi lebten, dann und dann geboren, dann und dann hingerichtet. Es gab irgendwie Tage der Opfer des Faschismus, so im September jedes Jahr. Da kamen dann Leute hin. Da gibt es noch Fotografien. Sie brachten Blumen und ich stehe da irgendwo etwas verloren in dieser Ansammlung von

Menschen und war dort irgendwie so eine Art interessierten und mit Beileid bedachten Mittelpunkts, der ich eigentlich nicht sein wollte. Das ist ja nichts Normales.

Früher legte ich öfter mal die Bilder von meinen Eltern auf einen Tisch. Es war schwer für mich, mir vorzustellen, wie sie wirklich lebendig waren, denn die Bilder bewegten sich nicht. Es gab auch keinen Film. Die Erzählungen waren auch dadurch gebrochen, dass meine Eltern gleichzeitig geachtete Personen der Öffentlichkeit wurden, gewissermaßen die Helden des antifaschistischen Widerstandskampfes. Ich kriegte das nicht so recht zusammen: diese privaten Fotos und das, was dann auf sie raufgelegt wurde. Da gab es einen etwas längeren Prozess, um mich ihnen noch einmal zu nähern und zwar indem ich mich mit der Geschichte, die auch ihre Geschichte war, beschäftigte.

Vor ein paar Jahren sah ich ein Dokument, das mein Vater kurz vor seiner Hinrichtung ausgefüllt hatte und worauf vermerkt war, wie groß er eigentlich war. Er war 1,86 m. Früher hatten mir meine Großeltern erzählt, er wäre 1,96 m gewesen. Ich hatte immer das Gefühl, ich müsste ständig zu ihm aufblicken. Und dann sah ich in diesem Dokument, dass wir uns praktisch auf einer Augenhöhe befanden.

Nachdem meine Großeltern gestorben waren, kamen dann auch Leute auf mich zu, fragten und luden mich auch ein, mal zu kommen und darüber zu erzählen. Ich war mir da immer ein bisschen unsicher. Ich habe dann meistens auf Freunde von meinen Eltern verwiesen und die sagten: „Ach, dann komm doch mal mit." Wenn sie nicht dabei waren, erzählte ich diese Geschichten weiter. Es gab Mitte der 1960er Jahre in Moskau eine erste Veröffentlichung, die von den Freunden meiner Eltern entdeckt wurde und sie sagten: „Au, guck mal, jetzt erscheint da was in Moskau, in der Sowjetunion." Einer der ersten für mich öffentlichen Auftritte oder öffentlichen Würdigungen war die Auszeichnung von etwa 18 Frauen und Männern mit

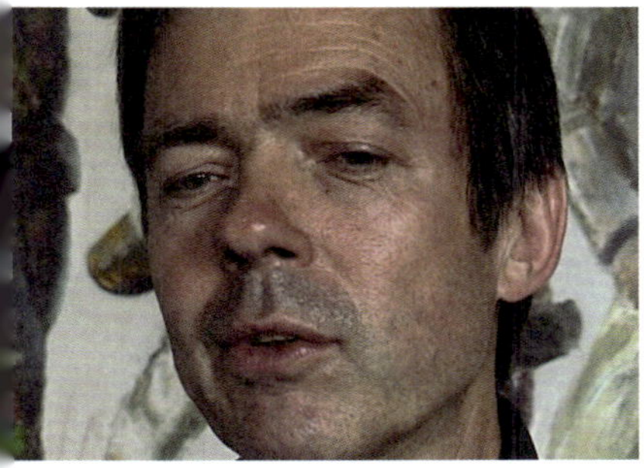

„Orden des Vaterländischen Krieges" der Sowjetunion. Dort wurden Angehörige in die sowjetische Botschaft Unter den Linden eingeladen und der damalige Botschafter, Herr Abrassimow, hat diese Auszeichnung übergeben. Ich glaube, auch Erich Honecker war irgendwie mit anwesend und das hat dann plötzlich für mich eine doch überraschende Wichtigkeit und Wertigkeit erfahren. Dort wurde der Einsatz dieser Widerstandskämpfer für die Sowjetunion gewürdigt. Es wurden also Leute ausgewählt, von denen gesagt wurde, dass sie in Verbindung mit sowjetischen Nachrichtendiensten gestanden hätten. Es wurde hervorgehoben, dass sie keine Spione, sondern der Begriff wurde positiv besetzt, Kundschafter waren. Man nahm einen Ausdruck aus der Bibel auf für die Menschen, die im Geiste des „proletarischen Internationalismus" der Sowjetunion geholfen hatten. Das war eine feierliche Veranstaltung und meine Eltern bekamen diesen „Orden des Vaterländischen Krieges" zweiter Stufe oder so. Jedenfalls damit bin ich dann nach Hause gegangen.

Ja, und dann gab es Bücher von Greta Kuckhoff, Erinnerungen von Elfriede Paul, den Film „KLK an PTX". Ich war nicht bei der Uraufführung dabei, irgendwie hatte mich der Brief zu spät erreicht. Ich habe mir dann aber den Film angesehen und das war schon ein bisschen merkwürdig, wie da plötzlich meine Eltern als Schauspieler über die Leinwand gingen. Diese Schauspieler kannte ich aus anderen Film- und Theateraufführungen. Wie diese Gruppen in der Geschichtsschreibung der SED gesehen wurden, schlug natürlich auf den Film durch. Die „führende Rolle der KPD" konnte man dort personifiziert sehen. Mein Vater saß da an Funkgeräten, wurde dort ausgebildet und hatte Kontakt mit der sowjetischen Zentrale. Es war aber zum damaligen Zeitpunkt schon bekannt, dass es zwar den Versuch von ihm gab, er aber aus technischen Gründen keinen Funkkontakt mit Moskau hat herstellen können. Aber es war eben nicht gefragt, dass man sagt: Was war da eigentlich? Sondern es mussten eben bestimmte Bilder, Geschichtsbilder, bedient werden.

Es war so, dass ich Teil dieser Gesellschaft war. Ich stand ihr positiv gegenüber, ich war auch Mitglied der SED und ich lebte in dieser Gesellschaft. Es war ein Stück, irgendwie Mutter- und Vaterland zugleich. Also, jetzt mal unabhängig von den Interpretationen, die über dieser Geschichte lagen, wurden meine Eltern hier aber irgendwie als Menschen gezeigt, die in der Nazizeit gegen dieses Regime gekämpft haben. Dass es anständige Leute waren und als solche wurden sie auch geachtet und geehrt und das war mir auch wichtig und in einer bestimmten Weise hatte ich die Lesart auch angenommen, ohne es dann zu hinterfragen: Wie war das eigentlich? Und so weiter. Gleichzeitig merkte ich auch, wie diese Geschichtsbilder doch mehr und mehr dazu dienten, diese Herrschaft zu festigen. Ich merkte dann aus Unterhaltungen, dass die Interpretation dieser Geschichte sich von dem unterschied, wie das Leben der Leute in dieser Zeit war. Deshalb habe ich dann 1987/88 begonnen, mich mit der Geschichte der „Roten Kapelle", der Freundeskreise, nochmal zu beschäftigen und konnte dort auch in einer kleinen Arbeitsgruppe arbeiten, die sich unter Leitung von Heinrich Scheel an der Akademie der Wissenschaften der DDR gebildet hatte, der selber dabei war, ein Historiker und ein Freund meines Vaters war.

Daraus entstanden dann erste Projekte. Mich ergriff doch das Interesse und die Neugier. Was liegt denn so unter den Schichten der Nachkriegsgeschichtsschreibung, die dort ihre spezifischen Interessen hatte? Wie war das Leben in dieser Zeit eigentlich wirklich? Wir haben Interviews gemacht, Material gesammelt und so weiter und daraus sind dann später auch verschiedene Projekte und Bücher und Filme und so weiter entstanden. Es war so, dass mich Geschichte, Zeitgeschichte, schon interessiert hat, aber ich nach meinem Abitur dann doch lieber Ökonomie studiert habe, weil ich immer ein bisschen die Befürchtung hatte, dass ich mich, vielleicht auch beruflich, mit dem auseinandersetzen müsste, was zu meinen Eltern in Beziehung stand. Ich wollte davon wegkommen. Aber trotzdem hat mich das Interesse an diesem Thema nicht losgelassen.

Ich wurde auch öfter mal eingeladen oder befragt, musste mich irgendwie dazu äußern und dachte, es ist auch wichtig, aber eigentlich habe ich nur die Geschichten weitererzählt, die ich gelesen oder mal von den Freunden gehört hatte und habe in gewissem Sinne auch, sagen wir mal, die Bilder von dem Denkmal bestätigt.

Ich habe natürlich gemerkt, dass es auch divergierende Auffassungen zwischen Einzelnen gab. Die einen, die gesagt haben: „Ja, wir waren eine von der KPD geführte Organisation." Oder wie Greta Kuckhoff, die gesagt hat, sie hat davon nichts verspürt und sie kannte schließlich auch den Harro Schulze-Boysen und den Arvid Harnack. Ich habe dann später festgestellt, dass sie durchaus mit ihren Anmerkungen und Kritiken dort Recht hatte. Deshalb fing ich da mit der Biografie von Harro Schulze-Boysen an, der als Oberleutnant den Arbeiter Hans Coppi 1940/41 traf. Da trafen ja auch zwei Welten aufeinander. Also Schulze-Boysen, der doch aus einer großbürgerlichen Familie kam und im Luftfahrtministerium arbeitete und mein Vater, der hier im Wedding aufgewachsen war, im Hinterhof, und in einer kleinen Metallbude jeden Tag hinter der Drehmaschine stand. Trotzdem verband die beiden etwas, trotz ihrer unterschiedlichen Sozialisation und ihrer Umgebung. Sie kamen aus ganz unterschiedlichen Milieus, aber in einem waren sie sich offensichtlich schnell einig: Man muss überlegen, ob man nicht etwas gegen diese Naziherrschaft tun kann. Und da wollte ich doch ein bisschen mehr wissen: Wie wird so einer wie der Schulze-Boysen zum Nazigegner? Wie das mit meinem Vater war, das konnte ich noch etwa nachvollziehen.

Die Beschäftigung mit diesem Thema war immer etwas Privates und Öffentliches zugleich. Die ganze Sache kam mir zunächst als Kind und Jugendlicher als eine öffentliche Angelegenheit entgegen. Sie war es in der DDR und sie war es auch im Westen. Gut, ich war nicht so oft im Westen. Ich hatte dann das Gefühl, man muss versuchen, doch diese

etwas festgezurrten Bilder aufzubrechen. Aber nicht aufzubrechen, indem man sagt: „Es ist alles ganz anders!", sondern indem andere Quellen da sind, Überlieferungen, indem man historisch noch einmal diese Dinge hinterfragt und sagt: „Was war? Und was ist in dieser Zeit eigentlich wirklich passiert?" Das hat dann auch zur Folge, dass ich natürlich mit diesen Erkenntnissen wieder an eine Öffentlichkeit gehe, um damit bestimmte Dinge auch zu verändern. Also, es geht einerseits darum, an die Menschen zu erinnern, die in dieser Zeit ein Zeichen von Widerstand und Zivilcourage gesetzt haben, aber gleichzeitig auch darum zu sagen: es hat sich unter den und den konkreten Bedingungen vollzogen. Und diese konkreten Bedingungen haben etwas mit der Lebenswirklichkeit und der Überzeugung dieser Menschen zu tun, dass es so passiert ist.

Klar sind auch meine Fragen heute anders als vor zwanzig oder dreißig Jahren, weil meine Lebenswirklichkeit, meine Erkenntnisse, die ich heute habe, andere sind. Aber diese Zeit ist nach wie vor für mich wichtig, in der meine Eltern gelebt haben, in der sie ihre Freunde gefunden haben. Das spielt schon nach wie vor auch rein in unsere heutige Zeit und auch in mein Leben und für mich ist es wichtig. Also, für mich gibt es dort keinen Punkt, an dem ich sage: „Damit hat sich die Sache jetzt für mich erledigt." Nach wie vor gibt es noch Dinge, die ich zumindest in Archiven vermute. Wie gesagt, das würde mich schon nochmal interessieren, auch das zu sehen, zu lesen, es einzuordnen in meine Kenntnisse, die ich bisher habe. Und vielleicht macht es dann auch wieder Leute neugierig, sich mit ihren Fragen dieser Geschichte zu nähern, sich damit zu beschäftigen, damit es dann in irgendeiner Weise weitergeht. Dafür möchte ich auch Angebote machen, weil ich glaube, es ist schon eine Ausnahmesituation gewesen, in dieser Zeit, dass Menschen ihrer Überzeugung treu geblieben sind und sich gewehrt haben. Das ist etwas, glaube ich, was überhaupt in der menschlichen Geschichte immer eine Rolle spielte und auch weiterhin auch spielen wird.

HANS UND HILDE COPPI
BEI EINEM AUSFLUG, UM 1941
Quelle: Privatbesitz

Karin Reetz während der Dreharbeiten 1998/99
Kamera: Louis von Adelsheim

„SIE WAREN EINFACH ALLE IDEALISTEN, GANZ EGAL, WO SIE HERKAMEN. SIE HABEN VERZWEIFELT VERSUCHT, DAS IRGENDWIE ZU BEENDEN."

KARIN REETZ

Wir sind ziemlich viel rumgezogen. Wir waren erst in der Opitzstraße, Nähe Breitenbachplatz. Da haben wir als kleine Kinder gewohnt. Dann sind wir erstmal nach Gießen gegangen, weil mein Vater arbeitslos war. Da haben wir bei einer Tante gewohnt. Sie hatte ein großes Haus in Gießen in der Röntgenstraße und wir haben immer gesagt: Das ist das Gummihaus. Da wurden alle aufgenommen. Sie hatte ein großes Herz und war sehr gastfreundlich und da haben wir uns sehr glücklich gefühlt. Mit meiner einen Cousine haben wir herrliche Spiele gespielt, die hatte so eine große Phantasie und mit meiner Schwester natürlich auch. Aber wir haben uns mehr gezankt, *[lacht]* als dass wir gespielt haben. Ja, das war ein großer Kinderkreis, der da zu Hause war.

Ich bin 1933 in eine Volksschule in Gießen eingeschult worden. Und wann sind wir nach Berlin gekommen? 1935 müsste das gewesen sein. Da kamen wir nach Tempelhof und da hatten wir zum ersten Mal ein eigenes Kinderzimmer mit, ich weiß noch, einer Glasvitrine mit wunderbaren Pferdchen drin. Ich war immer ein Pferdenarr und das war also wunderschön. Das war ein Paradies für uns da, am Wulfila-Ufer in Tempelhof. Da bin ich dann weiter in die Schule gegangen und da wurde munter geprügelt. Ich wurde nicht geprügelt, aber die armen Jungs, glaube ich in der Klasse. Obwohl das ja eigentlich noch nicht gemischt war. Es wurde so armen, kleinen Jungs auf die Hände geschlagen und ich fand das so furchtbar.

Mein Vater ist mit 17 Jahren von zu Hause weggegangen. Mit dem Vater hatte er Krach gehabt und ist wohl nach London gegangen. Er ist dann Journalist geworden und das war er sehr leidenschaftlich. Er kannte alle möglichen Leute: Max Schmeling und die ganzen Politiker nachher, die Nazis weniger. Mein Vater war Korrespondent bei der New York Times und hat Berichte geschickt, auch aus Deutschland. Dann ist nachher von der New York Times eine ganze Crew nach Russland geschickt worden, kurz nach der Revolution. Die sind auf einem Dampfer die Wolga runtergefahren und haben Aufnahmen gemacht und Berichte geschrieben. Sie haben da auch sehr schreckliche Elendsfotos gemacht und das haben die Russen meinem Vater nachher sehr übel genommen und er wurde des Landes verwiesen und durfte nicht mehr nach Russland fahren, obwohl er Russland sehr liebte, gut Russisch sprach und auch Freunde hatte.

Dann ist er nach Irland gegangen und sollte eine Zuckerfabrik in Dublin aufbauen. Das ging aber auch schief, weil er sich mit den Katholiken nicht vertragen hat. Und dann kam er wieder rüber nach Deutschland. Wir wohnten schon hier draußen.

Die „Reichskristallnacht" war 1938. Da bin ich mit der S-Bahn die Strecke vom Wannsee bis zum Zoo gefahren. Und da sah ich plötzlich die Synagoge in der Fasanenstraße brennen. Hell, lichterloh brannte die und wir saßen alle in der S-Bahn. Alle sahen das und keiner sagte irgendwas. Bloß ich habe mich so aufgeregt und gesagt: „Warum löscht denn da keiner? Da ist ja keine Feuerwehr. Warum brennt das und kein Mensch ist da?" Und die anderen Leute saßen alle stumm da und keiner guckte hoch. Keiner sagte was und ich habe mich da furchtbar drüber aufgeregt. Das war eigentlich meine erste Begegnung mit der Gewalt der Nazis.

Manchmal sah man auch an irgendeiner Baustelle, ich glaube auch an der S-Bahn, eine Truppe von mehreren Leuten in Sträflingsanzügen mit kahl geschorenen Köpfen. Und ich sagte: „Was sind denn das für Menschen? Die sehen ja so merkwürdig aus." Und da haben sie gesagt: „Ja, das sind ganz schlimme Verbrecher. Die arbeiten hier." Das waren also auch Juden oder Leute aus dem KZ. Es war alles so unheimlich. Keiner sagte irgendwas deutlich. Keiner wusste ja so genau, was wirklich los war in den KZs. Also, das wusste nicht mal mein Vater, glaube ich. Nun ist er ja 1942 hingerichtet worden und 1942 ging das eigentlich mit der ganz schlimmen Verfolgung erst richtig los. Dass die Menschen verschwanden und dass sie starben, das hat man mitgekriegt, weil es ja auch gute Freunde zum Teil von einem waren. Dr. Wiener, das war ein Rechtsanwalt, der kam ins Krankenhaus. Der war im 1. Weltkrieg gewesen und hat das Eiserne Kreuz gekriegt. Er hatte eine schwere Gehirnverwundung und, das fanden wir als Kinder immer so unheimlich, so eine Platte auf dem Kopf. Der verschwand im Krankenhaus und da hieß es plötzlich: „Er ist an Herzversagen gestorben." Und er war gar nicht weiter groß krank. Das war also das erste Mal, dass man erfuhr, dass da jemand gewaltsam gestorben war. Es sagte natürlich auch keiner ganz deutlich.

Ich hatte oft das Gefühl, das ist wie eine dunkle Bedrückung, die überall ist. Man hatte also solche Ohren. *[zieht mit den Händen große Kreise um die Ohren]* Wenn irgendwas passierte, horchte man genau hin.

Wir hörten auch den berühmten Londoner Sender „bumbumbumbuuuum" *[Melodie der BBC]*. Wenn ich den Ton heute höre, läuft es mir noch kalt den Rücken runter. Also, dieser Sender wurde schwarzgehört, da wurde man auch schon zum Tode für verurteilt, glaube ich, wenn man den hörte.

Mein Vater hat diesen Grau mit den Druckluftbremsen kennengelernt und ist dann Kaufmann geworden. Also praktisch hatte er hier die Generalvertretung für die Luftdruckbremsen und diese wurden ja auch an Militärfahrzeugen gebraucht. Da hat er also sehr gut Geld verdient und lernte dann im Luftfahrtministerium, wo er auch verkehrte, mehrere Leute kennen und unter anderem Harro Schulze-Boysen. Das war etwa 1941.

Der Harro kam manchmal zu uns und den fanden wir sehr nett. Das war auch ein sehr lieber Mensch. Dann sind wir auch mal bei ihnen gewesen und da war die Libs, seine Frau. Sie mochte uns sehr gerne und wir sie auch. Ich habe sie angehimmelt. Ich war sehr romantisch, sehr verträumt und ich liebte sie sehr. Dann durften wir auch mal mit auf das Segelboot und haben dann da gezeltet. Das war nicht über Nacht, glaube ich, aber wir haben Picknick gemacht. Es wurde gebraten und gebrutzelt. Für uns war das eine ganz neue Welt. Es waren viele sehr nette, junge Leutchen dabei. Sie waren ja alle wahnsinnig jung noch, nicht? Harro war, glaube ich, Mitte 30, und die anderen waren noch jünger.

Und einmal kam Hans Coppi. Der krabbelte auf den Dachboden zusammen mit meinem Vater. Sie wollten da scheinbar irgendwas installieren. Das ging aber nicht, weil die Bäume zu hoch waren. Also, es ist nie aus unserem Haus gefunkt worden, wie auch berichtet wurde. Das klappte nicht.

Wir haben einmal ein Paket zu Fritz Thiel gebracht, irgendwo in Wilmersdorf war die Wohnung. Und der Fritz Thiel bastelte so gerne. Er war ein Tüftler. Und da kamen wir beiden Kinder. Wir sind da mit der S-Bahn wohl hingefahren und haben geklingelt. Da ging die Tür automatisch auf. Kein Mensch war zu sehen und man hörte nur eine Stimme von irgendwo her: „Ja, bitte. Kommt rein!" Dann gingen wir rein und die Tür ging wieder zu. Ich glaube ein Licht ging auch an. Das war also sehr spannend. Musik ertönte irgendwo und dann kam also der kleine Fritz Thiel und hat sich sehr gefreut über das Paket. Was drin war, weiß ich nicht.

Also, die Gruppe gab es im Ganzen kaum. Die kannten sich kaum alle untereinander, sondern nur kleine Gruppen. Also wir kannten die Terwiels, die Mimi, wie wir sie genannt haben. Das war eine ganz liebe, sehr sympathische Person. Wir Kinder mochten sie auch sehr. Sie war ein ganz heiterer, fröhlicher, netter, lieber Mensch.

Mein Vater war ein sehr gerechter Mensch und war sehr für Unterdrückte. Ich weiß, dass er vielen Leuten geholfen hat, aus Deutschland rauszukommen während der Nazizeit. Als Kinder haben wir beobachtet, wie ein fremder Mann bei uns im Gästezimmer lag. Keiner hat gesagt, wer das nun genau ist. Es hieß nur: „Ja, das ist ein Freund von Papa." Wir haben ihn auch nicht weiter gesehen. Eine fremde Person war eben da.

Jüdische Leute, die wir zum Teil auch kennengelernt haben, haben sich bei meinem Vater Rat geholt. Er hatte Verbindungen nach Amerika, weil er durch seinen Beruf als Journalist viele Kontakte hatte und da hat er einigen helfen können rauszukommen.

Die Nazis hat er gehasst wie die Pest. Er hat das auch immer offen gesagt. Er hat nie seinen Mund gehalten und das war natürlich nicht so günstig. Professor Mommsen war ein Nazi, obwohl er mit uns befreundet war. Er war auch ein guter Arzt, ein Orthopäde. Der saß mit ihm im Auto, also mein Vater hatte ihn mitgenommen, und er fing an, über die Nazis irgendwas zu sagen und da haben sie sich gestritten. Da hat er die Tür, ich weiß nicht wo, mitten auf der Straße aufgemacht und hat gesagt: „Raus!" *[lacht]* Er hat ihn rausgeschmissen. Der musste dann zu Fuß weiterlaufen.

Das war eine Ansammlung von Menschen, die alle das Gefühl hatten, dass dieser schreckliche Krieg bald zu Ende sein sollte und dass sie für die menschliche Freiheit kämpften. Sie waren einfach alle Idealisten, ganz egal, wo sie herkamen. Sie haben verzweifelt versucht, das irgendwie zu beenden.

Das war am 12. September 1942, sehr früh am Morgen. Unser Kinderzimmer war zu der Seite raus, wo auch die Kellertreppe ist. Und plötzlich hörte ich eine ganz harte Stimme: „Halt! Stehen bleiben oder ich schieße!" Ich guckte vorsichtig aus dem Fenster und da hatten sie meinen Vater. Er wollte zum Keller raus fliehen. Das hat er aber nicht geschafft. Die haben ihn da erwischt. Sie hatten das ganze Haus umstellt. Dann haben sie uns hier unten in ein Zimmer gesetzt und haben alles durchsucht. Ich hatte Angina. Ich war an sich im Bett, aber da wurde keine Rücksicht drauf genommen. Und dann haben sie meinem Vater Handschellen angelegt. Ich weiß noch: wir saßen alle hier auf der Terrasse und er hatte die Handschellen um. Wir haben mit diesen jungen Männern noch gesprochen. Wir haben gar nicht begriffen, was eigentlich los war, wie schlimm das war.

Mein Vater und meine Schwester wurden zusammen in die Prinz-Albrecht-Straße gebracht. Meine Mutter und ich kamen zum Alex, zu dem berüchtigten Alexanderplatz. Das Gefängnis gibt es, glaube ich, gar nicht mehr. Da mussten wir in der Aufnahme warten und da saß auch Greta Kuckhoff. Wir kannten sie ja nicht. Sie hatte so ein feines, schmales, weißes Gesicht. Nachher hat sie mir dann erzählt, dass sie uns auch beguckt hat. Man wusste ja nicht: Sind das nun Kriminelle oder „Politische" oder sonst was? Das war ja alles durcheinander. Sie hat dann gedacht, als sie uns sah: „Na, die sehen auch nicht so aus, als ob sie silberne Löffel geklaut hätten." *[lacht]* Das hat sie uns später erzählt. Naja, und dann kam meine Mutter in Einzelhaft. Ich kam auch in Einzelhaft mit 16. 16 Jahre und ich war ein sehr verträumtes und romantisches Kind und war also vollkommen verzweifelt in dieser Einzelzelle. Man wusste ja auch nicht, wie lange das dauert und ob man da jemals wieder rauskommt, was man sagen soll und was passiert.

Dann haben sie mich auch in die Prinz-Albrecht-Straße gefahren und mich auch einzeln verhört, ob ich jemanden kenne. Die Namen hatten sie eigentlich alle. Also sie fragten nur: „Kennst du den oder kennst du den?" „Nein", ich habe alle nicht gekannt. Und die haben einem das auch geglaubt. So wichtig waren wir ihnen wahrscheinlich auch nicht. Dann kam man wieder in die Einzelzelle und nach einiger Zeit kam ich dann mit meiner Schwester zusammen in eine Zelle. Da waren auch noch andere junge Mädchen oder junge Frauen und dann hatten wir Wanzen. Die hatten uns völlig zerstochen. Da haben wir uns beschwert. Und der Aufseher hat, komischerweise hatten sie uns im Männergefängnis untergebracht, dann gesagt: „Na, die paar Tierchen, die müsst ihr mit durchfüttern." *[lacht]* Das werde ich auch nicht vergessen.

Eine Sache wollte ich noch erzählen, das verstehe ich bis heute nicht: Mein Vater hatte am 12.11. Geburtstag und wir hatten hier Enten. Ente war sein Lieblingsessen. Zu dem Geburtstag haben sie uns erlaubt, dass wir in der Prinz-Albrecht-Straße den Tisch von dem Gestapo-Fritzen mit einem Entenbraten deckten, den wir Mädchen hier zu Hause gebrutzelt hatten. Nachdem wir also frei waren, haben wir dasitzen können und das essen können. Ich kann es mir bis heute nicht erklären, was das war. Am 22. Dezember haben sie ihn hingerichtet.

Wir haben das natürlich erst nicht erfahren. Ein Cousin hat uns die Nachricht gebracht. Wir waren nachher wieder hier im Haus, wir zwei Kinder, und haben Schule und den Haushalt gemacht. Wir waren erstmal ganz auf uns alleine angewiesen. Meine Mutter war zu drei Jahren Gefängnis verurteilt worden, weil sie meinen Vater nicht angezeigt hatte. Das war das Gesetz, das es damals gab.

Nachdem wir entlassen wurden, mussten wir unterschreiben, dass wir bei Todesstrafe niemandem etwas davon erzählen, was wir erlebt oder gesehen haben oder was überhaupt passiert ist. Das ist eine ganz schöne Belastung, wenn man 16 Jahre alt ist, das mitzutragen. Aber damit wurden wir dann entlassen.

Vormund wurden zwei Onkel von mir, die Wasmuths-Onkel. Die haben uns dann mehr oder weniger betreut. Wir haben hier zuerst noch alleine gewohnt. Dann kam noch eine Freundin aus Neuwerk und die hat uns ein bisschen geholfen. Dazu kamen dann diese Nazis. Wir hatten dann, glaube ich, noch ein Zimmer hier und alles andere gehörte Familie Volkmann. Familie Volkmann hat sich hier sehr wohl gefühlt, zeitweise. *[lacht]* Wir gingen dann nach Gießen. Da hatte sich Familie Volkmann schon abgesetzt, nur der Vater Volkmann blieb hier. Der war ein Erznazi und den bekochte meine Mutter da noch, als der Krieg schon zu Ende war, weil das hier hin- und herging, mit Russen und Deutschen, immer quer durch die Gärten. Er fühlte sich gar nicht schuldig an dem Ganzen, dieser Nazi, sondern fand das richtig, dass meine Mutter noch für ihn kochte und sorgte. Eines Tages kamen Russen hier ins Haus. Wir saßen alle um den Tisch, der Herr Volkmann, meine Mutter,

meine Schwester. Und dieser Russe wollte unbedingt meine schöne Schwester mitnehmen und sie wollte nicht. Sie hat „Nein“ gesagt und hat sich dagegen gewehrt. Und dieser Herr Volkmann sagte zu ihr: „Nun gehen Sie doch endlich! Auf was warten Sie denn noch?“ Weil er Angst hatte, dass ihm was passieren könnte. Meine Schwester sagte, durch diesen Kerl ist sie so verunsichert worden. Aber dann kurz nach der Zeit wurde es ihm dann zu gefährlich hier. Er ist dann mit dem Fahrrad davongefahren und nicht wiederaufgetaucht. Ich weiß nicht.

Da waren alle lieb zu uns und es war rührend. Also, wir kriegten dann mal eine Sonderzuteilung von Pferdefleisch. *[lacht]* Wir hatten Versammlungen und der Vorsitzende dieser OdF-Vereinigung war ein Herr Levy. Er hat dafür gesorgt, dass wir gute Lebensmittelkarten kriegten. Also es wurde für uns gesorgt und meine Mutter kriegte auch eine kleine Rente und ich kriegte ein Stipendium. Ich durfte in Weißensee Bildhauerei studieren. Auch von der Hans-Otto-Stiftung kriegte ich ein Stipendium. In der Beziehung war man hier eigentlich ganz gut aufgehoben. Dann gingen wir nach West-Berlin rüber. Ich musste raus, weil ich einen Westberliner geheiratet hatte.

Dann in West-Berlin hatten wir einfach alle Angst zu sagen, dass wir zur „Roten Kapelle“ gehört hatten. Denn man hatte immer noch das Gefühl, dass die Nazis doch noch überall fest im Sattel sitzen. Diese Angst vor den Nazis habe ich bis heute nicht verloren.

JOHN GRAUDENZ IN STAHNSDORF, UM 1932

Quelle: Privatbesitz

Tim Bontjes van Beek während der Dreharbeiten 1999/2000
Kamera: Rainer Fetting

„DA WAR ES FÜR SIE ABSOLUT UNMÖGLICH, DA IRGENDETWAS NICHT DAGEGEN ZU TUN.“

TIM BONTJES VAN BEEK

Also, ich heiße Tim Bontjes van Beek und bin der Bruder von Cato Bontjes van Beek. Ich wurde 1923 geboren. Cato wurde 1920 geboren und zwischen uns liegt noch die Schwester Mietje. Sie ist Malerin, lebt auch hier und hat ihr Atelier in diesem Haus. Ich bin hier auch in Fischerhude zur Schule gegangen und habe hier meine ersten Volksschuljahre verbracht, bevor ich dann nach Bremen aufs Gymnasium ging.

Zum Beispiel waren wir sehr befreundet mit dem Professor Lessing, der 1933 in Marienbad von den Nazis umgebracht worden ist. Ich war dann auch mit dem Maler Fritz Mühsam, der in Paris dann umgekommen ist und so weiter bekannt. Es gab viele, viele andere Freunde, die alle irgendwo im linken Spektrum gelebt haben. Uns Kindern war das also selbstverständlich, dass wir auch so erzogen worden sind, nicht wahr? Wir haben es einfach erlebt, in unserem Haus hier.

Und da war es so, dass wir hier schon immer als äußerst links betrachtet wurden. Wir wurden die „Kommunistenkinder" genannt. Denn sie, die Bevölkerung, konnte da keine Differenzierung herstellen. Das war aber mit keinerlei Aggressionen verbunden, sondern das war halt so und das ist auch bis zum Schluss so geblieben. Und Cato war ein *[lacht]* Häuptling dieser Linken. Sie scharte immer junge Menschen um sich. Ich habe eigentlich nie irgendetwas gemerkt, dass uns gesagt worden wäre: Nee, wir gehören nicht dazu. Das war sogar bis zum Schluss so, selbst als Cato hingerichtet wurde.

Das ist ja in jedem Dorf so üblich, dass ein Gefallenendenkmal errichtet wird. Das ist hier in diesem Fall so gelöst worden, dass ein Buch entstand, in dem alle Opfer des Krieges vermerkt worden sind und unter anderem eben auch Cato. Das hat natürlich zuerst einen großen Wirbel gemacht, weil bekannt wurde, dass Cato eben gegen das Regime gearbeitet hat und aufgrund dieser Tatsache hingerichtet worden ist. Also muss sie ja irgendwie kommunistisch beeinflusst worden sein.

Und das war eben ein großes Problem, aber im Lauf der Jahre hat die Bevölkerung das alles irgendwie doch geschluckt und sie haben das dann akzeptiert.

Sie war so anders als die anderen Mädchen und Frauen. Sie lebte in ihrer eigenen Welt und war unglaublich interessiert an Literatur und vor allen Dingen an russischer Literatur. Ich verdanke ihr zum Beispiel den ganzen Dostojewski, den ich gelesen habe, als 15-, 16-Jähriger, weil sie sich in einem Buchclub eingeschrieben hatte und dann diese Bücher alle bekommen hat. Sie hat mir unendlich viel gegeben, in dieser Hinsicht an Anregung.

Sie hat sich ein Leben in absoluter Freiheit vorgestellt, wo jeder Mensch einfach frei leben und frei atmen kann und das konnte man nicht in der damaligen Zeit.

Es war natürlich eine gewisse Groteske, hier auf einem Dorf ein Linker zu sein, als ein Anonymus in einer Stadt, wo man also sich nicht so gegenseitig kennt. Hier kennt jeder jeden. Und da war es eine Selbstverständlichkeit, dass ich als Junge hier im „Jungvolk" oder in der HJ natürlich mitmachen würde. Da hat meine Mama mir einfach gesagt: „Nein, wir wollen das nicht. Wir versuchen, es zu überbrücken, indem wir einfach so tun, als ob wir das gar nicht zur Kenntnis nehmen." Das ist mir auch mit einem Trick, den ich anwandte, gelungen. Ich bin in Bremen zur Schule gegangen und habe in Bremen nach der Schule Klavier- und Orgelunterricht am Bremer Dom gehabt.

In Bremen habe ich gesagt, ich mache einen Dienst hier in Fischerhude. In Fischerhude habe ich gesagt, ich mache den selben Dienst in Bremen. Das hat man mir irgendwie abgenommen und dadurch bin ich nie in diesen Verein gekommen. *[lacht]*

Diese Beurteilung im Sinne einer Spionage für die Sowjetunion, das ist alles aus einer ganz rechten Ecke gekommen, nicht wahr? Und deswegen hat ja auch die Aufarbeitung dieser sogenannten „Roten Kapelle" so lange gedauert. Bis es überhaupt mal dazu kam, dass man das Wort „Rote Kapelle" in den Mund nehmen durfte, ohne gleich in eine kommunistische Ecke gezerrt zu werden. Wissen Sie, als während der Nazizeit in Berlin die gefangenen Franzosen, Polen und Russen in großen Scharen mit der S-Bahn durch die Gegend gefahren wurden, da sind meine Schwestern Cato und Mietje mit einer anderen Freundin noch immer in die S-Bahn gesprungen und haben diesen armen Gefangenen irgendwie versucht, zu helfen und etwas zuzustecken.

Die Rolle der „Roten Kapelle" war für mich eigentlich eine bewunderungswürdige Selbstverständlichkeit. Die Menschen haben versucht, ein bisschen Menschlichkeit in den Deutschen darzustellen und in eine neue Zeit hinüberzuretten. Das war für mich ein großes Erlebnis. Wie diese Menschen bis zu ihrem Tod, also bis zur Selbstaufgabe, dort gearbeitet haben, nicht wahr? Und ich meine nicht nur Cato, eben die anderen auch: alle haben irgendwo ihr Leben auf die Waagschale gelegt, mit der Gefahr eben, auch selber dann zum Tode zu kommen. Das weiß ich.

Aber Cato war da ganz unerbittlich. Es gibt eine Schilderung von einer Frau. Cato gehörte einer Segelgruppe an und die eine Leiterin ist nach dem Krieg interviewt worden. Sie hat beschrieben, mit welcher Vehemenz Cato in einem Berliner Bus, oben im ersten Stock, gesessen und diskutiert hat. Da hat diese Frau immer versucht, Cato zu bremsen und hat gesagt: „Bist du wahnsinnig? Du redest dich um Kopf und Kragen." Und Cato hat gesagt: „Wieso? Es muss ja. Irgendwie muss doch irgendetwas passieren, nicht?" Es gibt einen Film, der hat den Titel eines ihrer Standardsätze: „Ihr redet alle, aber keiner tut etwas." Und das war eigentlich das Grundprinzip von Cato.

Also Cato hat natürlich sehr unter der Unfreiheit des ganzen Systems und der Menschen, die in Berlin lebten, gelitten. Im selben Haus, in dem Cato lebte, am Kaiserdamm in Berlin, wurden eines Tages befreundete jüdische Familien abgeholt. Bibliotheken wurden da zerstört. Sie hatte auch einen Soldaten getroffen, der aus dem Warschauer Ghetto kam und dort heimlich Fotos aufgenommen hat und da hat sie gesehen, was da passiert. Da war es für sie absolut unmöglich, da irgendetwas nicht dagegen zu tun.

Ganz bewusst hat sie uns, der Familie in Berlin, nichts von ihrer Arbeit erzählt, auch meiner Schwester nicht. Ich war ja ganz woanders, also mir hat sie auch nichts gesagt. Meine Schwester Mietje hat mir nur andeutungsweise Mal gesagt, dass Cato in einer Gruppe tätig ist, die also heimlich irgendwelche Flugblätter verfasst. Zum Beispiel dieses Agis-Flugblatt hat Cato ja mitgeschrieben.

Ich weiß nur, dass sie konspiriert haben, miteinander. Sie haben einzelne Gruppen gebildet. Das hat der Schulze-Boysen, glaube ich, ganz geschickt gemacht. Dadurch war es nicht möglich, sollte es auffliegen, irgendwelche belastenden Aussagen zu machen. Es war so, dass Cato, als sie Anfang Januar, am 18. Januar 1943 hatte sie ihren Prozess, sie eigentlich zum ersten Mal die Leute kennengelernt hat, also in dem Prozess, die mit ihr zusammengearbeitet haben. Aber sie kannte sie gar nicht. Die meisten, die dort an ihrem Tag mit verurteilt worden sind, hat sie nicht gekannt. Und das fanden wir auch sehr geschickt und vernünftig. Dadurch konnte niemand jemanden belasten und sagen: „Nein, ich kenne die nicht." Auch mein Vater war dort dabei. Ich glaube, die Libertas hat er gekannt und den Schulze-Boysen und den Graudenz, ja, aber sonst, die anderen Leute kannte er nicht.

Ich kann dazu eigentlich nur sagen, dass ich das alles erst hinterher erfahren habe. Denn ich befand mich im Internat am Bodensee und da hatte man natürlich nicht von diesen Sachen

erzählen dürfen. Ich bin 1942 Soldat geworden. Ich bin erst in Frankreich, in der Bretagne, ausgebildet worden. Dann bin ich nach Südfrankreich, nach Marseille, gekommen und dann nach Russland.

Ich habe zum Beispiel nicht gewusst, dass Cato den Helmut Roloff getroffen hat, irgendwo auch privat. Ich weiß das nur von meinem Vater. Er hat immer gesagt, dass der Helmut Roloff an der „Roten Kapelle" mitgewirkt hat.

Es gibt ein sehr bezeichnendes Ereignis. Das betraf den ehemaligen Kanzler Helmut Schmidt. Der war mit Cato befreundet und er hatte irgendeine Funktion am Luftfahrtministerium, glaube ich. Und da war eine Einladung in Berlin bei meinem Onkel Schulze-Ritter und alle Leute, die dort eingeladen waren, kannten sich. Auf einmal klingelte es und Helmut Schmidt tauchte auf, eingeladen von Cato. Er kam natürlich in voller Montur, in Offiziersuniform. Daraufhin hat sich also eine Diskussion ergeben. Kann überhaupt ein Offizier ein Antinazi sein? Und da hat dieser eine Mann, der Heinrich Lange, gesagt: „Also, das passt nicht hier, diese Uniform. Ziehen Sie den Rock aus." Und das hat der Helmut Schmidt viel später, nach dem Krieg erzählt. Es wäre damals doch sehr eigenartig gewesen, dass er in dieses Nest hineingekommen ist. Konspirativ bis dort hinaus, nicht wahr? Es war für ihn natürlich auch insofern gefährlich, weil er als Soldat, so was eigentlich gar nicht wissen durfte.

Sie sind also am 20. September 1942 verhaftet worden. Da war ich Soldat in Frankreich.

Mein Vater schreibt als Zeuge in einem Prozess, den meine Mutter damals führen musste und in dem auch der Generalrichter Roeder vernommen worden war: *[liest]* „Am Sonntag, dem 20. September 1942, um acht Uhr morgens klingelte es und es erschienen vier Gestapo-Beamte, die uns verhafteten.

Cato stieg mit zwei Beamten in eine Limousine und ich mit den anderen beiden Beamten in die andere. Wir haben uns sehr bemüht, darüber etwas zu erfahren, was man unserer Tochter eigentlich zur Last legt. Durch spärliche Äußerungen der Gestapo-Beamten haben wir herausbekommen, dass ihr zur Last gelegt wurde: Verfassung von Texten, Vervielfältigung, Kleben und Verteilen dieser Texte. Dies haben wir dann mosaikartig erfahren."

Also, meine Mutter war im Ministerium, um mit Roeder über Cato zu reden. Da wurde sie vorgeladen und dort hat sie ihm wirklich zum ersten Mal gegenübergesessen. Später erzählte sie: „Als ich diesen Menschen, dieses Gesicht, dieses Lächeln in diesem Mann gesehen habe, da war mir ganz klar, dass von diesem Mann überhaupt nichts zu erwarten ist, in Richtung Cato, Begnadigung oder sonst in irgendeiner Weise."

Mein Vater hat ein unglaubliches Glück gehabt, dass man es ihm nicht beweisen konnte. Alle seine Mitkämpfer dort haben den Mund gehalten und immer gesagt: „Nein, der Jan Bontjes ist ein absolut unpolitischer Mensch." Aber ich weiß es eben durch meine Schwester und auch durch eigene Erfahrungen, dass in der Wohnung Kaiserdamm unglaublich diskutiert wurde. Da sind Schulze-Boysen und Graudenz ein- und ausgegangen. Also kann man hinterher nicht sagen, er hätte keine Ahnung gehabt, nicht?

Ich habe darüber mit ihm nie gesprochen, aber ich kann mir vorstellen, dass ihm das sehr, sehr nah gegangen ist. Dass er freigekommen ist und die Cato eben nicht. Allerdings hat Cato eben sehr viel auf sich genommen und hat einfach nicht versucht, ihr Leben auf Kosten anderer zu retten oder sonst irgendwas. Sondern sie hat einfach gesagt: „Ja, so und so war es und dazu stehe ich auch." Mit ihrem Freund, dem Heinz Strelow zusammen.

Es gab in der Haftanstalt, wo mein Vater glaube ich drei oder vier Monate gesessen hat, eine Situation, die äußerst gefährlich für ihn hätte ausgehen können. Einmal im Freigang auf dem Rückweg in die Zellen hatte er einen Kassiber an Strelow dabei und der ist ihm aus der Tasche gefallen. Der Professor Scheel war hinter ihm, sah diesen Zettel und nahm den Zettel auf einer Treppe ganz schnell an sich. Er nahm ihn mit in die Zelle und hat ihn schnell runtergespült. Wenn das einer der Wärter gefunden hätte, wäre er dran gewesen.

Cato schreibt in einem Kassiber am 29. März, der in einem Karton versteckt war: *[liest]* „Ihr müsst immer gut alle Wäsche durchsehen, damit nicht die Kassiber mitgewaschen werden." Kassiber sind geheime Informationen, die sie in ganz bestimmte Wäschestücke hinein genäht hatte, glaube ich, und auf diese Weise haben wir viel erfahren können. Sie schreibt auch hier: *[liest]* „Wenn es Salat gibt, esse ich diese Blätter so. Nur Grünes. Denn seit einem halben Jahr esse ich nur Kartoffelsuppen. Meine Haut ist nun sehr rau. Der Frühling macht das wohl. Es ist so schade, dass wir niemals nach draußen kommen und mit Grauen denke ich an den Sommer. Denn sicher sitzen wir auch dann noch hier. Könnt ihr mir ein polnisches Lehrbuch schicken, mit der Wäsche? Dann kann ich meine Zeit gut ausnützen. Ein Anfangslehrbuch und auch etwas Papier zum Schreiben. Irgendwie schmuggelt auch einen Bleistift bitte hinein. Vielleicht zwei kleine, denn meiner ist bald zu Ende. Ich bin heute sehr müde, denn gestern Abend hatte ich noch ein sehr langes Gespräch über den Katholizismus mit Maria Terwiel, die nebenan liegt und dann wurde die Uhr ja auch eine Stunde vorgerückt in der Nacht. Es ist gut, dass man sich unterhalten kann. Alles natürlich verboten. Ist es nicht alles ein Wahnsinn? Ich hier und Tim in Russland. Ein tolles Gefühl ist es, wenn Fliegeralarm ist und wir eingesperrt sind in der Zelle. Und dazu noch unser Urteil. Wenn hier eine Bombe fällt, was dann? Aber Angst habe ich nicht."

Und dann kam der Moment, wo Cato ihren Prozess hatte und zum Tode verurteilt wurde. Da hat meine Mama mir nur geschrieben, ich soll doch versuchen, Urlaub zu bekommen. Dann bin ich tatsächlich nach Berlin gekommen und habe Cato noch in ihrer Todeszelle gesehen. Das heißt, sie wurde vorgeführt mit einer Binde „TK“, Todeskandidat. Das war natürlich ein erschütterndes Erlebnis, weil man eigentlich überhaupt nichts sagen konnte. Man konnte nicht reden. Es stand immer eine Aufseherin daneben und Cato hat furchtbar geweint. Und ich, mir hat es die Zähne zugedrückt. Ich konnte auch nichts sagen. Was konnte man sagen, nicht wahr? Einen Menschen, der kurz vor dem Tod steht, kann man nicht fragen: „Wie geht's dir?“ oder sonst was. Das ist unmöglich. Wir haben da ein paar lapidare Sätze gewechselt, aber das war auch alles.

Also, das ist der vorletzte Brief, der sich in unseren Unterlagen befindet und zwar ist der geschrieben von Cato, nachdem wir uns gesehen haben. Da war es eben so, dass sie versucht, uns zu erklären, wie es damals gewesen ist, nicht wahr? Und sie schreibt eben: *[liest]* „Immer sehe ich euch noch vor mir und ich bin sehr froh, dass ich dich, Mimi und endlich auch nach langer Zeit Tim gesehen habe. Und ich mache mir bittere Vorwürfe, dass ich es dir und Tim so schwergemacht habe durch mein Weinen. Es war vielleicht ein etwas unglücklicher Tag in der Beziehung, denn schon beim Rundgang am Vormittag kamen mir die Tränen, als ich den blauen Himmel und die weißen Wolken sah. Du musst nicht mehr daran denken, dass ich so geweint habe, denn die Freude siegt doch stets, dass ihr alle immer so nah bei mir seid, dass Tim da ist und ihr drei seid gemeinsam in Fischerhude. Und glaube mir, ich bin bei euch, als wäre es Wirklichkeit. Wie habe ich in den vergangenen Monaten mir auch immer den Moment herbeigesehnt, Tim zu sehen.“ Ich war ja in Russland. „Es gab Zeiten, wo ich alle Hoffnungen aufgegeben hatte, euch je wiederzusehen. Und nun bitte und hoffe ich weiter, dass es nicht das letzte Mal war und dass ich auch Tim eines Tages wiedersehen kann.“

Das ist der Abschiedsbrief am 5. August, eine Stunde vor ihrer Hinrichtung: *[liest]* „Meine liebe Mama, ich habe geglaubt, ich könnte dir diesen Brief als Geburtstagsbrief schreiben und nun wird es der Allerletzte an dich sein. Es ist nun so weit und ich werde nur noch ein paar Stunden unter den Lebenden sein. Mama, dass ich es dir nicht selbst sagen kann, wo du nicht bei mir bist, das ist hart. Aber ich bin sehr gefasst und ich habe mich völlig mit dem Schicksal ausgesöhnt. Die Ruhe, die ich mir immer für diese letzten Stunden gewünscht habe, ist nun auch wirklich bei mir und sie gibt mir viel Kraft, mit meinen Gedanken bei dir zu weilen, bei Tim in Russland und bei Mimi und allen anderen Lieben."

Ich weiß, dass Roeder bei einer Partei, die hieß, glaube ich, die Deutsche Reichspartei von dem Herrn von Thadden gegründet, groß angekündigt wurde, in Hamburg im Winterhuder Fährhaus, als großer Redner. Das wurde natürlich veröffentlicht in der Presse. Als ich das las, habe ich gesagt: „Da musst du mal hingehen." Damit ich höre, was der so alles erzählt. Und da bin ich tatsächlich abends noch in diese Veranstaltung gegangen und habe den Roeder eigentlich zum ersten Mal en face gesehen. Das war eine richtige Parteiversammlung. Ich weiß nicht, ob das im Hinblick auf eine Wahlveranstaltung war, aber auf jeden Fall konnte da jeder hingehen, der sich für die Deutsche Reichspartei interessierte und sich dort informieren wollte. Es waren wirklich die alten Nazis, wie man sie von früher kannte. Roeder hat das natürlich benutzt, um sich wieder ins Gespräch zu bringen, nicht? Er war ja „entnazifiziert" und ist stellvertretender Bürgermeister geworden. Er lebte auf seinem Gut, dem Gut seiner Frau glaube ich, in der Nähe von Uelzen. Also, ihm konnte ja gar nichts passieren.

Für mich war diese ganze Atmosphäre so abenteuerlich, so kurze Zeit nach dem Zusammenbruch diesen Mann zu sehen. Mir lief wirklich die Gänsehaut über den Rücken, mit welcher Frechheit er da wieder diese alten Themen losließ und über die Menschen streute. Das war für mich unglaublich.

Ich glaube, ich bin nicht sehr weit in den Saal reingekommen. Ich halte mich da immer am Rand. Ich konnte da nicht richtig atmen. Ich musste bald wieder rausgehen.

CATO BONTJES VAN BEEK
BEI IHRER
KONFIRMATION IM FRÜHJAHR 1935
Quelle: Saskia Bontjes van Beek

Mietje Bontjes van Beek während der Dreharbeiten 1999
Kamera: Ralf Schultze

„DAS LEBEN WAR EIN PULVERFASS UND ES WAR EIN KLEINES ZEICHEN VON MENSCHLICHKEIT.“

MIETJE BONTJES VAN BEEK

Ich bin Mietje. Cato ist meine ältere Schwester. Wir sind aufgewachsen mit einem Bruder, Tim, und einer Familie, die auch irgendwie frei gedacht hat.

Ich war Schülerin. Sybille und Doroth waren „Halbjuden".
Sie haben irgendwo in Jungfernheide eine Gruppe Franzosen gesehen. Und da die Sybille sehr gut französisch sprach, hat sie mal was erzählt und da fing das an. Cato erzählte es.
Ich habe am Bahnhof auch Franzosen gesehen und da habe ich auch Kontakt aufgenommen. Also, Cato im Nordring und ich im Mittelring.

Die französischen Kriegsgefangenen wurden mit der S-Bahn transportiert. Ich bin morgens um sieben Uhr eingestiegen, habe eine Gruppe im letzten Wagen getroffen und Kontakt aufgenommen. Ich bin drei Minuten mit ihnen gefahren, von Witzleben nach Westkreuz. Dort sind wir umgestiegen, dann kam ein Tunnel und eine Kreuzung und da habe ich mit ihnen was ausgetauscht. Es war möglich auszusteigen, dann musste man warten, die Franzosen kamen und da bin ich dann rein, habe mich in die Gruppe rein gemischt, ein Zettel her und wieder weg. Das ist auch möglich gewesen.

Ich glaube, die waren nicht sehr hungrig, nicht wie die russischen Gefangenen. Sie waren geschützt vom Roten Kreuz, also die haben nicht so gedarbt. Das war ein Reiz. Wir haben Briefe ausgetauscht. Und das war wirklich wunderbar. Es hat nicht nur den Hunger gestillt, sondern war irgendwo eine Freude. Man zeigt seine Einstellung. Es war für uns natürlich auch Hilfe, auch seelisch. Da war irgendwo eine Zone Abenteuer. Aber auch menschliche Wärme.

Die russischen Kriegsgefangenen waren arm und wurden sehr furchtbar gehalten. Das war Ausrotten durch Arbeiten. Also, jeder Kontakt damals mit Ausländern war gegen das „Volksempfinden". Seien das Franzosen oder Polen oder Russen: das war verboten. Wir haben das nicht eingesehen.

Damals kam ein Herr Graudenz zu uns. Er war auch ein Mitglied der „Roten Kapelle". Aber Cato hat überhaupt nicht gewusst, dass das so ein großer Ring ist und ich auch nicht.

Einmal kam Papa mit einer jungen Frau zu uns, der Libertas Schulze-Boysen. Er sagte: „Ich will Ihnen meine Töchter vorstellen." Cato war in England und sehr interessiert an Filmen. Weil Libertas im Auswärtigen Amt gearbeitet hat und mit Filmen zu tun hatte, haben sie sich sofort verabredet, nachmittags schon. Cato war begeistert und die Begeisterung hat Libertas bemerkt. „Die Person kann man brauchen." Das war der Anfang des Kontakts.

Cato hat mit ihren Kolleginnen begonnen, den Kontakt mit den Franzosen herzustellen. Ich habe die Franzosen bei mir in der S-Bahn gesehen und habe das für mich alleine weitergemacht. Mein Schulweg war von Witzleben bis zum Schlesischen Bahnhof. Jeden Tag musste ich die Strecke fahren. Jeden Tag habe ich die Franzosen gesehen und jeden Tag habe ich mit denen Kontakt aufgenommen. Der Austausch mit den Zetteln und Briefen und so weiter, das war wirklich einfach ein Muss. Die Franzosen waren glücklich und ich bin glücklich gewesen.

Ich habe einmal versucht, ein Buch zu schreiben mit dem Titel „Verbrennt die Briefe". Das war der Satz eines Franzosen. Er war besorgt, dass wir uns Gefahr aussetzten. Er sagte: „Verbrennt die Briefe!" und „Wie wir: die Briefe landen im Feuer." Ich habe gesagt: „Okay, mach ich." Das habe ich nicht gemacht. Ich habe eine Flasche genommen und die reingedreht und eingegraben. Ein Franzose hat uns gewarnt, er hätte eine Person dreimal gesehen, wir müssten aufpassen. Wir haben es nicht bemerkt, aber die Franzosen waren sehr wach. Wir sollten ein bisschen vorsichtiger sein und mal Pause machen. Da habe ich verstanden. Meine Freundin Rita hat ein SS-Mann aufgespürt und er hat gesagt: „Du machst sehr waghalsige Sachen. Ich muss dich anzeigen."

Ich habe Zeichnungen gemacht während dieser Sache. Also ich habe in der Schule Grafik und so weiter studiert und ich habe alles, was ich gemacht habe, festgehalten in Bildern, Zeichnungen und Aquarellen. Das ganze Umfeld war so brisant gefährlich. Das Leben war ein Pulverfass und es war ein kleines Zeichen von Menschlichkeit. Es war ein Glück. Und diese Zeit haben wir auch so empfunden. Für die Franzosen war es auch ein Glück, dass die einfach einen menschlichen Kontakt hatten, nicht mit Lagermitarbeitern. Es war eine sehr schöne Zeit, für sie auch. Das habe ich gemerkt. Also nicht nur Überleben, sondern eine geistige Hilfe von Gemüt und Seele her.

Im März 1942 wurde ich schwer krank, eine Rippenfellentzündung. Cato hatte die Wohnung schon verlassen und ich kam schwer krank nach Fischerhude. Cato hat mich nochmal besucht und nach acht Wochen wurde sie verhaftet. Wenn ich nicht krank gewesen wäre, hätte ich auch in Berlin diese Verhaftung erlebt und wäre natürlich auch verhaftet worden.

Ich habe Cato mit meiner Mutter das letzte Mal gesehen und getroffen, im Gefängnis, für eine Stunde. Cato trug einen Kittel und am Arm war die Binde. Da habe ich gesagt: „Cato, du bist bald bei uns wieder." Cato sagte: „Nein, nein, hier." *[zeigt auf den Oberarm]* „Die Binde. TK. Todeskandidat." Ich habe nicht wirklich gewusst, was das war. Dann war sie vorbei, die Stunde. Eine Wärterin kam und hat Cato abgeführt. Das war furchtbar. Und plötzlich kam Cato wieder zurück und winkte. Das war das letzte Zeichen. *[winkt]* Sie winkte.

MIETJE BONTJES VAN BEEK IM GRUNEWALD, 1942
Quelle: Saskia Bontjes van Beek

Rainer Küchenmeister während der Dreharbeiten 1999
Kamera: Ralf Schultze

„DAS GAB UNS MUT. TEILWEISE AUCH ÜBERMUT, MUSS ICH ZUGEBEN."

RAINER KÜCHENMEISTER

Ich bin Rainer Küchenmeister, der Sohn meines Vaters. Das habe ich übrigens auch vor der SS gesagt: „Ich bin der Sohn meines Vaters." Ich habe am Rande die Arbeit meines Vaters im Widerstand technisch mitgemacht. Mein Vater hat mich als Deckung mitgenommen. Er hat sich mit Schulze-Boysen getroffen, zweimal, im Grunewald und hat mich mitgenommen, damit er wie ein Spaziergänger aussieht.

Ich bin aufgewachsen am Schlesischen Bahnhof, wo Arbeiter wohnten, aber auch die Neuankömmlinge aus dem Osten, Juden, Polen und so weiter. Also bei uns in der Gegend haben die Nazis eigentlich nie so richtig Fuß fassen können.

Mein Vater brachte aus der Schweiz die ersten elektrischen Rasierapparate von „Philips" mit, damit er uns Jungen selber die Haare schneiden konnte, weil jeder Friseur, das war das Hitler-Regime: man musste einen Militärschnitt haben als junger Mann. Er hat uns die Haare so geschnitten, dass wir noch wie Menschen aussahen und nicht wie verkappte.
Er war ein roter Matrose. Er ist als SPD-Mann in die Marine gegangen und als er rauskam, war er Kommunist. *[lacht]*

Ich heiße Rainer Maria, weil ich in dem Jahr geboren bin, als Rilke starb. So kommt man zum Namen. Und, das verschweige ich nicht, das gehört mit zur Gestalt, mein Vater ist aus der Kommunistischen Partei ausgestoßen worden, weil er in die Parteikasse gegriffen hat. Auch Kommunisten sind Menschen. Ich bin 1926 geboren. Er hatte kein Geld.

In der Gegend, wo Dr. Elfriede Paul wohnte, gab es Spezialisten, die die Fahnengröße kontrolliert haben. Dr. Paul flaggte. Es war grotesk. Und in dem selben Haus haben wir uns auch getroffen, in der Praxis. Alle kamen als Patienten. Wir setzten uns übrigens auf den Fußboden, damit man nicht durchs Fenster gucken konnte. Es war ganz simpel, aber es gehörte dazu.
Der Ton untereinander, der Verkehrston, hatte was Bohemienhaftes aus den 1920ern und 30ern. Günther Weisenborn zum

Beispiel lief rum mit Wildlederschuhen, Specksohlen nannte man das, und Hornbrille. Das war der Habitus. Das Wort Stalin ist nie gefallen. Übrigens auch nicht als Wort Kommunismus.

Harro Schulze-Boysen war, vom Körperbau auch, das Idealbild eines deutschen Offiziers. Dann eben der Ledermantel und der Kopf wie ein Windhund. Schmal, anliegende Ohren. Aber er war hochintelligent und das passt nicht ganz so gut in das Bild des deutschen Offiziers. Er hatte was Fanatisches. Ich sage das jetzt nicht abwertend. Es gibt kein anderes Wort dafür.

Zunächst mal wurden wir informiert, was wirklich los ist im Krieg. Das konnte er uns sagen. Er brachte Fotos mit, was äußerst gefährlich war, und ausländische Zeitungen, was ja in Deutschland nicht drin war, die er in die Hände kriegte. So hatten wir, heute würde man sagen, Motivation, ist ein doofes Wort, aber Würde und Liebe wurden dadurch untermauert, durch die Originalberichte und nicht nur durch die Nazipresse, die ja gleichgeschaltet war. An die Fotos erinnere ich mich noch besonders gut. Er brachte Fotos mit von jugoslawischen Partisanen, die erschossen worden sind. Dann brachte er einmal Fotos mit, die aus der Nazipropaganda stammten, wie deutsche Soldaten verstümmelt wurden. Und Schulze-Boysen hat gesagt: „Das sind Wolfsbisse." Das waren tote Soldaten und in Jugoslawien gab es ja Wölfe. Die waren überhaupt nicht von den Partisanen, den Roten, zerfleischt worden. Und Nachrichten aus der Weltpresse brachte er mit, wie die Kriegslage ist. Das gab uns Mut. Teilweise auch Übermut, muss ich zugeben.

Wir trafen uns im Grunewald, alle als Ausflügler. Kurt Schumacher fehlte. Er hatte eine Übungshandgranate von der Wehrmacht, die war nur aus Holz, hatte aber das Gewicht einer Originalhandgranate. Er lag hinten im Gehölz und übte das Handgranatenwerfen. Schmeißen und decken, ist ja wichtig. Er bereitete sich schon auf die Revolution vor, die ja mal handfest geworden wäre.

Wir wussten, dass Schulze-Boysen verhaftet ist. Das haben uns schon andere Mitglieder telefonisch mitgeteilt. Wir warteten praktisch darauf, abgeholt zu werden. Und dann am 16. September 1942 kam die Gestapo. Die hatten genauso viel Männer mit, wie wir Zimmer hatten. Tür auf, Zimmer besetzen und sie sagten zu mir: „Na, wo hat denn der Papa die Pistole?" Ich wusste, mein Vater hatte eine Pistole, aber nur eine Luftdruckpistole und es hat den Mann sehr geärgert. Dann fragte mein Vater die Gestapobeamten, er war ja magenkrank, ob er Tabletten nehmen könnte. „Nein, auf keinen Fall." Natürlich wegen Gift. Dann sagte der Mann: „Nehmen Sie sich für drei Tage was zu essen mit." Das war die letzte Mahlzeit. Für meinen Vater war es die Henkersmahlzeit. Ich sage es jetzt locker. Ich habe mich gefreut, dass ich endlich mal an den Kühlschrank gehen durfte und mir das rausholen durfte, was ich gerne aß.

Dann wurden wir in die Prinz-Albrecht-Straße gefahren, in den Keller gebracht und getrennt. Dr. Paul kam weg, mein Vater und ich extra. Die Beamten frotzelten rum, wie denn da ein junger Mensch hinkommt und dann wurde ich extra vernommen. Der Kommissar hieß Neumann. Die hatten alle so unverfängliche Namen. „Mach hier nicht so einen Blödsinn. Jetzt sag endlich!" Er legte eine Pistole auf den Tisch. Ich stamme aus einer Gegend, aus einem Kiez. Dann wurde ich erstmal angemacht, normale Fragen.

Ich habe nie ein Flugblatt gesehen. Ich habe lediglich den ominösen grünen Kasten gesehen. Das war eine Vervielfältigungsmaschine, früher machte man das ja so mit Matrizen. Den hatte Dr. Paul in ihrem Auto weitertransportiert, wenn sie Krankenbesuche machte und ich saß daneben. Dann hat mich die Gestapo nach dem grünen Kasten gefragt. Ich hatte mich darauf ja eingestellt. Sagst du „ja", kann das schädlich für dich sein, weil der Kasten nämlich gelb war. Dann hätte der Gestapobeamte mir eins aufs Dach gegeben. Sagst du „nein", dann sagt der: „Du lügst." Sagst du „ja", belastest du jemanden.

Aber dass die Stunde geschlagen hat, das merkte ich. Mein Vater kam mir entgegen. Ich blieb stehen und sagte zu dem Begleiter, meinem Bewacher: „Wo geht denn mein Vater hin?“ Da sagte der: „Der hat seinen Mantel vergessen.“ Mein Vater hatte gar keinen an. Da knackte das bei mir so: Warum erzählen die mir solchen Kitt? Daraufhin habe ich ihn nie mehr gesehen. Er hat mir noch den Kopf gestreichelt, was ein Vater mit seinem Sohn so macht und sagte: „Wiedersehen, Jungchen.“

Die Station 5 wurde von Männern geräumt, weil so viele Frauen durch die „Rote Kapelle“ plötzlich anfielen. Da kamen Frauen rein. In der Zelle über mir war Cato Bontjes van Beek. Wir sind durch den Zufall, dass eben die Gefängnisse so voll waren, zusammengekommen. Eine Frauenstation war das eigentlich nicht. Cato war meine Gefährtin. Ich meine, das kann man schlecht schildern, dass ich mich dadurch zu Hause gefühlt habe. Sie hatte so eine volle Stimme, nicht tief, kehlig. Wir haben uns eben täglich unterhalten. Sie hatte ja nun andere Dinge zu erzählen als ich. Ich konnte ihr ja nichts aus meiner Jugend erzählen. Das hätte sie nicht verstanden, dieses Milieu. Aber sie erzählte mir eben aus Holland und von den Feten da.

Die Frauen haben versucht, ich auch später, Melodien zu pfeifen, klassische Musik und der andere musste raten, was das ist oder die Anschlussmelodie pfeifen. Das klingt weinselig, kitschig, aber das war ja eben so. Sie summte mir ab und zu vor, Solveigs Klage von Grieg, das schöne Lied. Ich habe es heute noch im Kopf. Ich habe sonst für Grieg nichts übrig. Das pfiff sie oder sie summte es mir vor. Die Frauen, das muss ich sagen, das ist meine Einstellung zu den Frauen: mir ist klargeworden, dass sie lebenserhaltend sind.

Erika von Brockdorff war die Nachbarin von Cato. Mit der habe ich nie gesprochen. Sie hatte eben auch ein Todesurteil. Man sagte nicht Todesurteil. „Das Urteil ist doch so ausgefallen..." Man spricht nicht über den Tod. Da hat sie eben gesagt: „Lachend werde ich gehen." Da sagte der Richter, gut studierter Jurist: „Ihnen wird das Lachen schon vergehen." Da hat sie gesagt: „Ich brauche bloß an Sie zu denken." Das steckt ein Richter natürlich eigentlich nicht weg. War das Heldentum? Nein, das war Frauentum. Ich war ja als 16-Jähriger noch in der Pubertät. Das war ja damals etwas später. Das hat mich eben beeinflusst für mein Leben. Meine Einstellung zur Frau als Kraft. Man kann sich gar nicht vorstellen, dass sich jemand, der zum Tod verurteilt ist, sein Urteil schon gehört hat, zum Zahnarzt meldet. Von Brockdorff, eine blühende Frau, die auf uns alle Eindruck machte, nicht widerständlerisch, überhaupt nicht, die hat sich zum Zahnarzt gemeldet. Die SS und Gestapo haben Respekt gehabt. „Was ist das?" Das ist ja fast wie eine Legende. „Ich will mit schönen Zähnen sterben."

Zur anderen Seite von meiner Station war ein Mann im Smoking mit Diplomaten-Lackslippern, mit so einer Schleife. Der Smoking war etwas durch die Haft lädiert. Das war ein Jugoslawe und als Jugoslawien überfallen wurde, haben sie den gleich da festgesetzt. Er hat den Hungerstreik, den wir geplant hatten, mit uns abgesprochen. Nur als Zeichen: Wir sind da. Das war eben die männliche Komponente: gleich mit Gewalt und Ausbruch. Ich habe nachher schnell gelernt, dass es zwar möglich ist auszubrechen, aber nicht in Deutschland als Flüchtling zu überleben. Stephan Hermlin sagte die Worte: „Wir haben das ganze Volk gegen uns."

Ich hatte nur engsten Kontakt und täglich Gespräche mit Cato. Sie hat mich dann gefragt, ob ich ein Buch haben wollte. Ich durfte keine Pakete empfangen. Sie kriegte das durch ihre Familie. Da hat sie mir runter geschickt: Goethe „Gott,

Gemüt und Welt" – schon der Titel hat mir einen Schreck eingejagt und Hölderlin. Inselbücher, die man von Zelle zu Zelle schmuggeln konnte. So bin ich zu Hölderlin gekommen und hatte was zu lesen. Wichtig war, dass wir uns im Kopf in Takt hielten.

Ich werde jetzt einen Kassiber von mir an Cato vorlesen. Kassiber sind besonders authentisch, weil man da die Wahrheit schreiben konnte. Das war am 19.1.1943. *[liest:]*
„Meine liebe Cato, ich kann das alles, was ich für dich empfinde, unmöglich aufs Papier bannen. Und ich weiß nicht, ob das Wort Kamerad dafür genügt. Cato, ich habe den Glauben an dich noch nicht verloren. Ich kann es ganz einfach nicht. Ich will keine Worte weiter über das Geschehene."
Das Wort Tod sprach man nicht aus. „Dafür ist es viel zu groß und zu ernst. Der gestrige Tag war furchtbar für mich." Nach dem Urteil. „Ich war dicht daran zu toben. Aber als ich deine Stimme hörte, Cato, da wurde ich wieder ruhig. Ruhig wie ein kleiner Junge, der die Stimme seiner Mutter vernimmt. Überhaupt hat es mir deine Stimme angetan. Ich glaube, allen anderen geht es ähnlich. Nicht etwa, dass das ein Kompliment sein soll. Bestimmt nicht, Cato. Nun, liebe Cato, habe ich noch eine Bitte an dich, deren Erfüllung mir mehr bedeuten würde, als du es wohl ermessen kannst. Gib mir einen Talisman. Ein Andenken von dir, Cato. Ich will daran glauben, immer und so fest, wie ich auch jetzt noch an dich glaube."
Also, dass sie nicht hingerichtet wird. „Kannst du das verstehen? Ich glaube, ich sagte dir das schon mal, dass ich heulende Männer nicht leiden mag. Du doch sicher auch nicht? Nun Schluss, Cato. Sonst werde ich noch sentimental. Cato, als ich gestern hier in meiner Zelle umherlief, da kam mir die Idee hoch, dich zu malen. Und aus dieser Idee wurde ein unumstößlicher Beschluss. Du magst mich einen Fantasten oder Schwärmer nennen. Vielleicht mit Recht. Aber ich glaube, als Künstler muss man von beidem etwas haben. Und ich, Cato,

ich werde dich nicht nur so malen, wie ich dich sah, sondern vor allem, wie ich dich empfunden habe. Vielleicht verstehst du das, Cato. Du meinst, dass ich noch nicht so weit bin, um malen zu können wie ich empfinde. Aber ich komme da hin. Schon allein deinetwegen. Schreib mir bitte, ja? Einen lieben Gruß von deinem Rainer."

[Rainers Tochter Eurydice:] Ich werde jetzt die Kassiber vorlesen, die Cato damals an meinen Vater geschrieben hat.
[liest:]
„Mein lieber Rainer, was bist du doch für ein famoser, lieber Junge. Dein Brief hat mich so glücklich gemacht. Ich möchte ihn immer bei mir tragen und den Abschiedsbrief von Heinz Strelow auch. Sollte ich wirklich sterben, Rainer, sei nicht allzu traurig. Vergiss mich nicht. Eine Bitte habe ich an dich. Sei vernünftig und beginne nichts Falsches. Ich meine damit, du sollst kein Märtyrer sein. Es hat keinen Sinn. Du wirst zu nötig gebraucht. Du hast so viele gute Eigenschaften und es ist auch solch ein Reichtum an Liebe in dir. Das ist das Höchste und Schönste, das der Mensch besitzt. So möchte ich auch immer bei dir sein, denn ich liebe dich so, als seist du mein Bruder. Vielleicht wirst du meinen Bruder Tim auch mal sehen. Geh zu meiner Mutter. Das musst du mir versprechen, mein lieber Rainer. Ich liebe das Leben und die Menschen unendlich und darum gehe ich ohne einen Groll aus dem Leben, oder gar Hass. Vielleicht sterben Heinz und ich zu fast der gleichen Stunde. Das wäre schön, denn wir beide gehören zusammen und darum waren diese drei Tage so wunderbar. Und ich glaube immer noch an ein Wunder, das mich dem Leben wiederschenkt. Denke an deinen Vater, lieber Rainer und begebe dich nicht unnütz in Gefahr. Ich weiß nicht, warum ich sterben muss, aber sicher hat alles einen Sinn. Du glaubst, ich mag weinende Männer nicht. Ach Rainer, das macht gar nichts. Auch Heinz hat geweint. Nur zuletzt haben wir uns immer angelacht, weil wir zusammen so glücklich waren.

Lebe du weiter, lieber Rainer, suche das Schöne in der Kunst und in jedem Menschen und lerne, mit dem Herzen zu denken. Der alte Gott schütze dich. Einen lieben Gruß von deiner Cato."

[Rainer Küchenmeister:] Ich bin direkt abgeholt worden. Da ging die Zellentür auf: „Fertig machen, Transport!" Da konnte ich gerade noch Cato rauf rufen: „Cato, ich gehe auf Transport!" Sie lebte ja noch. Dann standen unten eine Reihe Uniformierter. Wir waren wohl zwölf oder 15 Mann. Wir hatten alle eine Knebelkette, keine Handschellen. Weißt du, was eine Knebelkette ist? Die wird so umgelegt und die dreht der einfach zu, um dich zu dirigieren. Das macht man eigentlich mit Tanzbären. Für jeden Häftling war ein Uniformierter mit einer Knebelkette da und der führte dich eben in den Gefangenenwagen, Grüne Minna, wie das hieß. Dann wurden wir in Hannover gesammelt. Es lag ja nun mitten in Europa, weil Europa ja fast bis zum Ural ging und dort war Europa versammelt, sage ich heute. Da war Europa nun das erste Mal vereinigt und da schlichen nun die dollsten. Die auffälligsten waren die Franzosen mit ihrem Zigarettengerauche. Ich war da alleine und nach vier oder sechs Wochen, ich weiß es nicht mehr, kriegte ich es mit der Angst zu tun, dass ich vergessen werde. Da waren 400 Mann in der Garage. Das hat das Pissoir nicht geschafft.

Dann passierte etwas sehr Dramatisches: Da saß einer da wie Sphinxe dasitzen, diese Könige. Der saß da, blind. Er hatte vor sich ein Futteral, ein Samtfutteral mit einem Orden. Der war in der Fremdenlegion. Alle Fremdenlegionäre, die zurückkamen, wurden ja verhaftet bei Hitler. Und der wusste gar nicht, was abläuft. Der hatte das ja alles nicht gesehen. Dem haben wir sein Essen gebracht, es gab ja nur so ein bisschen. *[zeigt mit den Händen die kleine Portion]* Ich wurde dann nach vier oder fünf Wochen rausgerufen und kam dann nach Moringen, in dieses „Jugendschutzlager". Es hieß auch

„Schutzhaft". Ich habe nicht viele Schläge gekriegt, aber einer war gefürchtet. Johansen hieß der auch noch dazu. Der guckte nur auf den Winkel. Wir hatten einen Essraum. Der hieß übrigens „Wohlfahrtstraum". Wir hatten damals eine Sprache da, die war ungeheuer. Der hieß „Wohlfahrtsraum" und da haben wir zwanzig Minuten lang unsere Pellkartoffeln gemampft. Der Johansen stand da und guckte nur auf meinen roten Winkel. Ich gehe da durch, ich war ja Maschinist. Da haut der mir eins hier rüber *[zeigt auf seinen Kopf]*. „Schon wieder so ein politisches Schwein." Den hätte ich gern wieder getroffen. Nicht um ihm eine reinzuhauen, sondern ich wäre auf ihn zu gegangen und hätte gesagt: „Hau ab!" Das hätte ihn mehr getroffen, als wenn ich da – was heißt Rache? Unser Blockführer ist übrigens Pfarrer geworden. Hat gesühnt.

Die SS hatte die Vorstellung, dass die Germanen alle groß sind. Wir kriegten einen einzigen Norweger, Olsen, ein bisschen älter als ich und der sah aus wie ein norwegischer Rachegott. Breitschultrig, blonde Haare, also vor dem Friseur, blaue Augen. Er kam rein und der SS-Mann, der Kommandoführer, der mir eins übergezogen hat, der hat sich sofort diesen Germanen gekrallt und ihm einen Sonderposten über Tage, wo man Luft kriegte und Privilegien hatte, beschafft, um einen echten Germanen zu haben. Der Olsen hat sich geschämt vor uns. „Ich gehöre doch nicht da oben hin." Da hat er so lange Theater gemacht bis er zur Strafe auch auf den Stapo-Block gekommen ist und da kam er an und war wohl genährt.
Wir waren unter Tage, voller Arsenpulver, die Nase läuft, wir Politischen. Wir haben auch dafür gesorgt, dass die Starken vorne liefen und hinten die Schwachen. Die kriegten vorn immer den ganzen Staub ins Gesicht. Wir hatten unsere Arbeit gemacht, da schmiss Olsen dieses Scheißhemd ab, wir hatten so gestreifte Hemden und führte uns einen norwegischen Tanz auf, einen schönen Volkstanz. Ich dachte nur: „Mensch Meier! Olsen, das machst du noch zwei Wochen."

Die Wachmannschaften hatten das Recht, „Schwanzappell" zu machen, ob da ein Beschnittener übersehen worden ist, den sie noch raus filtrierten. Einen Juden. Mitten in der Nacht: „Raustreten! Schwanzappell." Das hat mich erst beleidigt, als ich den Abstand davon hatte. Das ist so entwürdigend. Ich habe mir vorgestellt, als ich nachher älter wurde: Wie muss es für erwachsene Männer gewesen sein, die eine angesehene Stellung, Position in der deutschen Gesellschaft hatten? Plötzlich mussten die sich hinknien wie Schuljungen und sich den Arsch vollhauen lassen. Ich kam mit einem Luxemburger zusammen, der da zweimal scheinerschossen wurde. Wir sind Freunde geworden. Das war wichtig, dass man jemand hat, für den man sorgt. Auch im KZ. Ich habe mir da sofort jemanden genommen, um meine Menschenwürde, ich sage das jetzt mal so, dass es gut klingt, die konnte man nur erhalten, indem man einem anderen Menschen hilft. So konnten die uns nicht fertigmachen.

Ich habe Catos Brief durchgebracht. Es war ja die Frage, ob ich noch verletzt und diesen Brief nicht durchbringen werde. Ich hatte ihn in Butterbrotpapier eingewickelt, wasserdicht. Im Lager wurde man ausgezogen, wir kriegten ja den Anzug. Ich habe es hier im Hosenbund versteckt und hab den Brief immer mitgeschleppt. Das war ein Aufhänger, jedenfalls.

Dann kam das Nachher, nach 1945, als meine Verfolgung begann. Ich habe mich nie verfolgt gefühlt, weder da noch sonst, aber nachher diese Jagd auf die „Rote Kapelle" und so. Es waren ja immer noch Anhänger von Hitler, die Leute. Die sahen bloß nicht mehr so aus. Vom Tag der Kapitulation an waren das ja nicht plötzlich Demokraten. Dass es keine Nazis mehr gab, hat mich erschüttert. Euch wahrscheinlich auch.

Wo waren die eigentlich alle? Nicht, dass sie bekennen sollten und in Sack und Asche rumlaufen, aber dass es wirklich keine gab...

Von der britischen Besatzung kriegten wir wieder so einen roten Winkel, aber diesmal in Keramik auf Messing. Den durften wir uns anstecken und kriegten einen Ausweis dazu und die Bevölkerung ist uns aus dem Weg gegangen. Was waren wir? Fehlgeleitete Gepäckstücke. Das nannte sich „Wiedergutmachung". Das ist doch Quatsch! Da war nichts wieder gut zu machen. Ich habe übrigens 5 Mark gekriegt, pro Tag, pro Hafttag. Ich hatte meine Schnodderigkeit und habe gesagt: „Schade, dass ich nicht zehn Jahre gesessen habe. Da hätte ich was davon gehabt, ein paar Bier mehr trinken können." Der Beamte war selbstverständlich „entnazifiziert" und dem habe ich den Fragebogen ausgefüllt. „Vater", habe ich gesagt, „ist hingerichtet". Da sagte der hasserfüllt zu mir: „Für Tod gibt's nichts." Und das hat mich sehr getroffen. Darum bin ich nachher auch abgehauen, denn ich konnte das nicht haben.

Ich habe das Versprechen gehalten. Ich bin ja ein guter Maler geworden und habe Cato so gemalt, wie ich sie empfunden habe. Naja, wie man eben jemanden liebt, der nachher verschwindet und sie hat eben ihren Kopf verloren.

WALTER KÜCHENMEISTER, UM 1938
Quelle: Privatbesitz

Hartmut Schulze-Boysen während der Dreharbeiten 2001
Kamera: Sebastian Quack

„UND WENN ER NICHT VERHAFTET WORDEN WÄRE, HÄTTE ER VIELLEICHT ERFOLG GEHABT.“

HARTMUT SCHULZE-BOYSEN

Die „Rote Kapelle" war eine Gruppe von ganz verschiedenen Menschen verschiedener Temperamente, verschiedenen Geschlechts, verschiedener politischer Richtungen, verschiedener Bildung, die alle geeint waren durch die klare Ablehnung des Nationalsozialismus und den Wunsch, diesem Regime ein baldiges Ende zu setzen und den Krieg zu beenden. Dass es da Meinungsverschiedenheiten gegeben hat, halte ich für selbstverständlich, aber das waren keine Meinungsverschiedenheiten, die irgendwie relevant waren für das Ziel, sondern das waren vielleicht auch Meinungsverschiedenheiten über die Methoden. Ich glaube zum Beispiel, dass Harnack und mein Bruder in vieler Hinsicht verschiedene Meinungen hatten, aber sie waren sich eben einig in dem Ziel und das verdient ja eigentlich auch dann Anerkennung. Ich finde, dass deshalb diese Gruppe mindestens so viel Ehre verdient, wie jede andere Gruppe, die sich gegen Hitler geopfert hat.

Also, ich bin der sehr viel jüngere Bruder von Harro Schulze-Boysen. Ich kann daher also über die Anfangszeit seiner Widerstandstätigkeit wenig sagen, weil ich nicht Zeuge war, aber ich habe ihn sehr verehrt und er war auch immer sehr fürsorglich und lieb zu mir. Er hat sich ein bisschen darüber lustig gemacht, dass ich nicht früh genug politisch motiviert war wie er. Er war schon ganz jung ein sehr motivierter Mensch und hatte das auch ein bisschen gewechselt. Er war ja nicht immer in der gleichen Richtung, aber er war jedenfalls immer in einer sehr engagierten und auch vertretbaren Richtung. Harro war 1932/33, als er Herausgeber und Hauptschriftleiter des „gegner" in Berlin war, sicher noch nicht politisch festgelegt. Was er ganz sicher war, war gegen Hitler und gegen die Nazis. Aber sonst war er offen und er fand auch zum Beispiel aufgeschlossene SA-Leute lohnende Gesprächspartner. Er war eigentlich auch allgemein beliebt bei vielen Leuten. Das hat sich dann im Lauf der Zeit sicher etwas mehr nach links verlagert. Also, ich glaube sogar, dass er zum Kommunismus geneigt hat.

Ich bin jedenfalls bereit, das zu sagen, weil ich nicht sehen kann, warum jemand 1942, weil er gegen Hitler war, nicht auch ein Linker sein konnte oder vielleicht sogar ein Kommunist. Ich will das nicht so genau definieren. Das wurde auch früher nicht so genau unterschieden. Aber er war jedenfalls der Meinung, dass mit dem Kapitalismus wahrscheinlich eine Epoche zu Ende ginge und hat das dann so gesehen, aber er hätte auf gar keinen Fall dann eben die Mauer gebaut.

Harro hatte die Vorstellung, dass auch diese ganze Hitlerzeit und der Krieg eigentlich die Anfangsstufe zum Ende einer Epoche sein würde und die nächste also im Zeichen des Sozialismus stehen müsste. Aber ich meine, in dem Moment, wo man Kommunismus mit Mangel an Freiheit gleichsetzt, war Harro kein Kommunist. Denn der war nun wirklich für Freiheit. Da gibt es gar keinen Zweifel: Freiheit und Meinungsfreiheit. Naja, die ganze Methode, die dann in der DDR angefangen wurde, das wäre nie seine Sache gewesen. Nun möchte ich aber noch dazu sagen, dass das auch heute alles aus einer ganz falschen Sicht gesehen wird. Denn die ganze DDR-Epoche ist ja eine Folge des „Dritten Reiches" und das wird viel zu wenig gesehen. Also, wenn es nach meinem Bruder gegangen wäre, hätte sich da ganz was Anderes entwickelt.

Von dieser Art von Aktivität wusste ich nicht, bis er verhaftet worden ist. Aber dass er ein überzeugter Gegner war, das wusste ich deshalb, weil bei seinen Besuchen in meinem Elternhaus, wenn ich noch dabei war, politisiert wurde bis zum geht nicht mehr. Mich hat das zum Anfang ein bisschen gelangweilt, aber später habe ich das dann schon mit Interesse verfolgt. Mein Vater war kein Konservativer, wie oft gesagt wird, aber er war natürlich wirklich kein Kommunist, um es milde auszudrücken. Aber er war auch nicht kaisertreu. Er war ein kaiserlicher Marineoffizier, aber dann war das vorbei. Jedenfalls war Harro wirklich ein, ich möchte fast sagen, fanatischer

Antinazi. Das gebe ich zu. Aber dass er dann was gemacht hat, da hat er mich vielleicht auch bewusst rausgehalten. Nun war ich dann lange krank und war im Sanatorium und so, also insofern hatte ich nichts damit zu tun, aber auch meine Eltern haben das nicht gewusst.

Ich war damals Student in Freiburg und es hat mich sehr beschäftigt. Mein Vater war in Holland stationiert und meine Mutter war auch bei mir in Freiburg und ich studierte. Ich weiß noch, wie wir am Heiligabend um das Freiburger Münster gegangen sind in der Dunkelheit und wir wussten noch nicht, dass mein Bruder tot ist. Meine Mutter hat das erst ganz kurz danach erfahren. Also ich habe bis heute wirklich sehr gelitten, muss ich sagen und das hat mich sehr mitgenommen. Übrigens beschäftigt mich das noch bis heute und darum habe ich mich auch in den letzten 50 Jahren, soweit ich konnte, dafür eingesetzt, dass sein Charakterbild in der Geschichte ein bisschen mehr zurechtgerückt wird.

Das will ich versuchen, kurz zu schildern. Ich war davon ausgegangen, dass, als der Krieg zu Ende und wirklich verloren war, man allgemein anerkennen würde, dass da jemand war, der sein Leben gelassen hatte in der Absicht und in der Hoffnung, Hitler zu stürzen und den Krieg abzukürzen und zu beendigen. Wenn das geklappt hätte, hätte das ja Millionen von Opfern und tausende von Städten gerettet, nicht wahr? Also der größere Teil der Katastrophe hat ja erst 1942 begonnen. Insofern war ich natürlich nicht überrascht, als gleich zu Anfang die alten Nazis sagten: „Das waren ja alles Verräter", aber, dass sich das nachher so durchgesetzt hat und dass dann diese doch etwas reichlich deutliche Abgrenzung zwischen dem 20. Juli und zum Beispiel der „Roten Kapelle" erfolgt ist, das hat mich überrascht.

Hochverrat ist eigentlich ein gar nicht mehr aktueller Begriff, aber das bezieht sich auf das Innere, auf den Versuch, ein Regime, eine Regierung oder eine Monarchie zu stürzen.

Während Spionage genau genommen eigentlich ist, wenn jemand aus schnöden Mammon Gründen versucht, sich Geld zu verdienen, indem er Geheimnisse verrät. Das war nun etwas, das meinem Bruder völlig *[lacht]* ferngelegen hätte. Ich möchte dazu sowieso noch sagen: Harro hat im „gegner", nachdem Hitler zur Macht gekommen war, noch zwei Hefte veröffentlicht und da hieß es: „Jetzt können die Nazis mal zeigen, was sie können." So ungefähr in dem Stil. Das hat den Leuten natürlich nicht sehr gefallen. Dass der Reichstag von irgendjemandem angezündet worden war, ist Hitler sehr zu Pass gekommen. Dann hat er sich im Reichstag die freie Hand geben lassen, von allen Parteien außer den Kommunisten, die es schon gar nicht mehr gab, die waren schon alle im KZ und den Sozialdemokraten, die noch im Reichstag waren, die aber dagegen gestimmt haben. Alle anderen haben dafür gestimmt, alle. Das hat den SA-Leuten auch sofort die Möglichkeit gegeben, ohne dass sie dazu einen Gerichtsbeschluss brauchten, meinen Bruder im April 1933 hochzunehmen, aus seiner Redaktion und die Redaktion zu zerstören, seinen Mitarbeiter Henry Erlanger totzuschlagen und ihn so zu malträtieren, dass man ihn gar nicht mehr vorzeigen konnte. Als meine Mutter ihn dann rausholte, merkte sie, dass die Leute von der Gestapo zögerten, ihn herauszugeben. Dann sagte sie: „Ja, wenn der mal so eine Tracht Prügel gekriegt hat, das schadet ihm nichts." Das schildert ein bisschen die Situation. Also mein Bruder war wirklich ein Antinazi der allerersten Stunde.

Harro war, das wussten wir alle, meine Eltern auch, ein sehr engagierter Gegner des Regimes und hat dann aber, um möglichst auch gegen das Regime tätig werden zu können, sich auch nicht gescheut, einen Posten im Reichsluftfahrtministerium anzunehmen. Er war darin sehr beliebt, weil er sehr tüchtig war und alle möglichen Sprachen konnte. Aber meine Familie wusste das und hat natürlich Sorgen gehabt. Das ist klar, aber sie haben ihn deshalb nicht etwa verurteilt oder in irgendeiner Weise abgelehnt. Als dann diese Sache passierte, waren meine Eltern sehr, sehr betrübt. Mein Vater hat ihn dann noch zwei Mal im Gefängnis gesprochen auf Veranlassung der Behörden. Aber mein Vater ahnte, dass das wohl das letzte Mal sein würde und das muss für ihn sehr schwer gewesen sein. Das hat er später auch geschrieben.

Meine Eltern haben noch sehr lange gelebt, noch Jahrzehnte und haben darunter bis zu ihrem Tod gelitten. Damit möchte ich das nicht so darstellen, als ob der Verlust eines Sohnes nun unbedingt immer so tragisch sein muss, denn es sind ja Millionen im Krieg gefallen. Aber die Umstände waren doch so besonders, dass ich schon Verständnis dafür habe und auch selber so empfinde. Das war schon eine tragische Sache. Das gebe ich zu.

Es ist mal gesagt worden, dass Harro ein Hasardeur gewesen sei. Das halte ich für eine völlige Fehldeutung und zwar, weil ich ihn sehr gut gekannt habe. Man kann das besser ausdrücken. Er war ein ungeheuer mutiger Mensch, vielleicht sogar ein kühner Mensch. Aber ein Hasardeur war er nicht, denn er wusste, was er tat. Zum Beispiel haben Harro und Libertas bewusst darauf verzichtet, ein Kind in die Welt zu setzen, weil er auch immer gesagt hat: „Wir wollen Hitler kein Kind schenken." Er hat also genau gewusst, was für ein Risiko er einging. Gut, er hat sich vielleicht nicht für alle verantwortlich gefühlt, sondern hat nicht gefunden, dass er für andere mitverantwortlich ist. Denn jeder musste ja wissen, was er tat, wenn er gegen diesen Hitler war. Er hielt das eben für eine sehr notwendige und gute Sache, gegen Hitler zu sein, und dass das gefährlich war, war ja bekannt. Dazu möchte ich noch eins sagen: Bei all seinem angeblichen Leichtsinn ist die Tatsache, dass die Gruppe aufflog, nicht auf irgendwelche Beziehungen in Berlin zurückzuführen, sondern auf ein absolut missglücktes Fernschreiben zwischen Brüssel und Moskau.

Harro ist eben nicht in dem Sinne leichtsinnig gewesen, dass durch seine Aktivitäten die Gruppe aufgeflogen ist und in Haft genommen wurde. Das war eben die Folge eines bedauerlichen Missgriffs in der Funkverbindung zwischen Moskau und Brüssel. Aber an sich konnte er sich durchaus auf die Leute verlassen, mit denen er das machte. Es gibt den berühmten Satz von ihm: „Man braucht sich nur einmal in die Augen zu sehen. Dann weiß man, dass man zusammengehört." Das finde ich einen schönen Spruch. Das steht in dem ersten Ding, das er 1932 geschrieben hat.

Ich würde sagen, dass Harro die Leute nicht überredet hat, sondern er hat sie vielleicht überzeugt. Das war was Anderes, wenn Harro in Diskussionen sehr klar seine politischen Meinungen darlegte und vor allem von der Notwendigkeit sprach, dass gegen diesen Hitler was unternommen werden müsste und zwar bald oder sofort, ehe die Sache noch schlimmer wurde. Sie ist ja dann viel schlimmer geworden. Ich sehe immer nicht ein, warum man das nicht so verstehen kann: Wenn Harro 1942 Erfolg gehabt hätte, mit seinem Plan, nicht etwa Hitler umzubringen, das hielt er für keine gute Idee, sondern mit dem Aufstand. Das war vielleicht zu viel Optimismus, aber trotzdem, er hat die Deutschen überschätzt. Aber er hat gesagt: „Wir müssen da Schluss machen und müssen alles gegen dieses Regime tun. Dann können die nicht weiter." Wenn das geklappt hätte, dann wäre doch die Welt sehr viel besser gewesen.

Harro wollte gerne, dass die Leute sich darüber klar wurden, dass dieser Krieg a) verbrecherisch war und b) nicht zu gewinnen war und möglichst abgekürzt werden sollte. Und dass man dann mit Partnern in der Welt, die guten Willens waren, unter anderem auch mit der Sowjetunion, versuchen sollte eine Basis zu finden. Damit Deutschland weiterhin in den Grenzen von 1939 und ohne Fremdherrschaft und so weiter existieren konnte. Das war sein Plan. Er hat versucht, die Fremdarbeiter zu motivieren und die Arbeiter überhaupt

und die Soldaten und alles und die Intelligenz. Er hat es nach allen Seiten hin versucht, mit für heutige Begriffe sicher nicht besonders raffinierten Methoden. Denn damals hatte man ja noch nicht so viel wie heute. Also Internet und so weiter *[lacht]* gab es nicht, aber eben diese Flugblätter und diese Plakataktionen und dann eben auch mündlich. Er ist gescheitert, insofern kann man nicht von Erfolg reden, aber das Bedauerliche ist, dass er keinen Erfolg hatte. Denn, wenn er ihn gehabt hätte, wäre das für Deutschland und für die Welt besser gewesen.

Ich finde sehr wohl, dass die Tatsache, dass es Menschen gab, die sich unter Einsatz ihres Lebens so energisch und auch überzeugt gegen diese grauenhafte Diktatur eingesetzt haben, eigentlich für das Ansehen Deutschlands eine positive Wirkung haben sollte.

Durch Vermittlung von Harnack und mit Harnack zusammen ging Harro Schulze-Boysen Anfang 1941 oder im Frühjahr 1941, also kurz vor dem deutschen Angriff, in die sowjetische Botschaft. Sie haben da mit einem Mitglied, dessen Name mir im Moment nicht geläufig ist, gesprochen und ihm gesagt, dass mit einiger Wahrscheinlichkeit der Angriff Hitlers auf die Sowjetunion bevorstünde. Das haben, soweit man hinterher erfahren hat, die Leute auch sofort nach Moskau berichtet. Aber Stalin hat das als eine Fehlmeldung bezeichnet und gesagt, das hätten die Westmächte angestiftet, um ihn gegen die Nazis oder gegen Hitler in Anspruch zu nehmen. Das hat also gar nicht funktioniert.

Dann ist zum zweiten Mal Ende 1941, im Herbst, weil der Funkverkehr nicht funktionierte, ein Mann aus Moskau geschickt, angekündigt von Brüssel, in die Wohnung gekommen und die haben sich eine Weile unterhalten. Harro hat ein paar Informationen gegeben, die dann von Brüssel nach Moskau gegangen sind. Das war praktisch die gesamte

Spionage und was den Sowjets überhaupt nicht passte, war die Tätigkeit Harros im Inneren. Umgekehrt hat er sich da sehr viel mehr engagiert und fand das auch viel wichtiger. Denn er wollte eben einen Aufstand. Er wollte, dass der Krieg beendet wird.

Moskau hatte gar kein Interesse daran, im Gegenteil. Es war sehr abgeneigt gegen die Tätigkeit Harros im Inneren gegen Hitler und gegen das Regime, sich für einen baldigen Frieden einzusetzen. Das hielten sie, was aus der Sicht von richtigen Spionageführern durchaus richtig ist, für eine verfehlte Sache. Aber Harro ließ sich davon überhaupt nicht abhalten. Er hat sich im Inneren sehr intensiv bemüht: mit Aufklärung, mit Druckschriften, mit Plakataktionen. Sie sind nachts mit Pistolenbewachung durch die Straßen gegangen und haben Plakate an die Wand geklebt: „Wie lange noch Hitler?", und so. Das war schon eine mutige Tat. Manche sehen das etwas verächtlich, aber das war in der Zeit jedenfalls eine sehr kühne und auch sehr sinnvolle Methode. Und wenn er nicht verhaftet worden wäre, hätte er vielleicht Erfolg gehabt.

Ich glaube, dass die Bereitschaft im deutschen Volk zu einem Aufstand, nach Stalingrad größer gewesen wäre. Insofern ist das bedauerlich.

Ich möchte, dass wir jetzt mal kurz aus dem Todesurteil zitieren. Zwei Sätze würde ich gerne dazu erwähnen. Das eine ist ein Satz, der mir besonders zu Herzen gegangen ist: „Schulze-Boysen hat niemals ehrlich dem nationalsozialistischen Staat gedient." Da bin ich sehr stolz drauf, auf den Bruder. Zum zweiten ist in dem Urteil ganz wenig von Spionage oder sowas die Rede, sondern fast nur von seiner internen Tätigkeit. Also dann kommt zum Beispiel: „ein besonders übles Machwerk von Harro Schulze-Boysen", sei, „dieses Flugblatt ‚Die Sorge um Deutschlands Zukunft geht durch das Volk'" gewesen. Das ist wirklich ein hinreißendes Flugblatt, sechs

Seiten lang, das muss ich sagen. Wenn das mehr Leute gekriegt hätten, hätte das vielleicht auch noch mehr Wirkung gehabt. Und das hätte sicher nach Stalingrad mehr Wirkung gehabt. *[Hält das Flugblatt in der Hand]* Also, ich werde ein paar Sätze vorlesen, wenn ich das darf. Das Flugblatt, was im Winter 1941/42 verschickt worden ist, war ziemlich ausführlich und er hat also Hitler und seine Leute kritisiert *[liest]*: „Eine volksentfremdete Schicht von albernen, aber schädlichen Schwindlern und Angebern spielt heute die erste Rolle im Leben des Volkes." Ein hartes Wort, aber immerhin. „Das Gewissen aller wahren Patrioten aber bäumt sich auf gegen die ganze derzeitige Form deutscher Machtausübung in Europa." *[blättert]* Dann heißt es weiter unten: „Mögen sich diejenigen weiter belügen lassen, die zu schwach sind, die Wahrheit zu erfahren. Mögen diejenigen weiter untätig bleiben, die zu träge sind, die Wahrheit zu suchen. Alle Verantwortungsbewussten müssen mit den Tatsachen rechnen: Ein Endsieg des nationalsozialistischen Deutschlands ist nicht mehr möglich. Jeder kriegsverlängernde Tag bringt nur neue unsagbare Leiden und Opfer. Jeder weitere Kriegstag vergrößert nur die Zeche, die am Ende von allen bezahlt werden muss."

„Hitler geht unter, ebenso wie Napoleon untergegangen ist. Wer die Zukunft des Volkes weiterhin mit dem Geschick Hitlers gleichsetzt, begeht ein Verbrechen. Deutschland muss leben, auch wenn Adolf Hitlers Stern versinkt." *[blättert]* „Was soll werden? Auch heute noch ließe sich die Frage nach der Zukunft des Landes zufriedenstellend beantworten. Aber dazu braucht Deutschland eine Regierung, die sich auf diejenigen Volksteile stützt, die die Fähigkeit und die Macht haben, dem Volk und der Welt gegenüber eine neue deutsche Politik zu vertreten. Das sind natürlich nicht diejenigen, die Hitler an die Macht gebracht hat. Das sind nicht die Nutznießer des Regimes. Das sind vielmehr diejenigen Soldaten, die bereit sind, das Wohl des Volkes höher zu stellen, als die Existenz von Staat

und Wehrmacht in ihrer heutigen Form. Das sind weiter die sich ihres geschichtlichen Auftrages bewussten Arbeiter in Stadt und Land, die bereit sind, die Sache der Nation zu ihrer eigenen zu machen. Das ist die vom Hitler-Regime verfemte Intelligenz aller Berufe, die bereit ist, auf revolutionärem Wege vorzugehen."

„Auf dieser Basis wäre ein Friede möglich, bei dem die Unversehrtheit des Deutschen Reiches in den Grenzen vom Frühjahr 1939 gewahrt bleiben könnte. Das deutsche Volk muss verlangen, dass es in umfassenden Handelsverträgen und Abkommen an den Gütern der Erde beteiligt wird. An jeder Abrüstung wird es in gleichem Maße teilzunehmen bereit sein wie alle anderen. Noch hätte, nach Überwindung der nationalsozialistischen Krankheit, das deutsche Volk hinreichend eigene Kräfte und genug Freunde in der Welt, um seinen ehrlichen Willen zu wirklicher Neuordnung und zu dauerhafter Sicherung des Friedens auch gegen den Widerstand feindlicher Mächte durchzusetzen. Die These des Ministers Goebbels ‚nicht wann, sondern wie' ist grundfalsch. Das Wie des Friedens hängt vom Wann ab. Was geschieht, wenn die Dinge weiter treiben? Was geschieht, wenn der Krieg Adolf Hitlers weiter fortgesetzt wird?", und so weiter, diese negativen Folgen.

Nach dem Kriege hat sich herausgestellt, dass diese ganzen Aktionen unter heutigen Begriffen mit unwahrscheinlichen Schwierigkeiten verbunden waren. Denn allein das Tippen und Vervielfältigen solcher Texte war nicht nur schwierig, sondern auch riskant. Denn da musste man ja auch Matrizen haben und so. Das kann man sich heute gar nicht mehr vorstellen, aber es war unendlich kompliziert und komplex, diese ganzen Sachen vorzubereiten.

Die Tatsache, dass mein Bruder einigermaßen gut informiert war, aber nicht etwa aus irgendwelchen geheimen Quellen, sondern einfach nur aus der Beurteilung der Gesamtlage ergibt sich daraus, was mein Bruder in einem seiner letzten Briefe an meine Mutter am 25. Juli 1942 geschrieben hat *[liest]*: „Stalin hat anscheinend die Absicht, seine große Schlacht erst in den traditionellen Gefilden an der Wolga bei Zarizyn-Stalingrad zu schlagen. Vielleicht fällt alles zeitlich zusammen. Jedenfalls war dies schon vor über einem Jahr meine vor Mitarbeitern ausgesprochene Vermutung, die damals recht ungläubig zur Kenntnis genommen wurde."

Zu den vielen, unsäglichen Lügen im ganzen Zusammenhang mit der Nachkriegsberichterstattung über die Gruppe Harnack/ Schulze-Boysen gehört die immer wieder geholte Formulierung, dass bei der Hochzeit in Liebenberg 1936 Göring dabei und sogar Trauzeuge gewesen sei. Also, ich war dabei. Ich war nicht Trauzeuge *[lacht]*, aber ich war dabei und ich kann nur sagen: Göring war nicht dabei. Der war auch gar nicht in Sicht. Das war nur eine dumme Geschichte.

Ich weiß, dass das ein heikles Thema ist, aber ich möchte doch einmal etwas darüber nachdenken, wie es zu verstehen ist, dass der 20. Juli, dessen Bedeutung ohne Zweifel berechtigt ist, aber dass er praktisch ein Monopol hat als Symbol des deutschen Widerstandes. Zum Beispiel als ich zum 50. Jahrestag des 20. Juli an den damaligen gewählten, aber noch nicht im Amt befindlichen, Bundespräsidenten Herzog schrieb, er möchte doch bitte bei der Gelegenheit auch mal die Gruppe erwähnen, die schon zwei Jahre früher gestorben sei, als die anderen noch ihr Leben für Hitlers Sieg aufs Spiel setzten. Der Präsident Herzog schickte mir einen ganz netten Brief: ich hätte ganz Recht und er hätte das auch schon früher mal gesagt und so weiter. Ich hatte den ähnlichen Brief an Bundeskanzler Kohl geschrieben und kriegte dann hinterher einen Brief aus dem Bundeskanzleramt, der den Eingang des Schreibens bestätigte: „Ihr Brief ist hier aufmerksam gelesen

worden. Es verdient Achtung, wenn Leute gegen Hitler das Leben verloren haben, aber zur Traditionsbildung gehört das Eintreten für die freie demokratische Grundordnung dazu."

Dann habe ich ein paar Jahre später, nämlich 1999, als wir eine sozialdemokratische Regierung hatten, als der Bundesminister Scharping die Rede halten wollte, dasselbe geschrieben und habe fast dieselbe Antwort bekommen.

Als ich Generalkonsul in New York war, begann die israelisch-amerikanische Jüdin Hava Kohav Beller, einen Film über den deutschen Widerstand zu machen. Sie meldete sich bei mir an, ob sie mich interviewen dürfte. Da habe ich gesagt: „Ja, gern." Sie kam in meine Residenz, in die Wohnung, mit einer ganzen Riesencrew von Beleuchtern und allem. Das waren mehrere Stunden und ich hatte das Gefühl, ich sei deutlich verstanden worden. Sie war auch durchaus verständnisvoll und hatte gar keine Widerstände oder Einsprüche. Als der Film dann gezeigt wurde, wurde die „Rote Kapelle" nicht mal erwähnt. Ich habe mich dann hinterher an sie gewandt und mich beklagt. Erst viel später habe ich von ihr eine ganz flapsige Antwort bekommen: Die Zeit und der Raum hätten nicht gereicht und sie wollte vielleicht noch einen zweiten Film machen. Da habe ich ihr geschrieben: Das möchte sie bitte bleiben lassen. *[lacht]*

Als die Gedenkstätte Deutscher Widerstand in Berlin in der Stauffenbergstraße eröffnet wurde, gab es mehrere große Säle mit Bildern und Dokumenten über den 20. Juli und im Flur einen Schaukasten, in dem auch der „Roten Kapelle" gedacht wurde. Selbst das war zu viel. Dann hat ein ehemaliger Kollege aus dem Auswärtigen Dienst lauthals Protest erhoben: man könne die Zuschauer da nicht unvorbereitet durchführen, sodass die da eventuell auf die Idee kämen, man könnte den 20. Juli mit der „Roten Kapelle" vergleichen. Man müsse sie gewichtend vergleichen, also auf Deutsch: Man müsse darauf hinweisen, dass die einen die strahlenden Vorkämpfer der heutigen Bundesrepublik und der Demokratie seien und die anderen die Leute seien, die Hitler durch Stalin hätten ersetzen wollen. Aber vor allen Dingen ist auch die These, dass der 20. Juli eine absolut klare Einbahnstraße zur freien deutschen Demokratie gewesen sei, sehr anfechtbar, um das vorsichtig auszudrücken.

Das Urteil wurde am 19. Dezember gesprochen. Die Hinrichtung fand am 22. Dezember statt. Also eiliger geht es eigentlich nicht. Das hat auch mit einem ordentlichen Gerichtsverfahren überhaupt gar nichts zu tun. Hitler hat sich persönlich darum gekümmert. Bei einigen Frauen lautete das Urteil nicht zum Tode, sondern Haft. Er hat das kassiert und angeordnet, die seien auch zum Tode zu verurteilen. Und dann wurde für die wesentlichen Angeklagten die Hinrichtung durch den Strang und zwar am kurzen Strang, also dann an Fleischerhaken angeordnet.

Ich meine, man muss doch mal sehen, dass mein Bruder und die meisten seiner Gefährten wirklich Antinazis der ersten Stunde waren. Also, Harro war lange schon vor Hitlers Machtübernahme dagegen. Und dass sich die meisten Leute vom 20. Juli, oder viele jedenfalls, anfangs sehr tatkräftig für das „Dritte Reich" einsetzten. Das geht von Goerdeler über von Hassell, mit dem ich entfernt verwandt bin, bis zu einem gewissen Grade. Das gilt auch für die Offiziere. Denn ich meine, Graf Stauffenberg steht nicht im Ruf, ein früher Antinazi gewesen zu sein.

Eine der Hauptfiguren des 20. Juli war bekanntlich Botschafter von Hassell, der auch hingerichtet wurde. Die Frau von Hassell war eine Tochter des Großadmirals von Tirpitz und mein Vater war ein Neffe des Großadmirals von Tirpitz. Die Mutter meines Vaters war die Schwester von Tirpitz. Mein Vater und die Frau von Hassell waren richtig Vetter und Cousine ersten Grades. Das war auch bis zu diesen ganzen traurigen Ereignissen durchaus eine klare, freundschaftlich-familiäre Beziehung.

Aber als das dann passiert war, hat Hassell in seinen Tagebüchern geschrieben *[liest]*: „Eine große kommunistische Verschwörung ist im Luftfahrtministerium und anderen Behörden aufgedeckt worden. Scheinbar Fanatiker aus Hass gegen das System. Sie scheinen es so darzustellen, als hätten sie eine Auffangorganisation für den Fall des Sieges des Bolschewismus schaffen wollen." Dann hat er einen Brief geschrieben: „Der Vater kann einem leidtun." Also, das ist sozusagen das gesamte Mitgefühl.

Die Mütter, meine Mutter und die Frau von Hassell haben sich dann nicht sehr gut verstanden. Da wurde also wirklich in einer etwas unguten Form „meiner und deiner" so ungefähr, verhandelt. Das hat sich leider in unserer Familie nicht sehr positiv ausgewirkt. Ich habe das sehr bedauert, aber ich meine, das ist eben persönlich gewesen. Aber grundsätzlich finde ich, es gibt viele vom 20. Juli, die sehr positiv über meinen Bruder gesprochen haben, aber das ist eben nicht die Mehrheit gewesen. Ich war auch nie beim 20. Juli eingeladen. Ich war mal dabei, aber jedenfalls ist das eine schwierige Situation.

Ich meine, es sollte praktisch nicht an dem Mythos des 20. Juli gekratzt werden und es sollte daneben keinen anderen Widerstand geben. Was ich einmal in einer Rede gesagt habe: Ich finde, es wäre wirklich an der Zeit, um das bisschen Widerstand, das es gegeben hat und was uns im Ausland ein bisschen wenigstens in der Beurteilung Deutschlands geholfen hat, dass das nicht noch nach sehr subjektiven Kriterien in guten und schlechten Widerstand aufgeteilt wird.

Tatsache ist, dass die beiden Gruppen zahlenmäßig ziemlich umfangreich waren. Obgleich ich dazu sagen muss, dass die Verhaftungen nach dem 20. Juli das erheblich Mehrfache waren. Das liegt daran, dass damals die Sache nicht geheim gehalten wurde, sondern im Gegenteil: da wurde alles, dessen man sich habhaft machen konnte, verhaftet. Während es bei der „Roten Kapelle" das ganz große Bedürfnis war, auch von Hitler, dass bloß niemand erfahren sollte, dass es da ernsthafte, anständige Menschen gab, die ihm damals schon in den Arm fallen wollten. Das konnte er wirklich nicht hinnehmen und das hat er vielleicht auch gar nicht verstanden. Jedenfalls wurden da nur engste Kreise eingeweiht und die Zahl der Getöteten ist auch beachtlich. Ein wichtiger Unterschied zwischen dem 20. Juli und der „Roten Kapelle" ist zum Beispiel, dass ungefähr über 30 % der Hingerichteten Frauen waren und beim 20. Juli nicht eine einzige.

Als ich mich für den Auswärtigen Dienst beworben habe, habe ich mir gar nicht viel Gedanken darübergemacht, ob das hinderlich sein könnte, dass ich diesen Bruder habe und mich immer zu ihm bekannt, also ihn nie verleugnet habe. Das war auch so. Ich hatte gar keine Probleme. Das erste Mal merkte ich, dass da was nicht stimmte, als ich 1958 zur NATO-Vertretung in Paris versetzt wurde. Dann wurde mir von jemandem, der mir gewogen war, diskret gesagt, es hätte einer der hohen Offiziere in der NATO gesagt: „Wenn ich den Namen Schulze-Boysen höre, kriege ich eine Gänsehaut." Das war so ein Teil. Also, ich kann guten Gewissens sagen, dass meiner Karriere, in Anführungsstrichen Karriere, die Tatsache, dass mein Bruder Harro Schulze-Boysen war, nicht im Wege gestanden hat. Da bin ich sehr froh darüber, das muss ich auch dem Auswärtigen Amt anrechnen. Also, da gab es keine Probleme.

Gut, ich will da noch ein Beispiel sagen. Einer meiner Ex-Kollegen, der ein bedeutendes Mitglied der CDU war, er lebt nicht mehr, er schied vorzeitig aus und wurde dann Politiker in der CDU. Er hat im Auswärtigen Ausschuss, als ich zum Botschafter ernannt werden sollte und die Rede davon war, mich nach Ottawa zu schicken, da hat der gesagt: „Der Schulze-Boysen hat in seinem Sekretär in der Schublade einen Orden, den die Russen nach dem Krieg seinem Bruder verliehen haben. So einen können wir nicht nach Ottawa schicken." *[lachend:]* Bukarest, das war wahrscheinlich viel interessanter als Ottawa. Aber ich meine die Tatsache, dass ich einen Orden in der Schublade aufgehoben habe? Ich habe ihn wirklich nicht irgendwie verehrt oder an die Wand gehängt. Während Leute wie Bundesminister Mende das Ritterkreuz, ohne Hakenkreuz schickerweise, nach dem Krieg getragen haben. Das erfüllt mich mit Grauen.

Mein Vater wollte den Orden nicht annehmen. Aber ich wurde um Rat gefragt und ich wusste, dass meine Mutter das liebend gerne annehmen würde. Mein Vater hat sich dann auch nicht gezeigt. Er blieb im anderen Raum. Dann kam ein Mann von der Botschaft in Bonn in mein Elternhaus und hat meiner Mutter den Orden gegeben. Wie gesagt, ich habe ihn nicht weggeschmissen. Also, insofern bin ich vielleicht schuldig, aber ich habe ihn immer noch. Und ich sehe es an als ein historisches, nicht Dokument, aber ein Stück.

Der Ankläger im Kriegsgerichtsprozess gegen meinen Bruder war eben der Generalrichter, später, damals war er es noch gar nicht, der militärische Richter Manfred Roeder. Der hat sich hervorgetan durch eine besonders rigorose Prozessführung vor allen Dingen, auch hinterher in der Behandlung meiner Mutter und so weiter. Er war ein ziemlich rabiater Mann und hat auch viele andere Sachen gemacht. Dann wurde sowohl von Menschen aus der DDR wie Frau Kuckhoff, aber auch von meinem Vater oder meinen Eltern und dem Herrn Grimme vom Norddeutschen Rundfunk, Anklage erhoben. Das wurde in Lüneburg, glaube ich, verhandelt und das ganze Gerichtsverfahren war im Grunde eine Karikatur der deutschen Justiz. Ich meine, das waren alles stark vom Nationalsozialismus geprägte Juristen. Eine der Zeugenaussagen in dem Verfahren war von einem anderen Militärrichter, der sogar mit dem Roeder bekannt war, während des Krieges noch. Da hat der Roeder zu dem gesagt: „Ich habe dem Führer hundert Köpfe geliefert." Nicht ganz wörtlich, aber sinngemäß zitiert. Aber das spielt alles keine Rolle. Und überhaupt in der Nachkriegsentwicklung hat sich die Kriegsgerichtsjustiz nicht sehr gut benommen. Also, das ist alles. Aber Roeder war ein besonders unglücklicher Fall und dass der nach dem Krieg seine volle Pension bezog und dann noch eine Druckschrift rausgeben konnte, in der er wieder von der drohenden Gefahr sprach: es gäbe die „Rote Kapelle" immer noch und die wollen nichts anderes, als in Deutschland den Bolschewismus einführen. Das ist also im Grunde grotesk und etwas typisch für die ganze Zeit und auch noch ein bisschen typisch für heute.

Ich habe zu Roeder persönlich nie Kontakt gehabt, aber meine Eltern gehörten mit zu denen, die Anklage gegen Roeder erhoben haben, mit Grimme zusammen. Grimme ist einmal meinem Bruder begegnet und war tief beeindruckt, hat das in einem Brief an meine Mutter geschrieben. Ich bin ja mal nach Hannover gefahren und habe das Alles gelesen. Also, was da passiert ist, ist unsäglich. Jedenfalls wurde dann gar keine Anklage gegen Roeder erhoben.

Harro war ein, wie ich schon mal sagte, ein sehr mutiger Mensch. Er hat zu den Henkern, als er zum Galgen geführt wurde, zu den Haken, gesagt: „Was ich gleich hinter mir habe, habt ihr noch vor euch." Das ist eine überlieferte Bemerkung. Andere Bemerkungen, die ihm unterstellt werden, halte ich für fragwürdig.

Gut, ich möchte Ihnen noch den kurz vor seiner Hinrichtung am 22. Dezember 1942 an meinen Vater geschriebenen Brief meines Bruders vorlesen *[liest]*: „Mein Vater, diesen letzten Brief schreibe ich nur für dich. Persönlich und privat habe ich eben an Mama und dich zugleich geschrieben. Ich habe dich damals in diese Sache im geheimen Staatspolizeiamt hineingeholt und es ist mir heute leid darum, dich überhaupt mit so einer aus der Haftpsychose geborenen Sache behelligt zu haben. Ich wollte dir nur schreiben, dass ich heute etwas klarer im Kopf bin als damals und dich bitte, weder positiv noch negativ, noch an die Sache weiter irgendwelche Gedanken zu verschwenden. Im Übrigen habe ich alles, was ich tat, getan

aus der vielleicht irrigen Annahme heraus, dass die Situation von 1918 sich wiederholen könnte. Damals mussten wir das Diktat unterzeichnen, weil es unserer Außenpolitik an jeder Rückendeckung gegenüber den Westmächten fehlte. Es fehlte an den personellen und technischen Voraussetzungen einer Drohung. Diese Voraussetzung wollten wir dieses Mal schaffen und diesem Ziel haben wir alles andere taktisch untergeordnet und auf diesem Wege sind wir mit den Vorschriften und Gesetzen des Staates in Konflikt gekommen. Das ist alles. Das Urteil konnte kein anderes sein, das ist mir vollkommen klar. Und obwohl mich der Gerichtshof mit schlechter Note entlassen hat, habe ich ihn in guter Erinnerung. Ruhig, sachlich, gerecht. Ich glaube, ein Jahrgangskamerad von dir war dabei als Vorsitzender. Natürlich war ich nicht gut in Form, nach so langer Haft. Also, ein gutes Schlusswort ist es nicht gewesen. Schluss mit diesen paar sachlichen Nebensächlichkeiten. Es war mein Leben und ich habe nicht das Gefühl, viel versäumt zu haben. Euch geliebten Eltern gegenüber bleibe ich allzeit in schwerer Schuld. Behaltet mich in nicht allzu schlechtem Gedenken. Ich danke euch für alles, was ihr mir wart und in diesen letzten Augenblicken seid. Harro"

Der erste Teil dieses Briefes bezieht sich darauf, dass eines Tages mein Vater, der damals Chef des Stabes beim Marinebefehlshaber der Niederlande war, aufgefordert wurde, nach Berlin zu kommen. Dann wurde ihm gesagt, mein Bruder hätte irgendwelche für das „Dritte Reich" sehr nachteiligen Dokumente in Schweden und wenn da rauskäme, dass er gefangen genommen oder hingerichtet worden sei, dann würden diese Dokumente veröffentlicht und würden dem Deutschen Reich sehr schaden. Er würde aber versprechen, dass die Sache nicht hochging, wenn man für seine Mitarbeiter einen Aufschub der Hinrichtung bis zum Ende 1943 garantieren würde. Das wurde dann meinem Vater erklärt und mein Vater sagte: „Ja, ist das so?" „Ja, das sei von höchster Stelle autorisiert." Dann wurde mein Vater zu meinem Bruder geführt und mein Bruder sagte vor diesen Leuten: „Ich muss Ihnen doch nur beweisen, dass keine Gefahr ausgeht von diesen Dokumenten?" „Ja, das ist richtig." „Und dann gilt das so?" „Ja, das gilt." „Das gilt dann", hat man gesagt, „auch für Sie, auch wenn Sie es nur für Ihre Mitarbeiter beantragt haben." Und dann hat mein Bruder gesagt: „Das ist ein Trick, den früher schon mal jemand angewandt hat. Ich habe gar keine Dokumente in Schweden." Dann hat mein Vater zu diesen Leuten gesagt: „Das gilt jetzt aber?" „Ja, ganz bestimmt", haben die gesagt. Dann haben sie ihn umgebracht. Und alle anderen auch.

Kurz vor seiner Hinrichtung hat Harro zwei Briefe geschrieben. Einen an meinen Vater und einen an die Eltern gemeinsam. Der Brief an die Eltern vom 22. Dezember aus Berlin-Plötzensee lautet *[liest]*: „Geliebte Eltern! Es ist nun soweit! In wenigen Stunden werde ich aus diesem Ich aussteigen. Ich bin vollkommen ruhig und ich bitte Euch, es auch gefasst aufzunehmen. Es geht heute auf der ganzen Welt um so wichtige Dinge, da ist ein Leben, das erlischt, nicht sehr viel. Was gewesen ist, was ich getan, – davon will ich nicht mehr schreiben. Alles, was ich tat, tat ich aus meinem Kopf, meinem Herzen und meiner Überzeugung heraus, und in diesem Rahmen müsst ihr als meine Eltern das Beste annehmen. Darum bitte ich Euch! Dieser Tod passt zu mir. Irgendwie habe ich immer um ihn gewusst. Es ist ‚mein eigener Tod', – wie es einmal bei Rilke heißt! Das Herz wird mir nur schwer, wenn ich an Euch Lieben denke. (Libertas ist mir nah und teilt mein Schicksal zur gleichen Stunde!) Euch trifft Verlust und Schande zugleich, und das habt ihr nicht verdient... Ich hoffe nicht nur, – ich glaube, dass die Zeit euer Leid lindern wird. Ich bin nur ein Vorläufiger gewesen in meinem teilweise noch unklaren Drängen und Wollen. Glaubt mit mir an die gerechte Zeit, die alles reifen lässt! Ich denke an Vaters letzten Blick, bis zuletzt. Ich denke an die kleine Weihnachtsträne meiner lieben, kleinen Mutter. Es bedurfte dieser letzten Monate, um euch so nah zu kommen. Ich habe, ich verlorener Sohn, ganz heimgefunden, nach so viel Sturm und Drang, nach so viel Euch fremd anmutenden Wegen. Ich denke an den guten Hartmut und freue mich, dass es ihm bessergeht. Meine Gedanken wandern nach Freiburg zurück, wo ich auch Helga und ihre Beiden zum ersten und letzten Mal sah. Ja, ich denke noch an so manchen, – zurück an ein reiches, schönes Leben, von dem so Vieles ich Euch verdanke, so Vieles, das nie gelohnt wurde. Wenn Ihr hier wäret, unsichtbar seid Ihr's: Ihr würdet mich lachen sehen angesichts des Todes. Ich habe ihn längst überwunden. In Europa ist es nun einmal so üblich, dass geistig gesät wird mit Blut. Mag sein, dass wir nur ein paar Narren waren, aber so kurz vor Torešschluss hat man wohl das Recht auf ein bisschen ganz persönliche historische Illusionen. Ja, und nun gebe ich Euch allen die Hand und setze nachher 1 (eine einzige) Träne hier her als Siegel und Pfand meiner Liebe. Euer Harro"

LIBERTAS UND HARRO SCHULZE-BOYSEN VOR IHREM AUTO „SPENGLER", UM 1937
Quelle: Privatbesitz

Johannes Haas-Heye während der Dreharbeiten 2001
Kamera: Sebastian Quack

DAS ZIEL WAR EBEN:
DER KRIEG MUSSTE VERLOREN
GEHEN MIT ALLEN MITTELN."

JOHANNES HAAS-HEYE

Die Vergangenheit der sogenannten „Roten Kapelle", die passt eigentlich gar nicht auf unsere Widerstandsgruppe, wir nennen sie auch immer Schulze-Boysen/Harnack-Gruppe. Die eigentliche „Rote Kapelle" war erfunden von der Gestapo, durch den Funkverkehr vom Westen nach Osten, die waren in Brüssel und in Paris. Es stimmt allerdings, dass einige Nachrichten aus Berlin von Harro nach Brüssel gegangen sind und durch Kuriere von dort übermittelt wurden. Die Gestapo hat diesen Funkverkehr überhaupt erst mal betitelt. Es gab wahrscheinlich noch eine andere Kapelle, aber da die nun vom Westen nach Osten operierte, war das eben bei der Gestapo oder bei der Abwehr vielmehr, die „Rote Kapelle".

Ich war ja von 1930 bis 1935 in der Schweiz und kam 1935 nach Berlin, um da also bei der United Press anzufangen, einer amerikanischen Nachrichtenagentur. Ich hatte den Umschwung oder die „Machtergreifung" aus der Schweiz erlebt und stand dieser ganzen Sache sehr skeptisch gegenüber. Harro und Libertas waren damals schon verlobt, aber haben erst 1936 geheiratet. Ich habe 1935 bei denen gewohnt und wusste natürlich genau, was da los war. Das heißt, meine Schwester war ja auch in der Schweiz aufgewachsen und kam also 1932 nach Deutschland. Sie hat damals für Metro-Goldwyn-Mayer in Berlin gearbeitet. Sie war durch unsere Verwandten in der Mark Brandenburg, also wo unsere Mutter lebte, etwas, wollen wir sagen, interessiert worden, für diesen großen Umschwung. Sie hat den Arbeitsdienst gemacht, weil sie in der Schweiz nämlich begeisterte Pfadfinderin war und meinte, der deutsche Arbeitsdienst sei vielleicht etwas Ähnliches. Also etwas Ähnliches war es, aber es hat ihr längst nicht so gefallen. Denn diese etwas sehr stramme Art und so, das gefiel ihr nicht. Naja, sie lernte dann also den Harro kennen, ich glaube beim Segeln auf dem Wannsee und wurde sehr schnell von ihm beeinflusst, absolut im negativen Sinn: also, Abwehr gegen alles, was mit den Nazis zusammenhing. Sodass man wohl sagen kann, als ich 1935 dahin kam, war das eben schon wirklich aktiver Widerstand. Schulze-Boysen und meine Schwester hatten schon damals eine Gruppe von überwiegend Intellektuellen, Künstlern, Journalisten und so weiter um sich gesammelt, alle gleich gesinnt. Aktiv konnte man damals noch nicht so viel tun. Das kam alles viel später, mit den Flugblättern und so weiter. Aber jedenfalls steht für mich absolut fest, dass diese Gruppe eine der allerersten wohl war, die von Anfang an Widerstand geleistet hat. Das heißt also, aus ihrer negativen Einstellung heraus bemüht war, alles zu tun, was diesen Nazis schaden konnte.

Die Überwachung, würde ich sagen, trat viel später ein. Mit Kriegsbeginn wurde alles überhaupt viel schwieriger für die Widerstandleistenden. Das war aber auch der Moment, als man sich sagte: „Es muss alles getan werden, damit der Krieg verloren geht." Und diese Einstellung hatte ich genauso. Man soll es nicht laut sagen, aber ich bin auch 1942 eingezogen worden und habe, als die Vereidigung stattfand, „God save the King" gesagt. Naja, das nebenbei. Aber meine Schwester und Harro haben ihren Kreis natürlich vergrößert, immer mehr. Harro hat man immer wieder vorgeworfen, dass er sehr unvorsichtig in der Annahme sei, dass die meisten, die er träfe auch so ähnlich dächten wie er. Was natürlich oft nicht der Fall war, aber es ist lange Zeit gut gegangen. Es gab allerdings dann immer wieder Warnungen, er sollte ja vorsichtiger sein.

Er war ja sehr kontaktfreudig und es fiel ihm sehr leicht, die Leute für sich einzunehmen. Das war unglaublich geradezu. Nicht nur die Männer, sondern die Frauen genauso *[lacht]*. Das habe ich ja auch erlebt und daraus erklärt sich eben, dass er doch oft ein bisschen unvorsichtig war. Aber naja, es ging eben eine Zeit gut. Ich weiß nicht, wann die Gestapo mal auf ihn aufmerksam geworden ist. Aber ich erinnere mich, irgendwann, das muss aber noch vor Kriegsausbruch gewesen sein, haben sie an der Ostsee irgendwo einen Urlaub gemacht, Harro und Libertas, und da wurden sie festgenommen.

Aber das war nur ein Tag. Dann waren sie wieder draußen. Es zeigt doch, dass sie da irgendwo aktenkundig bei den Nazis geworden waren. Ich glaube es war 1939. Von dem Moment an, glaube ich, wurde dann ein Auge auf sie gehalten.

Harro studierte in Berlin. Meine Schwester und ich sind auf dem Lande aufgewachsen, bei unserer Mutter, im Ersten Weltkrieg schon. Also ich habe ja zwei Schwestern und wir drei sind auf dem Lande aufgewachsen. Allerdings sind Libertas und ich in Paris geboren. Das gab uns ja schon ein bisschen was Internationales. Unser Vater war damals in der Schweiz und kam dann 1921 nach Deutschland zurück und war dann in Berlin. Übrigens, das ist in dem Zusammenhang nicht uninteressant, war unser Vater Gründer und Leiter der Mode- und Kostümabteilung an der staatlichen Kunstgewerbeschule in Berlin, Prinz-Albrecht-Straße 8. Das Gebäude, das später die Gestapo als ihr Hauptquartier übernahm. Meine Schwester und ich sind damals auf den breiten Korridoren dieses Riesenbaus auf Holländern rumgefahren, waren also sehr, sehr oft in diesem Haus.

Ich kam dann auch wieder nach Frankreich. Libertas ist in Zürich auf die Schule gegangen. Ich sage Zürich *[spricht mit Dialekt]*, denn sie sprach fließend Schwyzerdütsch. Ich habe es nicht geschafft.

Ich bin dann 1936 schon wieder raus aus Deutschland und kam 1941 zurück, übrigens auf Veranlassung von Günther Weisenborn. Günther Weisenborn, der Schriftsteller, war ja ein enger Freund von Harro und Libertas und arbeitete damals im Reichsrundfunk. In der Zentralredaktion machte er damals die Kulturnachrichten. Ich hatte für die amerikanische Agentur in Holland, zuletzt in Belgien gearbeitet und da war natürlich nach der Besetzung von Holland und Belgien nichts mehr zu machen. Ich glaube sogar, dass meine Schwester das veranlasst hat, dass Weisenborn mich in die Zentralredaktion reinbrachte und auf die Weise habe ich ihn sehr gut kennengelernt. Da gab es noch einen Journalisten, Graudenz, also manche, die ich da so getroffen habe.

Es war ja damals so: wenn man sich in der Wohnung unterhielt, hat man ein Kissen aufs Telefon gelegt. Denn es ist wirklich vorgekommen, dass die Gestapo das abhörte, wenn das Kissen nicht drauf war. Also, völlig frei konnte man eigentlich nur im Badezimmer reden bei fließendem Wasser oder im fahrenden Auto. Und ich erinnere mich noch gut: es war kurz nach dem Überfall der Nazis auf die Sowjetunion, würde ich sagen, zwei, drei Monate nachher, dass Harro und ich im Auto fuhren. Er neigte ja immer ein bisschen dazu, etwas zu optimistisch zu sein und meinte: „Die Deutschen, die rennen sich da schnell fest, in der Sowjetunion." Es kam ja auch, aber alles ging nicht so schnell, wie er sich das vorgestellt hatte. Eines sagte er mir aus voller Überzeugung: „Der Überfall auf die Sowjetunion ist der Anfang vom Ende des Krieges für die Deutschen."

Meine Großmutter starb im Dezember 1941 und da fuhr ich auch mit dem Auto. Ich war im glücklichen Besitz eines Autos damals, weil ich noch für eine andere Nachrichtengeschichte arbeitete. Wir kamen am Abend zurück, es war stockduster und Harro sagte, ich sollte ihn mal am Brandenburger Tor absetzen. Er wollte da jemanden treffen.

Es bestand ja genauso wie zur sowjetischen Botschaft auch die Verbindung zur amerikanischen, durch die Mildred Harnack sowieso. Ich habe mich immer geärgert, wenn es heißt: „Naja, für die Sowjets haben sie gearbeitet", und so weiter. Natürlich haben sie, aber sie haben genauso gut für den Westen gearbeitet. Das Ziel war eben: der Krieg musste verloren gehen mit allen Mitteln.

Ich kann ja vielleicht noch ein bisschen was von 1942 erzählen. Also, ich wurde 1942, reichlich spät, eingezogen, Gott sei Dank, und sollte ausgebildet werden als Luftwaffenfunker. Das war in Kladow bei Berlin. Jedes Wochenende fuhr ich mit dem Bus nach Berlin, zog mich um in der Wohnung von Harro und Libertas und fuhr dann raus zu meiner Mutter aufs Land. So auch Ende August 1942. Libertas holte mich am Omnibus ab und sagte: „Es ist was Furchtbares passiert: Harro ist verhaftet." Wir sind dann in die Wohnung gegangen, Altenburger Allee. Natürlich hatte man ihr vom Wirtschaftsministerium aus gesagt, er sei auf einer Dienstreise, aber die Sekretärin habe ihr erklärt, er sei aus dem Zimmer gegangen. Koppel und Mütze hingen da am Haken. Das war ganz eindeutig: er war verhaftet.

Und, was tun? In der Wohnung kam nachher der junge Heilmann zu uns und die überlegten: „Soll man versuchen, auszurücken, irgendwo flüchten?" Und da sagten sie sich richtigerweise: „Es hat ja gar keinen Sinn, denn sicher steht vor dem Haus schon irgendwie die Gestapo und passt genau auf, wer da nun ein- und rausgeht." Also, das haben sie gelassen. Es verging fast eine Woche, worauf meine Schwester sich sagte, die Spannung hält sie nicht aus, also entweder oder. Sie schrieb auf einer offenen Karte an unsere Mutter, sie beabsichtige, dann und dann, Freunde an der Mosel zu besuchen in der Erwartung, dass diese Karte natürlich abgefangen wird. Meine Mutter brachte sie an den Potsdamer Bahnhof und der Zug fuhr ab. Große Erleichterung, natürlich. Am nächsten Morgen kam ein Anruf von den Freunden an der Mosel: „Libertas ist nicht angekommen." Zwei Tage oder einen Tag später bekam meine Mutter eine maschinengeschriebene Karte von Libertas. Darauf stand, sie solle sich nicht sorgen. Libertas habe plötzlich eine sehr interessante Aufgabe bekommen, es ginge ihr gut und sie würde bald wieder von ihr hören. So, das habe ich dann natürlich von meiner Mutter am Telefon

gehört. Ich bin bei nächster Gelegenheit, ich glaube sogar am selben Tage noch, in meiner Uniform in die Prinz-Albrecht-Straße 8 marschiert und habe da völlig unwissend natürlich gefragt, was los sei. Die Wohnung meiner Schwester und meines Schwagers sei versiegelt. Es müsste doch irgendetwas passiert sein. Unten sagte man mir: „Nee, wissen wir nicht." Beim Rausgehen sagt mir jemand: „Gehen Sie rauf auf Zimmer soundso. Da weiß man was, wahrscheinlich." Ich gehe da rauf und klopfe, strammer Gruß natürlich, ich hasste ihn, aber in solchen Fällen musste man wohl. Da saß der Kommissar Göpfert und die Sekretärin Gertrud Breiter. Ich stellte mich vor und sage: „Ich komme aus der Altenburger Allee." „Ja, wieso? Wie können Sie?", und so weiter. Naja, er hat sich gleich beruhigt und sagte: „Setzen Sie sich." Er wusste natürlich genau, dass ich da aus- und eingegangen war. Das ist ja ganz klar. Das erste, was ich übrigens in diesem Raum sah, war der Radioapparat aus der Wohnung von Harro und Libertas. Er sagte, es handele sich um eine ganz üble Geschichte, ich könne froh sein, dass ich da nichts mit zu tun hätte und weiter könne man nichts sagen. Da sagte ich, ich hätte gerne meine Sachen. Ich hätte einen Koffer da stehen. „Könnte ich den vielleicht holen?" „Ja, können Sie haben." Also verabredet, dann sind wir da hin, Siegel aufgemacht. Die Wohnung war völlig unverändert. Da war nichts, nichts geschehen.

Ich habe mit der ganzen Geschichte wohl insofern Glück gehabt, als ich eben nur dieses eine Jahr 1935/36 und '41/42 in Berlin war. Ich habe so viel zu tun gehabt damals, dass ich wenig Zeit hatte. Abends zum Beispiel kamen wir nie zusammen. Diese Zusammenkünfte im größeren Kreis habe ich auf die Weise nicht miterleben können, was natürlich letzten Endes mein Glück gewesen ist. Aber was vor sich ging, habe ich immer gewusst.

Ich bin dann Mitte Dezember an die Ostfront in Marsch gesetzt worden. Da erreichte mich Ende Dezember ein Telegramm meiner Mutter: „Libertas an Lungenentzündung gestorben." Natürlich wusste ich, was los war, ganz klar. In ihrem Abschiedsbrief schreibt Libertas: „Erzähle allen, allen von uns. Unser Tod soll ein Fanal sein." In Wirklichkeit war es so, dass die Familie strengste Order hatte, kein Wort über die ganze Sache zu sagen unter Androhung von Konzentrationslager.

Ich hatte es so arrangiert, dass ich in Kriegsgefangenschaft in England landete. Mein Vater lebte damals auch in England. Da war ein politisches Lager und da landete ich natürlich. Da habe ich die Lagerzeitung gemacht, wir haben mit der BBC gesprochen und so weiter. Da waren also Leute *[lacht]* verschiedenster Färbung, unter anderem aber auch Karl-Eduard von Schnitzler. Und der Karl-Eduard von Schnitzler spielte da eine ziemlich große Rolle.

Ich wurde dann nach Bad Nauheim geschickt. Da sollte ich deutsche Nachrichtenagenturen in der amerikanischen Zone aufbauen und so weiter. Ich hatte dann mit der amerikanischen Intelligence insofern zu tun, als sie mich erst mal untersucht und dabei rausgefunden hatten, dass da eine Verbindung zu der sogenannten „Roten Kapelle" bestand. Sie wollten dann so einiges wissen. Ich habe ihnen vor allem gesagt: „Sucht den Bluthund Roeder." Das haben sie dann auch getan, aber das ist dann nicht richtig geschehen. Dem hat man dann später nichts getan. Angesprochen wurde ich eigentlich nie auf die „Rote Kapelle", in diesen ersten Nachkriegsjahren. Aber wann ging das eigentlich los? Das erste war, glaube ich, die Serie im SPIEGEL.

Meine Schwester Libertas haben einige als schön bezeichnet. Ich würde sagen sie war sehr hübsch, sehr lebendig, ungeheuer freudig. Ein riesiges Temperament hatte sie, zog also alles mit sich. Gerade in der Schweiz in der Schule hatte sie einen Kreis von Freundinnen, die durch dick und dünn mit ihr gegangen sind und wir haben ja nun die Kindheit zusammen verlebt. Wir waren auch zusammen in Frankreich, ein ganzes Jahr. Wir waren zusammen in der Schweiz. Wir wurden ja sehr religiös erzogen. Das hat sich aber auch fortgesetzt, denn Libertas war religiös. Absolut. Das sieht man ja auch in ihren Abschiedsbriefen. Eindeutig, nicht wahr? Gar keine Frage.

Also Harro *[lacht]*, ich habe ja gerade gesagt, wie temperamentvoll meine Schwester war. Das Gleiche kann man jawohl von Harro sagen. Der sprühte ja nur so. Ich meine, auch Harro hatte immer große Bewunderer um sich und er interessierte sich eigentlich für alles, unglaublich geradezu, und er wusste eigentlich auch fast über alles Bescheid. Ich habe ihn sehr bewundert, muss ich sagen.

HERBERT ENGELSING,
LIBERTAS UND HARRO SCHULZE-BOYSEN
(VON RECHTS NACH LINKS)
BEI EINEM AUSFLUG IM SPREEWALD, JUNI 1939
Quelle: Privatbesitz

Donald R. Heath Jr. während der Dreharbeiten 1999/2000
Kamera: Txuspo Poyo

„DAS WAR MEIN VIELLEICHT ERSTER EINDRUCK DAVON, DASS DIE DINGE IN DEUTSCHLAND ANDERS SEIN WÜRDEN.“

DONALD R. HEATH JR.

Ich heiße Donald R. Heath Junior. Mein Vater Donald R. Heath war von 1938 bis 1941 amerikanischer Diplomat in Berlin. Ich war genau zehn Jahre alt, als ich ankam. Ich bin ein Neujahrskind und bin, als ich 13 ½ Jahre alt war, weggegangen.

Mein Vater hatte zwei Positionen – erster Sekretär der Botschaft und Währungsattaché. Hätte der deutsche Geheimdienst die diplomatischen Bücher der USA angeschaut, wäre aufgefallen, dass es nur drei auf der ganzen Welt gab – einen in Tokio, einen in Rom und einen in Berlin. Darüber hätten sie sich wundern müssen. *[lacht]* Es war der Anfang eines kleinen Dienstes, der als Koordinierungsbüro des Außenministeriums, eines der Vorgänger der CIA, bekannt wurde.

Das Wirtschaftsministerium war ein fruchtbares Feld, um Menschen auf kollegialer Basis kennenzulernen. Irgendwann merkten sie, dass er immer sagte: „Lassen Sie uns im Tiergarten spazieren gehen." Und sie sagten: „Gut" *[lacht]* So redeten sie mit ihm, ohne dass er sie darum bitten musste. Und so habe ich vor einigen Jahren in den Papieren das erste Geheimdienstdokument vom Versand des ersten jüdischen Goldes in die Schweiz erfahren. Es wurde meinem Vater während eines Spaziergangs erzählt.

Es ist ganz witzig. Meine Mutter und mein Vater sagten mir auf dem Schiff, als wir rüberfuhren: „Du erinnerst dich, Mutter kann nicht Auto fahren." Dabei hatte sie es meinem Vater beigebracht und: „Stell keine Fragen." Also sagte ich: „Okay, alles klar. Sie kann nicht Auto fahren." Sobald wir ankamen, nahm er sie einmal pro Woche zum Fahrunterricht mit. Sie fuhren früh, damit nicht viel Verkehr herrscht, so gegen 5:30 Uhr. Um 6 Uhr waren sie bei Hjalmar Schacht. Die Gestapo, die meinem Vater folgte, begann jeden Tag um 8 Uhr oder 8:30 Uhr und machte pünktlich um 17 Uhr Feierabend. So konnten Schacht und mein Vater ihre Treffen abhalten. Das war mein vielleicht erster Eindruck davon, dass die Dinge in Deutschland anders sein würden.

Von Anfang an, innerhalb weniger Tage nach meiner Ankunft in Deutschland, hatte ich das Gefühl, dass es sehr aufregend werden würde. Meine Eltern gaben mir Anweisungen, wie ich mein Verhalten ändern sollte. Mir wurde klar, dass irgendetwas los war. Dann habe ich Deutsche kennengelernt, die Sprache gelernt, junge Leute getroffen und dieses sehr ungewöhnliche Leben aller begriffen. Ich konnte den seltsamen Kontrast nicht verstehen. Ein Kind durfte „Dick und Doof" nicht im Kino sehen, aber es konnte Nacktmagazine über „Kraft durch Freude", eine Feriengesellschaft der Nazi-Partei kaufen. Kinder konnten ins Kino gehen, in dem Vergewaltigungen und Plünderungen von Jüdinnen und Juden dargestellt wurden, aber sie durften keinen Erwachsenenfilm aus den Staaten sehen, der Musik und Tanz beinhaltete. Also fragte ich mich: Wer trifft hier die Entscheidungen? *[lacht]*

Dann begannen Freundschaften. Wir hatten eine Clique oder Bande in der Hauptstraße von Berlin. Wir gingen oft ins Kino oder in die „Scala", ein Varieté, und es war sehr irritierend in den Kinos. Wenn Hitler die Massen begrüßen oder über ein bestimmtes Thema sprechen wollte, musste man, anstatt „Trenck, der Pandur" zu sehen, eine halbe Stunde warten und dem Meister über den Lautsprecher zuhören. Und ich hörte Leute sagen: „Oh mein Gott!" Berlin war schon immer ein Ort, an dem Menschen ihre Meinung sagen und sich widersetzen.

Es gab eine Reihe von Situationen, die ich mir als Kind in Amerika nicht hätte vorstellen können. Und ich fand das sehr aufregend. Unser Leben war eingeschränkt, weil wir vermutlich überwacht wurden und meine Eltern mir das erklären mussten. Ich war zu jung, um es zu verstehen. Im Haus sprachen meine Eltern in sehr persönlichen Angelegenheiten in einem kehligen Französisch miteinander. Wir sprachen nicht darüber, was Vater an diesem Tag im Büro getan oder wen er gesehen hatte. Wenn Vater etwas Wichtiges mit Mutter besprechen wollte, besonders, wenn sie Frau Harnack besuchen wollte, gingen wir im Schöneberger Park spazieren. Wenn wir zurückkamen,

dachten die Köchin, die eine Gestapo-Agentin war, und der ungarische Butler, der gezwungen war, einmal im Monat zur Polizei zu gehen, dass wir nur unseren Abendspaziergang gemacht hatten.

Eines Abends verließen meine Eltern mit mir die Wohnung, um an einem Abendbuffet teilzunehmen. Als wir dort ankamen, erfuhren wir, dass ein Familienmitglied gestorben war. Das Abendessen wurde abgesagt. Wir kehrten in die Wohnung zurück, die dicke Teppiche hatte, und gingen in das Musikzimmer, in dem der Schreibtisch meiner Mutter war. Dort war Anna Peglaff. Wir nannten sie „Mamsell“. Sie war eine sehr gute Köchin. Sie hatte ein Stativ für eine Leica aufgebaut und blätterte im Tagebuch meiner Mutter. Sie machte Aufnahmen und übersprang auch Seiten, was für meinen Vater bedeutete, dass sie Englisch konnte. Ich schämte mich sehr für sie. Ich fühlte, dass sie nicht wegen der Gestapo zu uns gekommen war. Aber als sie hier ankam, nahmen sie Kontakt mit ihr auf, weil sie zuvor auch bei jüdischen Familien gearbeitet hatte. Meine Mutter war wütend und befahl ihr, noch in dieser Nacht die Wohnung zu verlassen.

Meine Mutter verlor eines Tages die Nerven, als wir nach Hause fuhren und Vater zum Mittagessen mitnahmen. Die Gestapo folgte uns wie gewohnt und Mutter war außer sich vor Wut. Sie fuhr sehr schnell auf der Avus, einer Autobahn, bis der Gestapo das Benzin ausging. Dann fuhr sie an ihnen vorbei und rief: „Tschüss, Jungs!“ Ich war sehr verärgert, weil ich ein Gefühl für unser Handwerk entwickelt hatte. Ich sagte zu meiner Mutter im Auto: „Das kannst du nicht machen! Sowas kannst du nicht tun. Das ist kein Film!“ Und mein Vater sagte: „Ja, Louise, wirklich! Mach das nicht nochmal.“

Berlin war für mich aufregend. Ich habe dort mit die glücklichsten Tage meines Lebens verbracht. Es gab viele Einrichtungen für Jugendliche. Man konnte für 15 Pfennige fast überall hingehen, wenn man Schüler war. Es gab einen

Zoo, eine Sternwarte und so viele Dinge. Ich fand Freunde und kaufte ihnen alte Hitlerjugend-Uniformen ab: die überweiten Hosen und das Hemd, ohne den Gürtel, das Lederding. So konnten wir zusammen umhergehen.

Wir gingen zur Flak. Sie gaben uns Eintopfsuppe und zeigten uns die Hauptfunktionen der 88mm Flak. Zu Hause machte ich Zeichnungen für meinen Vater. Er verfasste einen kleinen Bericht, den ich unterschrieb und schickte ihn per Kurier zum Broadway Nr. 1, wo sich der britische Geheimdienst befand, der MI 6. Das wusste ich nicht. Und dann ging es per Kabel nach Großbritannien.

Als mein Vater sagte: „Ich möchte, dass du zu so und so einem Ort gehst. Da ist eine Versammlung." sagte ich: „Oh, Dad, ich will nicht gehen. Wir haben was Anderes geplant." Und er sagte: „Es tut mir leid, aber ich kann nicht gehen und ich möchte, dass du gehst und dass du deinen Bleistift und dein kleines Notizbuch mitnimmst. Und weißt du, schreibe es nicht genau dort auf, wo die Leute sind." Und nach einer Weile sagte ich: „Er gibt mir nicht genug Aufträge!" *[lacht]* Ich wollte wirklich Teil dessen sein, was er tat.

Meine jungen Freunde waren Berliner. Wenn die Regierung etwas tat, was sie nicht mochten, sprachen wir darüber. Sie waren sehr traurig und wütend, wenn ein deutsches Schiff versenkt wurde. Erst freuten wir uns über den Untergang der Royal Oak, glaube ich, im Krieg, weil ich die Briten nicht mochte und wir uns daher einig waren. Aber bald darauf wurde eines ihrer Schiffe versenkt und sie sagten: „Es ist nicht wahr, weißt du? Es ist nur ein Gerücht." Ich sagte: „Es ist Gottes Wahrheit, ich bezeuge es." „Woher weißt du das?" Ich sagte: „Mein Vater ist ein ausländischer Diplomat." So stritten wir. Aber meistens haben wir die Regierung kritisiert. Und ich denke dabei an alle Kinder in der Stadt. Sie hassten es, die Hitlerjugend-Uniformen tragen zu müssen und fanden Wege, das zu missachten. Sie hassten die „Winterhilfe", das Sammeln von

Schrott für Munition. Meine Freunde haben in der Innsbrucker Straße sogar mal etwas Obszönes über die „Winterhilfe" an die Wand gemalt.

Es war ein aufregendes Leben, mit diesen Jungen zusammen zu sein. Dann, als der erste meiner Jungen einem Bombenangriff zum Opfer fiel, haben wir alle, die Jungen und ich, gemerkt: „Das ist ernst! Vielleicht sind einige von uns die Nächsten."

Ich besuchte die American Church am Nollendorfplatz. Und meine Mutter brachte eine gutaussehende blonde Dame mit, die sehr groß war und sagte: „Das ist Mildred Harnack. Ich habe sie im American Women's Club getroffen. Wir werden diese Woche mit ihr ein Museum besuchen." Mildred beeindruckte die Leute. Sie sprach mit einem Arbeiter auf der Straße und sagte: „Es sieht so aus, als ob Sie sehr gute Arbeit leisten". Sie fragte mich aus und als ich die Kirche verließ, fühlte ich mich erwachsen. So war ihre Persönlichkeit.

In dem Moment, als meine Mutter Frau Harnack traf, war Vater einfach furchtbar erfreut zu erfahren, dass Arvid Harnack in den USA gewesen war und die Vereinigten Staaten liebte, jedenfalls die einfachen Leute. *[lacht]* Er suchte ihn offiziell in seinem Büro auf und sagte: „Vielleicht könnten wir irgendwann Mittagessen gehen." Arvid sagte: „Das würde mir wirklich gefallen." Sie begannen, im Hotel Adlon zu essen, stellten jedoch irgendwann fest, dass ihre Beziehung zu einem Punkt gekommen war, an dem sie nirgendwo mehr zusammen essen sollten. *[lacht]* Und so fing es an. Mein Vater hatte viele ehrliche Freunde, aber Arvid, so sagte er mir im Alter immer wieder, war der beste Freund, den er in seinem Leben gehabt hatte.

Ich besuchte eine amerikanische Schule, die geschlossen wurde, als am 1. September 1939 der Krieg ausbrach. Wir wurden von der US-Regierung angewiesen, das Land zu verlassen und alle Frauen und Kinder gingen. Mutter und ich hielten uns immer wieder zurück. Wir versteckten uns eine Weile in Norwegen und kamen dann zurück. Der Vorgesetzte meines Vaters sagte: „Ich habe Ihnen gesagt, dass Sie nach Hause gehen sollen." Mutter sagte: „Das wird nichts. Mein Mann und ich arbeiten zusammen. Er wird mit mir zusammen nach Hause kommen, wenn ich gehen muss."

Als Mutter und ich aus Norwegen zurückkamen, sahen wir uns die Lehrbücher der regulären Schulen an. In Erdkunde wurde erklärt, dass es wissenschaftlich nachgewiesen sei, dass schwarze Menschen nicht in der Lage seien, gewisse Entscheidungen zu treffen oder sich moralisch zu verhalten. Man wurde um die Welt geführt und es wurde erklärt, wie die Chinesen und die Schwarzen waren. Nur die Japaner waren aus irgendeinem Grund superschlau. *[lacht]* Mein Vater sagte: „So was darfst du dir nicht anhören, weil du vielleicht etwas aufgreifst, das du für den Rest deines Lebens in dir trägst und es ist nur Hass."

Als wir 1939 aus Norwegen zurückkamen, ging meine Mutter zu Mildred Harnack und sagte: „Ich brauche einen Deutschlehrer, dem man vertrauen kann." Schließlich kam Dr. Paul Thomas, er war Mildreds Freund. Er wurde Ende November 1939 mein Tutor. Ich hatte keine Ahnung, dass er mit Mildred in Widerstandstätigkeiten involviert war.

Arvid Harnack war sehr nett zu Kindern. Als ich ihn zum ersten Mal traf, dachte ich, der Kontakt sei rein gesellschaftlich. Nach ein paar Tagen gingen wir zur Krummen Lanke, in einem Vorort von Berlin und machten mit Arvid und Mildred einen langen Waldspaziergang. Ich hörte die beiden reden und sagte mir: „Wow! Mein Vater und Arvid sind sehr gute Freunde. Sie streiten und beleidigen sich. *[lacht]* Es ist geheim." Ich merkte das.

Zu Hause sagten meine Eltern: „Du erzählst niemandem, wohin wir gehen, wen wir treffen, mit wem wir telefonieren." Ich war aufgeregt. Ich las in der Leihbibliothek in der Hauptstraße Detektivromane und wurde automatisch Teil des Ganzen.

Während meiner Zeit in Deutschland wusste ich nicht, dass es eine Widerstandsgruppe gab. Ich dachte, dass meine Tante Mildred mit einigen Leuten in Kontakt stand, die etwas taten. Manchmal kam ich außerhalb unserer Unterrichtsstunden in ihre Wohnung, weil ich etwas für meine Mutter abgeben sollte. Und dort war eine junge Frau mit einer Aktentasche oder ein Mann, der mit Arvid sprach und sie hielten mich an der Tür fest und sagten: „Was ist los?" Ich sagte: „Meine Mutter hat mir diesen Brief gegeben." Und das war es. Sie sagte: „Oh, warte kurz." Dann ging sie ins Schlafzimmer und kam zurück und sagte: „Hier ist ein kleiner Brief, den ich ihr geschrieben habe." Ich hatte immer noch keine Ahnung von dem Ausmaß ihrer Aktivitäten. Ich wusste nur, dass sie meinem Vater sehr halfen. Arvid sagte, als ich neben ihnen im Spreewald ging: „Ich kann die Brücke zwischen den Vereinigten Staaten und den Russen hier in Deutschland sein. Ich verstehe sie. Sie verstehen mich und ich wäre für beide Lager äußerst nützlich."

Arvid wollte die Nazis und ihre Bräuche loswerden, die Lebensweisen, die die Nazis gebracht hatten. Er sah sich als hochrangigen Berater einer neuen, freien Regierung. Mein Vater sagte: „Sie sollten wieder im Wirtschaftsministerium sein." Und er sagte: „Das würde mir sehr gefallen." Als kleiner Junge dachte ich: Er wird Wirtschaftsminister. *[lacht]*

Ich glaube nicht, dass mein Vater und Arvid in ihren Streitgesprächen jemals die Umgestaltung Deutschlands in eine sozialdemokratische oder sozialistisch-kommunistische Regierung besprochen haben. Was Arvid wirklich ansprach, war das Grauen und der Dreck, der Hitler war. Er wollte sein Land wieder befreien. Er stammte aus einer Familie, die solche Dinge tat.

In einem Sommer war ich auf dem Gut eines Rittmeisters zu Besuch, der sehr gegen Hitler war. Er war ein letzter Teutone. Als ich Arvid gegenüber erwähnte, dass ich dort den Sommer verbracht habe, sagte Arvid: „Das sind gute Leute." *[lacht]* Ich habe ihm nichts über dessen politische Einstellung erzählt. Also sah er sich bereits nach Leuten um, die später das Regime ersetzen könnten.

Ich war mir nicht bewusst, wie viele Menschen an der „Roten Kapelle" beteiligt waren. Ich kannte den Namen nicht, aber ich wusste, dass Mildred und mein Lehrer Herr Thomas sehr liberal und humanistisch eingestellt waren. Mir ist nie in den Sinn gekommen, dass sie eine militante Kommunistin sei. Mildred Harnack wollte dem deutschen Volk die Wahrheit bringen. Die Menschen kannten die Wahrheit bereits, aber so, dass sie erkannten: „Wir müssen etwas ändern." Sie hatte einen Kurs an der Abendschule, zu dem Angehörige der deutschen Armee in Zivil kamen, wie auch mein Lehrer Dr. Paul Thomas.

Mildred liebte Schönheit und Natur. Sie und Arvid glaubten, dass es keinen menschlichen Gott gab, sondern Gott die Natur ist, das Universum. So haben sie es mir gesagt. Das klang gut für mich, doch dann bekam ich Probleme mit meinem Pastor. *[lacht]*

Sie brachte mir bei, wie man sich konzentriert. Ich habe manches davon inzwischen vergessen. Aber sie brachte mir bei, wir kannten damals diesen Ausdruck noch nicht, wie man seinen Geist fokussiert. Sie sagte: „Weißt du, deine Gedanken kreisen umher, aber du bist hier im Unterricht. Deshalb will ich dir in einer Stunde beibringen, wie man lernt, sich zu konzentrieren. Wir beginnen mit ein paar Zeichnungen." Sie hatte eine gefestigte Lebensphilosophie und war so etwas wie eine Zen-Buddhistin mit starken sozialistischen Gefühlen gegenüber den arbeitenden Massen und den Menschen.

Meine Eltern sprachen mit mir darüber, wie ich die Nachrichten, die Umschläge, transportieren sollte. Ich hatte meine Schulmappe auf dem Rücken. Ich habe das Zeug nie in die Schulmappe gesteckt, vielleicht manchmal. Ich habe es in meine Socken gesteckt. Es hat vielleicht komisch ausgesehen. Ich hatte diese Hitlerjugend-Hose, die unten zusammengebunden war. So fühlte ich mich sicher: Wenn es aus meinen Socken rutschte, befand es sich immer noch im Gummiband der Hose. Ich transportierte hauptsächlich Umschläge.

Aber es gab auch Zeiten, in denen Mutter ihnen Essen schickte. Wir alle wussten, dass Mildred kein Interesse am Kochen hatte und nicht kochen konnte. Arvid aß all die einfachen Dinge, die sie machte. Essen war ihm nicht wichtig, obwohl er ein bisschen rund war. Wenn ich eine große Kiste mit Essen zu ihnen durch die Stadt trug, war ich nervös.

Wenn ich dann einen Brief nahm, steckte ich ihn wieder in meine Socken und vielleicht noch ein paar andere Dinge für Mildred in meinen Rucksack. Mein Vater fragte mich nicht nur, wie ich die Dinge trug, sondern auch, wie ich dorthin kam. Und so musste ich verschiedene Routen nehmen.

Die erste Route führte mit der U-Bahn zum Nollendorfplatz, zur American Church. Ich ging hoch in die Privatwohnung von Pastor Steward Herman, um vom Fenster aus die Straßen zu beobachten. Ich sah die Straße, die mich an dem großen religiösen jüdischen Zentrum vorbeiführte, das man niedergebrannt hatte.

Mein Vater hatte mich zum Kurfürstendamm gebracht und mir gezeigt, wie man in ein Fenster schaut, um zu sehen, ob ich „unbekannte Freunde" hatte. Das habe ich geübt, aber nicht zu offensichtlich. Mein Vater und meine Mutter spielten manchmal „Emil und die Detektive" mit mir, wie Schauspieler.

Ich wusste, dass etwas Verbotenes vor sich ging. So fühlte ich mich damals, aber es war gegen Hitler. Wir hörten jede Nacht BBC, noch bevor der Krieg ausbrach.

Mildred und Arvid sagten nicht zu mir: „Wir machen diese oder jene Arbeit", aber meine Mutter sagte mir, ich nehme an, sie hat es von Mildred erfahren, dass sie mit Dokumenten Menschen bei der Flucht aus Deutschland halfen.

Arvids Gruppe erhielt Informationen über ein Angriffsdatum und meinem Vater wurde das genaue Datum für den Einmarsch, die Materialmengen und einige Orte, an denen sie in Bereitschaft versammelt waren und so weiter mitgeteilt, als er das letzte Treffen mit Hjalmar Schacht hatte.

Arvid hatte das Gefühl, dass dies eine schlechte Nachricht für die Alliierten war, auf Grund dessen, was er gesehen hatte und wegen seines Wissens. Er gehörte zu einer Sondergruppe, die auf russische Wirtschaft spezialisiert war. Er dachte, dass sie es in einem Krieg nicht schaffen würden und dass das die gemeinsame Sache der Alliierten belasten und den Tod Hitlers weiter wegrücken würde. Es waren also keine guten Nachrichten.

Harnack hatte nicht das Gefühl, Deutschland zu verraten. Er fühlte sich als Siegfried, der Deutschland befreite und er fühlte sich sehr gut bei dem, was er tat. Ich weiß es. Selbst als mein Vater einmal zu ihm sagte: „Nun, du willst, dass Mildred rauskommt und so weiter, aber du riskierst... Du solltest sehr vorsichtig sein. Vielleicht machst du mehr, als gut ist."

Arvid sagte nie genau, was sie taten. Er fragte meinen Vater manchmal, ob er über die Botschaft bestimmtes deutsches Papier aus Bürobedarfsgeschäften ausleihen könne. Er bat meinen Vater, spezielle Arten von Metzgerpapier zu kaufen, aus denen man Plakate herstellen konnte, Einwickelpapier, denn er konnte keine großen Mengen davon bekommen. Er brauchte viel. Es wurde meinem Vater zu unangenehm, mit einer riesigen Menge Papier, 500 Stück, herumzulaufen. Das war nicht sicher, also lehnte er es schließlich ab, aber Arvid bat auch um viele Bleistifte. Ich meine, wir reden über mehrere 100 und er hat nach Glühbirnen gefragt und wir konnten sie bekommen, deutsche Glühbirnen. Wir konnten so viele bekommen, wie wir wollten.

Ich wusste als Kind und Schüler von Mildred, dass sie tatsächlich arm waren. Sie gaben ihr Geld weg, denke ich. Sie fragte mich oft, ob ich Wechselgeld für die Automaten in der U-Bahn und so weiter hätte. Ich bin sicher, dass sie viel von dem, was sie hatte, weggegeben hat. Als wir Deutschland verließen, gab sie meiner Mutter einen kleinen Bronzepelikan und sagte: „Das ist alles, was ich habe und wovon ich sagen kann, es ist mein Eigentum." Sie gab ihn meiner Mutter. Unser Eindruck, der meiner Mutter, meines Vaters und meiner, war aus irgendeinem Grund, dass es ihnen finanziell nicht gut ging.

Sie ging das Risiko für Deutschland und das deutsche Volk ein. Sie hatte sich nicht von den Vereinigten Staaten getrennt. Sie hatte die deutsche Staatsbürgerschaft angenommen. Sie verliebte sich in die Universitäten, Göttingen und so weiter und sie brachte diese wunderbare Menge von jungen Leuten zusammen. Sie fühlte sich zu Hause. Und das sagte sie, als sie hingerichtet wurde, dass sie Deutschland so sehr geliebt hatte. Sie war eine 100-prozentige Idealistin, kompromisslos. Aber das machte Arvid sehr nervös und während eines Spaziergangs in der Gegend der Schiffshebewerke, die mein Vater aus anderen Gründen sehen wollte, blieb sie mit meiner Mutter hinter uns zurück und Arvid sagte zu meinem Vater und mir: „Sie muss Deutschland verlassen. Können Sie etwas tun, um sie zu überzeugen nach Hause zu gehen? Ich habe das Gefühl, dass ihr schlimme Dinge passieren könnten und ich habe das Geld. Ich habe bereits das Ticket für ihre Heimreise auf dem Schiff gekauft. Alles ist bereit. Sie weiß es nicht. Ich habe mit ihr gesprochen, aber sie sagt: ‚Ich gehe nicht!' Ich fühle mich sehr schlecht für sie, sie ist so eine nette Person." Manchmal sprach er über sie, als hätte er sie auf einer Cocktail-Party getroffen. *[lacht]*

Aber mein Vater sagte: „Ich weiß nicht, was ich tun kann und meine Frau ist eher eine Freundin von Mildred, als ein Tutor." Sie hätte also heute leben und die Geschichte des deutschen Widerstands erzählen können. Sie hätte es gewusst. Es war sehr traurig, weil ihr Mann meiner Meinung nach das Gefühl hatte, dass er sterben würde und die anderen hatten es auch. Er hatte aber eine realistischere Vorstellung davon, was sie taten, wie schlimm es war.

Als wir einmal auf einem eisbedeckten See Langlauf fuhren, hörte ich Arvid sprechen, als ob er wüsste, dass er sterben würde. Er sagte: „Wenn du nicht alles gibst, was du hast, wirst du in deinem Kampf nicht erfolgreich sein." Mein Vater war nicht dabei, er war in den Staaten. Meine Mutter und Jane Donner, die Nichte seiner Frau, und Otto Donner waren da. Otto Donner nahm ihn sich zur Brust und sagte: „Hör mal zu, es gibt Grenzen!" Und ich bekam die Vorstellung: „Onkel Arvid wird sterben!" Es erschreckte mich.

Mein Vater schickte mir aus Berlin eine V-Mail, einen Film eines Briefes, in dem er mir von dem großen Kummer seines Lebens erzählte: dass Arvid und Mildred festgenommen worden waren, wie wir gehört hatten. Und dass sie getötet wurden. Das war 1945. Als die Alliierten nach Berlin einreisen durften, stellte er fest, dass sie tot waren, weil er sofort nach allen suchte. Es hat ihn schockiert. Ich konnte es daran sehen, wie er mir schrieb. Er sagte: „Es ist so schade, Menschen zu verlieren." Meine Mutter war eine sehr emotionale Frau und sie weinte mehrere Tage. Sie hatte sich darauf gefreut, wieder mit Mildred zusammen zu sein.

Danach sagte mir mein Vater, als ich Berlin besuchte, ich war in meinem ersten Studienjahr: „Schau mal, ob du öffentlich sprechen kannst. Erzähl den Studenten dort ihre Geschichte." Ich habe das getoppt. Ich habe es jede Woche erzählt, bis die Leute wegrannten, wenn sie mich kommen sahen. *[lacht]*

Mein ganzes Leben lang, wenn ich nachts meine Gebete sage – denke ich an Mildred, Arvid, all die Menschen, die gestorben sind. Ich hatte dieses kleine Buch, das meinem Vater gegeben wurde. Es heißt „Die Illegalen" mit Gedichten, die von einigen der Gefangenen geschrieben wurden, nicht nur von der „Roten Kapelle", sondern auch von der Weißen Rose, und ich habe sie oft durchgelesen. Sie sind mir nie aus dem Kopf gegangen.

LOUISE UND DONALD R. HEATH, UM 1950
Quelle: Privatbesitz

Katja Meirowsky während der Dreharbeiten 2006
Kamera: Rainer Fetting

„ICH BIN NACH HAUSE GEKOMMEN, HABE ERST MAL DAS HAKENKREUZ RAUSGETRENNT UND MIR SELBST EIN KLEID DARAUS GESCHNEIDERT.“

KATJA MEIROWSKY

Es war Hitlers Geburtstag. Du hörtest ihn brüllen, aber die Straßen waren leer, leergefegt. Denn alle lauschten ihrem „Führer" und oben, bis aus dem vierten Stock, hingen riesen Nazifahnen bis aufs Trottoir. Da kriegte der Wolfgang Beyer eine Wut und riss so ein Riesending einfach ab. Es hat uns keiner gesehen, weil keiner auf der Straße war. Ich habe die zusammengeknüllt und in meine Aktenmappe gesteckt. So fuhren wir nach Hause. Ich habe diese Fahne behalten. Ich bin nach Hause gekommen, habe erst mal das Hakenkreuz rausgetrennt und mir selbst ein Kleid daraus geschneidert. Und mit diesem Kleid ging ich zur Akademie. Mit diesem roten Kleid, das war Alarm dieses Kleid. Alles guckte mich an im Vestibül und eines Tages war Cato da. So lernte ich sie überhaupt kennen. Und da sagte sie, als sie mich durch die Drehtür kommen sah: „Um Gottes Willen, da kommt die Revolution in Person." *[lacht]* Des Kleides wegen. Ich meine, ich habe darüber überhaupt nicht nachgedacht. Ich wusste schon, das ist eine Alarmfarbe. Aber ich dachte: Was können die mir tun? Ich kann mich anziehen, wie ich will. Ich bin Malerin und rot ist meine Farbe. Also komme ich im roten Kleid.

Ich habe Lisa das erste Mal im Vestibül in der Hochschule getroffen. Ich sah ein sehr trauriges, ein sehr schüchternes Mädchen. Und vor allen Dingen ein sehr schönes Mädchen. Sie hat nie geradeaus geguckt, sondern immer nur nach unten, auf die Fliesen. Beim zweiten Mal saß ich in der Anatomie und da saß sie eine Bank hinter mir und plötzlich tippt sie auf meine Schulter und sagt: „Kannst du mir deinen Pinsel leihen?" Da habe ich gesagt: „Ja, selbstverständlich." Und dann ist eine ganze Zeit vergangen. Ich hatte sie nicht gesehen, denn sie war ja Bildhauerin. Sie war im hinteren Teil der Akademie und ich im vorderen, wo die Maler alle arbeiteten. Und dann kommt aber schon die Cato Bontjes van Beek ins Bild, denn sie sprach mich im Vestibül an und sagte: „Bist du die Katja Casella?" Ich sagte: „Ja. Woher kennen Sie meinen Namen?" „Ich habe mich schon erkundigt", sagte sie. Und dann sage ich: „Ja, was gibt es?" Da sagte sie sehr vorsichtig: „Ich brauche jemanden. Ich leite die Töpferei meines Vaters und ich wollte Sie fragen, ob Sie bei uns arbeiten könnten." Wir brauchten alle Geld. Ich hatte kurz überlegt, aber ich arbeitete schon als Töpferin bei einer Frau, die Teller herstellte. Und da habe ich gesagt: „Ja, also ich bin besetzt, aber ich könnte, wenn Sie Interesse haben, meine Freundin fragen." Lisa war noch nicht meine Freundin, aber ich sagte es so. Da hat sie gesagt: „Ja, wunderbar, kann ich sie jetzt gleich kennenlernen?" Und da habe ich gesagt: „Bitte, wir gehen nach hinten zu den Bildhauern. Da können Sie sie gleich sprechen." Sie sprach Lisa an und Lisa sagte sofort erfreut: „Ja." Und so kam eine Freundschaft zwischen drei Frauen zustande. Eine sehr tiefe, vom ersten Moment an.

Lisa hat dann dort gearbeitet und die Beziehung wurde immer enger und dann beim nächsten Treffen sagte Cato Bontjes van Beek: „Kann ich mal dein Atelier besuchen?" Ich sagte: „Ja, jederzeit. Komm mich besuchen." Und dann kam sie und guckte ganz interessiert in die Runde und sagte: „Was ist da eigentlich nebenan?" Da sagte ich: „Da wohnt ein alter Mann, der schläft tagsüber und nachts macht er Nachtwache." Da sagte sie: „Das wäre interessant." Ich wunderte mich und dann sagte sie nach einer Weile: „Ich möchte nämlich gern, dass du für uns arbeitest." Dann sagte ich: „Für wen?" Da sagte sie: „Na, das lassen wir noch aus. Es ist ein Zirkel von Antifaschisten gegen Hitler." Da habe ich gesagt: „Und was tut mein Atelier hier zur Sache?" Sie sagte: „Wir müssen immer Leute umbetten." Da sagte ich: „Was heißt das?" Da sagte sie: „Naja, manche Leute müssen unbedingt verschwinden, die sind in Gefahr. Die können in ihren Wohnungen nicht mehr bleiben. Wir brauchen eine Unterkunft. Vielleicht für zwei Tage, für drei Tage, für vier Tage. Das kommt drauf an. Denn wir müssen erst neue Leute haben, die sie dann übernehmen." Das war meistens in Brandenburg, irgendwo auf dem Land. Nicht in der Stadt. Da habe ich gesagt: „Ja, aber wie wird das mit meinem Nachbarn?" Sagte sie: „Da muss er eben auf Strümpfen rumlaufen."

Was ihr Sorgen machte, war die Tür. Das war mal ein ganzes Atelier, das abgetrennt wurde. Der Nachtwächter war also auf der einen Seite und ich auf der anderen. Und da war eine Verbindungstür. Die hatten sie zwar abgedichtet, aber daneben war gleich der Wasserhahn und der kleine Kochherd und so weiter. Da hat sie gesagt: „Ja, also wir haben schon jemanden für dich, der drei Tage hierbleiben soll." Ich hatte ihr vorher gesagt, dass ich meistens bei Lisa schlafe, bei der Familie. Denn es war einfach zu weit jeden Tag. Wir hatten immer so viel vor: von meinem Atelier zur Lisa und dann wieder zurück und zur Akademie. Da habe ich die meiste Zeit bei Familie Egler gewohnt und auch übernachtet. Das passte Cato auch sehr gut, als sie das hörte. Und da sagte sie: „Da ist Vorsicht geboten. Er darf keinen Wasserhahn aufdrehen und so weiter. Und diese Sachen müsstest du alle vorher mit ihm besprechen. Der Nachtwächter kann dich ja hören, selbst wenn er am Tag schläft. Aber der steht ja auch mal auf zwischendurch. Dass da Ruhe herrscht." Und dann sagte ich nochmal: „Also, worum geht es eigentlich?" Da sagte sie: „Du kennst doch das Märchen Hänsel und Gretel. Also, wenn ein Mann bei dir erscheint, dann ist es immer ein Hans und so wird er sich auch vorstellen. Und wenn es eine Frau ist, die hier ankommt, dann stellt die sich als Gretel vor." So erfuhr ich, wofür sie mich überhaupt eingeteilt hatte.

Dann sagte sie: „Ja, wie ist das bei der Lisa in dem Haus?" Da habe ich gesagt: „Das ist unmöglich, denn die Eltern sind den ganzen Tag da und die kann nicht irgendeinen Mann anschleppen." Das ginge da überhaupt nicht. „Naja", sagt sie, „es ist in Ordnung." Lisa arbeitete dann schon in der Werkstatt und da hatte Cato auch gesagt: „Sei vorsichtig, wenn du mit meinen Helfern dort sprichst, denn so genau kenne ich sie alle auch nicht. Du musst also vorsichtig sein. Du darfst keinen Hitlerwitz oder so was machen." Was ja gang und gäbe war, dass man das machte. Also lieber nicht.

Die Leute kamen, stellten sich vor und hatten ein Kuvert dabei. In dem Kuvert, so nehme ich an, waren Lebensmittelkarten und so etwas drin. Denn, wenn du verschwindest aus deinem Bezirk oder aus der Wohnung, kriegst du ja keine Lebensmittel mehr geliefert. Also, die mussten sich schon versorgen, damit die über die Runden kamen. Zum Teil haben wir zuerst einmal für sie noch ordentlich eingekauft und dann gesagt, wenn sie abgeholt werden, wo sie den Wohnungsschlüssel verbergen sollten. Und sonst möglichst nicht miteinander sprechen. Nichts, was der in der Zukunft will oder wo es überhaupt hin-geht. Bis auf Rüdersdorf. Das war das einzige Mal, wo wir wussten, dass der dort und dort hingebracht werden musste, aber sonst wussten wir nichts. Da kam dann jemand und holte ihn ab und fertig. Aber die Leute kannte ich dann auch nicht. Die müssen auch im äußeren Kreis gewesen sein. Deshalb sage ich, da waren viel mehr Leute noch an der Sache, als wir annahmen. Denn die mussten ja weiter und da sind wieder Leute, die, wenn du sie aufs Land bringst, sie aufnehmen, die den Mut haben, sie aufzunehmen. Also, es gab doch genügend Leute, die da auch halfen.

Ich hatte noch meinen Briefkasten, der war mir noch nicht abgenommen worden, in der Schule. Und irgendwelche Mittelsleute, wer das war, weiß ich nicht, steckten in meinen Briefkasten eine Nachricht rein. Da wussten wir immer, was los war, dass wieder was in Gang kommt. Dann meldete sich jemand und sagte: „Ich bin der Hans." Und dann wussten wir Bescheid. Er hatte sein Kuvert dabei und fertig und ich ging dann für eine Woche oder länger zu Lisa, lebte in der Wohnung. Ich konnte ja da nicht mit einem Mann oben leben. Das wäre erstens im Haus aufgefallen. Zweitens ging es gar nicht: Es war ein schmales Bett in dem ganzen Raum und der war nicht groß.

Dann sagte Cato: „Ich möchte dich Harro Schulze-Boysen vorstellen." Einen Tag bevor dieses Treffen war, wurde meine zukünftige Schwiegermutter, also die Mutter meines Freundes und seine Schwester von der Gestapo abgeholt. Als ich den leeren Balkon sah mit den verwelkten Blumen, da wusste ich bereits, was los war. Ich bin dann noch zur Tür gegangen, die war versiegelt. Ich war also furchtbar fertig und tieftraurig und nun sollte ich auch noch da vorgestellt werden, aber sie hatte Harro Schulze-Boysen schon vorher eingeweiht. Wer das wäre, der da ankommt. Und ich kam dann in die sogenannte italienische Wohnung. Ich wusste nicht, wem die gehörte. Es wurde ja auch nicht darüber gesprochen. Da hielten die oft ihre Treffen ab, die ganze Gruppe. Und nun wurde ich in ein Zimmer geführt, da saßen nur die Frauen der Männer, die für die Gruppe arbeiteten und eventuell auch die Frauen, die selbst mitarbeiteten. Das wusste ich ja alles nicht. Jedenfalls wurde ich reichlich bestaunt, erst mal. Die spielten Bach und dann später Brecht. Und ich war, wie gesagt, so unglücklich. Ich habe mir kein Gesicht gemerkt, nichts. Ich war in meiner verzweifelten Welt in dem Moment.

Dann ging die Tür auf und plötzlich kommt ein hoch gewachsener Mensch in Uniform rein. Das hatte ich am allerwenigsten erwartet. Der kam auf mich zu und hob mich hoch. Ich saß mit Cato auf einem Sofa und er nahm mich in seine Arme und sagte: „Ich habe davon gehört und dafür sind wir ja da. Du bist nicht allein. Das, was dir jetzt passiert ist, das versuchen wir alles zu ändern." Das war es. Dann sagte er noch etwas zu irgendeiner Frau und dann verschwand er wieder. So alle zehn Minuten etwa ging die Haustürklingel, die Tür war ja offengeblieben. Dann sah ich immer, dass irgendwelche Männer kamen. Die kamen rein, manche hatten Aktentaschen dabei und die gingen dann gleich durch in die hinteren Zimmer, wo die Männer saßen. Und nach einer Weile gingen sie wieder weg. Also, es war ein Kommen und Gehen eigentlich. Das war mein Zusammentreffen mit Harro Schulze-Boysen.

Nun war ich drin. Dann sagte Cato mir noch: „Guck mal, damit du die ganze Gruppe verstehst: Das ist ein Stein, den werfe ich jetzt in einen Teich und der Teich macht Kreise und er macht immer weitere Kreise und in einem Kreis, da sitzen du und Lisa." Das war die Geschichte, wie ich in die ganze Gruppe geraten bin. *[lacht]*

Wir hatten alle Decknamen. Ich hatte eine Ahnung. Einmal sagte ich: „Wird dieser Kreis nicht etwas zu groß?" Cato heuerte Leute an. Das wurde immer größer, dieser Kreis. Irgendwann musste das auch in Berlin schiefgehen. Einer hält nicht dicht oder ein falscher Brocken ist dazwischen, dann fliegt die ganze Geschichte auf. Sie war schon sehr vorsichtig, indem sie sagte: „Uns nie anrufen, nie meine Telefonnummer. Ruf immer zuhause bei meinem Vater, Jan Bontjes, an." Denn der war ja raus. Der hatte ja mit Politik gar nichts zu tun. Also, sie war schon vorsichtig. Obwohl Heinz Strelow ein paar Mal im Streit sagte: „Du wirst zu unvorsichtig." Sie war ja sehr verliebt in ihn.

Als ich sie damals nach Harro Schulze-Boysen fragte, nachdem ich da vorgestellt wurde, habe ich auf dem Heimweg zu ihr gesagt: „Weißt du, worauf du dich da eingelassen hast?" Da sagte sie: „Ja, wenn es schief geht..." *[zieht den Daumen an der Kehle lang]* Sie wusste es. Das hat sie ganz klar gesagt, ja.

Manchmal waren da sechzig Typen unten im Vestibül der Akademie versammelt, zum Beispiel, wenn Hitler eine Rede hielt. Zwischendurch wurde gesungen und nach dem Gesang wurden die Hände hochgehoben. Da sah man ganz deutlich: der hebt sie so hoch *[hebt die Hand zum Hitlergruß]* und der macht so *[gestreckter Arm mit hängender Hand]*. Also erkannte man die Leute schon und wusste: „Vor dem brauchst du keine Angst zu haben, wenn du mal wirklich einen Hitlerwitz machen solltest." Und so kannte ich in ganz kurzer Zeit schon die Bildhauer Waldemar Grzimek und andere wie Wolfgang Beyer, ein sehr begabter Mann auch. Man hatte sich eigentlich sofort gefunden. Später sagte ja auch die Gestapo zu mir: „Jedes Mal müssen wir immer die Begabtesten festnehmen."

Lisa und ich waren beide „halbjüdisch". Und in der Zeit warst du noch kein Outsider. Denn die konzentrierten sich erst mal auf die „Volljuden". Aber wir wussten natürlich ganz genau: Über kurz oder lang, kommt das. Das geht weiter, das hört nicht irgendwo auf. Wie es dann auch geschah. Also, auch aus diesem Grund schon mussten wir uns zurückhalten. Ich hatte es mit meiner Mutter etwas leichter, weil die aus dem Osten stammte, aus Russland. Und sie hatte so eine *курносый*, sagen die Russen dazu, eine Stupsnase. Sie hatte zwar schwarzes Haar, aber verhaftet wurde eigentlich immer mein Vater. Denn der hatte italienische Großeltern und wirklich ganz starke schwarze Augenbrauen und schwarzes Haar. Er wurde dauernd zur „Schädelvermessungsanstalt" geschleppt. Man muss sich das mal vorstellen, schon dieses Wort. Da hatte ich es etwas leichter. Bei Lisa sah das etwas anders aus. Sie war da ängstlicher, dass irgendwas passieren würde und das passierte dann auch.

Zuerst haben sie uns aufgenommen, Lisa und mich. Die Begabten brauchten erst mal keine „Ahnentafel" zu bringen und dann kam es plötzlich. Bei Lisa noch früher, da sagte sie: „Katja, guck, was ich hier habe. Jetzt muss ich das alles ausfüllen." Da stand dann drauf: „Ist Ihr Vater Deutscher? Ist ihre Mutter Deutsche? Ist Ihr Großvater Deutscher? Ist die Großmutter?", und so weiter. Sagte sie: „Was soll ich nun machen?" Da sagte ich: „Ja, was sollst du machen? Ich habe das Gefühl, die werden dich noch vorher feuern." Dann ging das nämlich langsam los, dass sie anfingen zu sieben in der Akademie. Also, sie flog aus der Schule und kurze Zeit später bekam ich auch so einen Wisch. Jetzt war aber schon Krieg mit Russland. Da habe ich gesagt: „Wenn ihr über meine Eltern Bescheid wissen wollt, dann müsst ihr euch an Moskau wenden. Ich kann euch weiter nichts sagen. Über unsere Familienverhältnisse wurde kaum gesprochen." Das ging ja nicht mehr. Und so bin ich um diese ganze Sache herumgekommen.

Das ging dann noch weiter. Ich hatte ein wahnsinniges Glück, muss ich sagen. Das kam wirklich auf mich zugeflogen. Ich hatte meinen Schutzengel, an den ich auch glaubte.

Ich weiß nicht, wann das war, das muss aber schon 1942 gewesen sein. Da wurden Lisa und ihre Mutter verhaftet. Für drei Tage kamen die in eine geschlossene Wohnung mit achtzig oder neunzig Menschen. Alle eingepfercht, eingeschlossen. Das waren größtenteils „Halbjuden". Und das ist nun schiefgegangen. Die Nazis hatten probiert: „Wie weit können wir gehen in diesem Fall? Wie sieht es aus mit den Halbjuden? Was können wir machen?" Das hatte nicht funktioniert, weil nämlich die Menschen aus den gegenüberliegenden Häusern die Türen und die Fenster aufgemacht und sich alles angesehen haben. Die haben geschrien: „Das ist ja eine Schweinerei!" Und vor allen Dingen standen die nichtjüdischen Partner der Eingesperrten alle auf der Straße und protestierten. Also, es ging nicht. Deshalb kamen sie raus. Also, Lisa hatte schon was durchgemacht in dieser Zeit und war deshalb besonders vorsichtig.

Unser Professor Klever, der hatte so seine Lieblingsschüler und darunter waren wir. Er hatte uns zum Sommersemester in der Nähe von Potsdam eingeladen. Ich glaube das hieß Blankensee. Da sollten wir nun Landschaften malen, zum ersten Mal in Öl. Wir sind dahingefahren und wurden bei Bauern untergebracht. Ich war mit der Nixe zusammen in einem Zimmer und dort waren auch französische Fremdarbeiter. Die kamen morgens an unserem Fenster vorbei, schmissen eine Rose rein und abends gingen sie wieder zurück und schmissen noch mal irgendetwas rein. Das wurde natürlich alles beobachtet. Die Nixe war als Austauschschülerin in Frankreich gewesen und wollte ihr Französisch gerne auffrischen. Sie sprach mit denen ein paar Brocken Französisch und ich sang meine polnischen und russischen Lieder. Das hat der Bäuerin alles gar nicht gepasst und so schrieb sie nach Potsdam: „Da sind zwei unmögliche Mädchen. Die eine quatscht dauernd mit

den Franzosen und die andere singt dauernd russische Gesänge. Und das alles möchte ich zur Anzeige bringen." So kam das. Das lief, ganz abgesehen von der ganzen „Rote Kapelle"-Geschichte, so ungefähr im gleichen Zeitraum. Da bahnte sich das Drama eigentlich an. Aber es hatte nichts mit Cato zu tun.

Kaum war ich in Berlin, kriegte ich von dem Gutsbesitzer ein Schreiben ausgestellt mit einem Stempel darauf: „Ich benötige diese Personen für meine Landarbeit. Wir haben einen Mangel an Landarbeitern." Den hatte ich belatschert vorher. Ich habe gesagt: „Die werden alle in die Fabriken eingezogen." Das hatte ich gehört. Die Nixe war vorher abgefahren und schrieb mir das. „Alle werden in die Munitionsfabriken eingezogen. Das ganze Semester durch." Und da ich das nicht wollte, hatte ich mich bei dem Gutsbesitzer, mit dessen Kindern ich sehr befreundet war, gemeldet und habe gesagt: „Können Sie mir ein Schreiben geben? Ich habe keine Lust, da in der Fabrik Bomben oder Kugeln zu drehen." Und er war gegen die Nazis eingestellt. Denn auf seinen großen Feldern, die er besaß, hatte sich die SS angesiedelt und machte ihre Angriffsübungen. Das fand in seinen Kornfeldern statt. Deshalb war er gegen sie. Außerdem war sein Bruder mit einer Engländerin verheiratet und die waren schon vor Hitler nach England getürmt. So, und der gab mir das mit Freuden. Jetzt hatte ich diesen Schein.

Ich habe mir die ganze Zeit, während ich im Garten Pflaumen und Erdbeeren und alles essen konnte, überlegt: Was passiert, wenn Alarm kommt? Zu dieser Zeit war ein älterer Mann da und nicht nur für „drei Tage eventuell", wie Cato sagte, „dann muss er weitergeleitet werden." Der war schon drei Wochen da und ich dachte: Was ist bei Alarm? Denn du durftest bei Alarm die oberen Räume nicht verschließen. Da gab es einen Brandmeister, der Obacht gab, weil ja so viele Brandbomben auf Berlin kamen. Der Brandmeister musste Zugang in jede Wohnung haben. Du durftest also nicht verschließen. Dem

Versteckten hatte ich vorher Bescheid gesagt. Der wusste, ich gehe so und so lange weg. Also auf Strümpfen gehen, Schuhe aus. Ich musste beschreiben, wie er sich dort zu benehmen hatte. Und ich habe ihm gesagt, wenn Alarm kommt, muss er so schnell wie möglich runter, erst mal aus dem Haus raus und dann nach einer Weile wieder reinkommen. Dann kann er ja fragen: „Ach, ich war gerade unterwegs und könnte ich in Ihrem Keller Zuflucht nehmen?" Anders ging das gar nicht. Das hatte ich dem also eingeimpft. Das war sowieso der Schlimmste, den ich je hatte, denn er kam schon zitternd an und war neu eingekleidet: die Hosenbeine waren zu kurz, die Ärmel vom Jackett waren zu lang. Was mit dem Mann war, weiß ich nicht, jedenfalls war er schon, das war klar, durch die Hölle gegangen. Er durfte auch alleine nicht weiter, weil er aufgefallen wäre. Den musste ich auch, als ich zurückkam, nach Rüdersdorf bringen, irgendwo in Brandenburg, und eine ältere Frau holte ihn dann ab. Da war ich zufrieden, dass ich den los war. Denn der war wirklich ein Risiko. Der war vollkommen mit den Nerven fertig, dieser Mann. Ungefähr fünfzig Jahre wird er alt gewesen sein. Und diese ganze Angst hatte ich, während ich in Blankensee war. Was passiert mit ihm? Wird der richtig spuren, wird er richtig reagieren, falls irgendwas passiert mit den Brandbomben oder was? Aber es hatte geklappt. Gott sei Dank!

Als ich in die Akademie kam, war die natürlich menschenleer. Die Schüler waren alle in der Munitionsfabrik und wen treffe ich? Hein Sinken, den Studentenführer. Das war ein ganz fieser Hund, der sich immer die Mädchen ins Bett holte, auf die er scharf war. Auf mich war der schon lange scharf. Der kam dauernd in unsere Klasse und fing an, mit mir zu quatschen. Ich habe den immer abgefertigt. Jetzt sieht der mich, ich komme mit der Nixe zusammen die Treppe hoch, braun gebrannt, gutaussehend. Ich hatte da genug zu essen. Jede Menge Obst, alles, was ich wollte. Und da sagte er: „Na, Sie sehen ja gut aus." Dann habe ich gesagt: „Na, das ist ja kein Wunder. Ich war auch das ganze Semester in der Landwirtschaft beschäftigt."

„Wieso in der Landwirtschaft?" Ich sagte: „Ja, das kenne ich durch meine Eltern. Also, da bin ich wirklich sehr gut." Da sagte er: „Sie sollten eigentlich in der Munitionsfabrik sein, wie all die anderen." Manchmal kommt wirklich der Punkt, da kannst du nicht mehr zurückhalten, was natürlich ein wahnsinniger Fehler ist. Ich habe es auch später nie wieder getan. Aber das musste raus.

Da habe ich gesagt: „Weil ich für den Krieg keine Kugeln drehen möchte." Da hat er gesagt: „Speziell für diesen Krieg?" Und ich sagte: „Ja." Und da fragt er meine Freundin: „Sind Sie der gleichen Ansicht?" Und sie sagte: „Ja." Da hat er gesagt: „Bitte folgen Sie mir rauf ins Büro von Nieter." Das war der Bürohengst in der Akademie. „Jetzt muss ich Sie anzeigen. Ich muss Sie der Gestapo melden." Und das hat er auch getan.

Naja, der Direktor kam dann noch in das Zimmer rein und sagte dann zu mir mit langem Gesicht, also wirklich erschüttert: „Katja, Sie müssen zum Verhör." Er hatte inzwischen einen Rückruf von der Gestapo gehabt. „Nehmen Sie sich am besten ein Handtuch und eine Zahnbürste mit." Ich sagte: „Wieso?" Und er sagte: „Nun, ich kann mir vorstellen, dass dieses Verhör sehr lange dauern wird." Dann ging ich runter und Hein Sinken sagte noch zu mir: „Also, weglaufen geht nicht mehr." Jetzt habe ich gedacht: Was kannst du machen? Du musst hingehen, die beobachten dich sowieso. Ich war dann noch eine Stunde in der Akademie. Die Nixe war nach Hause gegangen. Sie hatte bei einer alten Frau ein Zimmer gemietet. Und ich dachte: Ich muss mit der Nixe nochmal sprechen. Als ich ankam, sagte die Frau gleich: „Bleiben Sie draußen. Ich will so Leute wie Sie nicht mehr sehen." Da war die Nixe längst verhaftet. Sie saß im Sophie-Charlotten-Gefängnis. Sie war also schon verhaftet. Da wusste ich, ich kann gar nichts mehr machen. Also, was machst du? Ich gehe dahin.

Ich habe mich ganz wunderbar hübsch gemacht: Seidenstrümpfe angezogen, hohe Absätze und was man so hatte und sich ausgeliehen hatte. Ich habe mir eine Mappe gemacht mit all meinen Zeichnungen drin, die hatte ich unterm Arm. Weil mein Vater gesagt hatte: „Wenn je so etwas passieren sollte: das sind auch nur Männer. Immer hübsch machen." Und nun war es soweit. Ich bin dann da raufgekommen. „Was wollen Sie mit dieser Mappe?" Der hieß Pollmann. Ein ganz mieser Hund: klein, farblos wie ein Wasserglas. Und der war wirklich scharf. Dann sagte er *[spricht streng]*: „Setzen Sie sich bitte." Alles in diesem Ton. Dann sagte er: „Nun erzählen Sie mal Ihren Lebenslauf." Da habe ich gesagt: „Wenn Sie Zeit haben?" „Ich habe Zeit. Das kann sehr lange dauern." Dann fing der an zu tippen und wurde fast verrückt dabei. Ich erzählte dem die unmöglichsten Geschichten. Dann kam er nicht mehr weiter und telefonierte. Dann kam so ein Hauptkommissar oder was rein. Der hatte sich an seinen Schreibtisch gesetzt und dann ging das los. „Naja, die Sache ist eben so: wenn Sie eine Bäckerstochter wären, dann würde ich sagen: Rein ins Erziehungslager. Aber Sie sind eine Künstlerin. Und bei Künstlern, da muss man... Haben Sie diesen wunderbaren Film gesehen mit der Brigitte Horney, ‚Befreite Hände'?" Den hatte ich nicht gesehen, aber ich erinnerte mich: Das war eine Bildhauerin, die plötzlich ihre Begabung entdeckte. „Sie sehen der wahnsinnig ähnlich." Natürlich hat er sich das alles ausgedacht. Es stimmte überhaupt nicht, gar keine Ähnlichkeit. „Sie haben so ein wahnsinniges Glück."

Dr. Rust, das war der Kulturminister für ganz Deutschland, ein ganz hohes Tier, der hatte mir mal ein Stipendium bewilligt. Mit dem hatte ich vorher noch gesprochen. Die meisten Professoren kannte ich überhaupt nicht. Die mussten alle zum Verhör zur Gestapo und alle haben gesagt: „Die ist wunderbar. Sie ist hoch begabt. Nein, niemals, dass sie politisch wäre oder was, das hätten wir ja merken müssen." Ich kannte die meisten überhaupt nicht.

Und dann kam natürlich das nächste. Dann kam: „Naja, die Künstler, das ist ja alles ganz schön und gut, aber warum sitzt ihr immer zu Hause? Ihr geht nie an die frische Luft. Ihr sperrt euch in eure Räume ein. Da arbeitet ihr, aber heutzutage, die deutsche Jugend", und so weiter, „Luft, Freiheit, Bewegung", das sei doch sehr wichtig. Er hätte zum Beispiel auf dem Wannsee ein ziemlich großes Segelboot und wenn ich mal Lust hätte – jetzt war er reingefallen – wenn ich mal Lust hätte, sollte ich ihn anrufen und er würde mich auf eine Segeltour mitnehmen. Also, darauf lief das hinaus. Da habe ich gesagt: „Ja, sehr gern, aber wie kann ich Sie erreichen?" Und da gibt mir dieser Idiot seine private Telefonnummer und damit war er im Sack. Jetzt war er erledigt. Ich habe mir diese Telefonnummer aufgeschrieben und dann habe ich das nach einer Woche probiert, also ich wurde entlassen. Ich habe auf meinen Vater gehört.

Meine Eltern waren schon nach Polen emigriert. Sie hatten in der Wohnung alles stehen und liegen lassen, hatten aber, soweit ich mich erinnere, die Miete weiterbezahlt. Mein Vater hatte in der Umgebung bekannt gemacht, dass sie der Bomben wegen mal aufs Land müssten. Er hat aber die Miete bezahlt, weil er damals den Gedanken hatte: wenn wir nach zwei Jahren zurückkommen, lassen uns die Berliner vielleicht gar nicht mehr rein. Denn da war ja ein wahnsinniger Zustrom. Das war eine Völkerwanderung in der Zeit. Als ich das Atelier mietete, hat er gesagt: „Melde dich nicht an." Und dem Hauswirt war das vollkommen egal. Hauptsache er kriegte seine 17 Mark im Monat für die Miete. Die hatte ich auch weiterbezahlt. Mich konnte gar keiner finden. Denn ich lebte nicht bei meinen Eltern, bei denen ich angemeldet war. Ich bin sofort nach Polen, bin zu meinen Eltern gegangen. Die sind ja schon vorher verschwunden. Lisa blieb noch ein paar Tage. Dann gingen auch schon die Verhaftungen los. Das wusste ich wieder durch Lisa, die dann angerauscht kam, um mir das zu erzählen: „In der ‚Roten Kapelle' sind Verhaftungen im Gange."

Sie haben ja die meisten auf einem Fest verhaftet. Bontjes hat eine Party gegeben und ich hatte, Gott sei Dank, zu Lisa gesagt: „Geh allein. Ich habe keine Lust." Die wurden alle verhaftet, direkt in der Wohnung vom Bontjes van Beek. Da war eine große Party im Gange gewesen. Die sind hochgekommen und haben sie alle verhaftet.

Wir konnten einfach nicht da sitzen bleiben. Ich habe gesagt: „Wenn das in Berlin passiert, ich muss zurück." Da sagte Lisa: „Gut, ich auch. Dann gehen wir beide zurück." Wir haben es einfach nicht ausgehalten. Da werden Leute verhaftet, für die wir eigentlich nicht lebten, aber es war einfach ein zu großer Zusammenhalt gewesen. Jetzt hörst du, da wird einer nach dem anderen verhaftet. Dann sind wir nach Berlin zurück und ich hatte nichts mehr mit der Gestapo zu tun, das ging über die Bühne. Komischerweise regte sich da überhaupt nichts mehr. Und dann hat Heinz bei Eglers angerufen, was eigentlich auch unvorsichtig war, aber er wusste eben gar nicht mehr, was er machen sollte. Er holte uns direkt am Bahnhof ab und sagte: „Mein Gott, was soll ich bloß machen? Cato ist verhaftet. Der ist verhaftet. Die ist verhaftet." Alle möglichen Namen fielen da, die ich vorher nur mal zufällig hörte, aber nicht wusste, um welche Leute es sich wirklich handelte.

Dann hat er gesagt: „Was mache ich jetzt? Was geschieht mit mir?" Ich habe naiv gesagt: „Du musst versuchen, in die Schweiz zu kommen." Da hat er gesagt: „Willst du, dass die mich erschießen? Die erschießen mich." Ich sagte: „Was denkst du sonst, was die mit dir machen, wenn sie dich erwischen? Die erschießen dich sowieso. Das weißt du auch. Nicht nur an der Grenze. Das wird passieren, wenn du nicht irgendwo noch hinkannst." Da sagte er: „Ich habe noch einen Bekannten. Das könnte ich noch versuchen." Dann sind wir erstmal kreuz und quer durch Berlin gefahren, weil wir immer das Gefühl hatten, wir werden beobachtet. Sie haben ihn ja bis zum Schluss draußen gelassen. Er war einer der letzten, die sie verhafteten. Um zu sehen natürlich, an wen er sich noch wenden wird.

„Vielleicht haben wir noch nicht alle." Wir sind also hin und her und haben uns erstmal in ein Café gesetzt, um uns zu beruhigen. Er sagte: „Naja, hier ist noch ein Bekannter, ihr kennt den auch. Da gehe ich mal hin. Eventuell weiß der noch mehr." Ja, wir sind da hingegangen und haben geklingelt. Da machte keiner auf und er sagte: „Der kann doch nicht auch schon verhaftet sein." Da sind wir zurückgegangen in dieses Café und Heinz schrieb auf einen Zettel die Telefonnummer von Lisa auf. Der Bekannte möge sich da umgehend melden.

Wir sind zurückgegangen zu dieser Wohnung und da schob er den Zettel so unter die Tür, dass man noch ein bisschen weiß sah und dann sind wir zurückgegangen. Heinz sagte: „Vielleicht hatte der Angst zu öffnen in dem Moment. Aber er wird ja wohl öffnen und dann wird er den Zettel finden und sich melden. Auf jeden Fall warten wir noch eine Weile ab." Wir hatten uns dann wieder in dieses Lokal gesetzt und nach einer Weile sagte ich: „Heinz, wir müssen zurück." Da sagte er: „Warum?" Ich sagte: „Das mit dem Zettel war keine gute Idee." Also gingen wir zurück und der Zettel war weg. Und es hat wieder keiner aufgemacht. Nun waren wir vollkommen ratlos. „Ja", sagte er, „was ist das für ein Mann?" Da sagte ich: „Das fragst du mich? Ich kenne ihn durch euch. Wo habt ihr ihn kennen gelernt?" „Naja, Cato hat ihn kennengelernt, im Romanischen Café. Wo sonst?" Dann haben wir uns groß verabschiedet. Er sagte, er hätte noch eine Unterkunft, wo er hinkönnte. Er hat aber nicht gesagt, wo. Er sagte, er würde uns aber auf jeden Fall noch einmal anrufen. Und er würde sagen: „Könnt ihr mir helfen? Ich muss die Großmutter umbetten. Die ist ja so krank und könnt ihr mir dabei helfen?" Er sollte dann irgendwie durchblicken lassen, wo wir ihn treffen könnten.

Ich habe nie wieder etwas von ihm gehört. Inzwischen war er verhaftet. Er ist also gar nicht mehr in diese Wohnung gekommen, wo er glaubte, noch eine Zeit lang Zeit zu haben, um noch was Anderes zu machen. Ich weiß es nicht. Er hat sich nie wieder gemeldet.

Als wir uns von Heinz trennten, einen halben Tag später, da sagte ich morgens am Telefon zu Lisa: „Bitte, wir müssen uns unbedingt treffen." Dann kam sie und ich habe gesagt: „Ich muss auf jeden Fall verschwinden." Und da sagte Lisa: „Wo willst du hin?" Ich sagte: „Zu meinen Eltern nach Polen." Da sagte sie: „Da komme ich mit." Da sind wir also mit Sack und Pack, haben noch die Lieblingsbücher, die wir hatten, ein paar Schallplatten, die wir liebten, eingepackt. Mit diesem Koffer mit Henkeln, der steht heute noch da *[zeigt aus dem Bild]*.

Da sind wir beide losgezogen mit diesem Koffer in die Nähe von Gnesen, Gniezno oder wie das heißt. Und sie wurde sofort aufgenommen von meinen Eltern. Dann waren wir eine ganze Weile zusammen. Und jetzt kommt das Komische. Wir waren vielleicht eine Woche da, als ich merkte, dass mein Vater eigentlich dasselbe machte wie wir vorher in Berlin: nämlich umbetten. Und zwar mit zwangsrekrutierten Polen, die in Posen eingesetzt waren. Das ist ja nicht weit von der deutschen Grenze entfernt. Und manche hielten es eben nicht aus oder hatten was angestellt, jedenfalls mussten die weg. Da gab es einen Mittelmann und dann haben die gesagt: „Geh zum Casella. Der lebt da und da und da." Dann wurde der da untergebracht für ein paar Tage. Die meisten kamen von weit her, von Warschau aus der Gegend. Da ging die gleiche Geschichte eigentlich wieder los. Nun gab es keine Lebensmittelkarten. Da mussten wir eben versuchen, sie selbst durchbringen. Da war keine Cato mehr mit einem Kuvert.

KATJA MEIROWSKY, UM 1943
Quelle: Privatbesitz

Saskia von Brockdorff während der Dreharbeiten, 6. Mai 2018
Kamera: Stefan Roloff

„UND DA FAND ICH DEN BRIEF: EINEN ABSCHIEDSBRIEF MEINER MUTTER AN MICH.“

SASKIA VON BROCKDORFF

Ich möchte mit dir heute über meine Mutter sprechen, Erika Gräfin von Brockdorff, die in der „Roten Kapelle" tätig war und von den Nazis 1943 ermordet wurde.

Sie kam eigentlich vom Land, beziehungsweise aus einer Kleinstadt in Pommern und hat wohl unter dieser Enge dort sehr gelitten und ist deshalb nach Berlin gegangen. In Berlin hat sie Verschiedenes gemacht, schließlich noch eine Ausbildung zur Stenotypistin und Sekretärin. Meinen Vater hat sie, glaube ich, Mitte der 1930er Jahre kennengelernt. Ich wurde im Oktober 1937 geboren.

Darüber, was die „Rote Kapelle" im Einzelnen gemacht hat, ist sehr viel spekuliert worden und viel weiß man auch nicht. Aber eine Tatsache ist, dass die Funkversuche aus unserer Wohnung unternommen wurden, von Hans Coppi in erster Linie. Da bot sich unsere Wohnung sehr an. Das war eine Atelierwohnung im 4. Stock. Die Leute im Haus, auch der Blockwart, waren gewöhnt, dass öfter mal fremde Leute kamen und er soll immer, wenn es mal besonders laut stark zuging, gesagt haben: „Ach ja, die Herren Künstler." Denn sie haben in der Atelierwohnung auch Feste gefeiert. Das war also nicht so, dass sie nur streng im Widerstand tätig gewesen wären. Sie waren junge Leute.

Sie haben gern Wochenendfahrten in Faltbooten und Zelten gemacht. Was wiederum auch sehr günstig war, denn da brauchten sie nicht so sehr zu fürchten, von irgendjemandem gehört zu werden. Da konnten viele Absprachen ganz locker getroffen werden.

Meine Mutter war sozusagen die Gastgeberin für diese Funkversuche und auch Diskussionsrunden. So hat sie sich dann auch bei der Gestapo gezeigt. Sie hat gar nichts Wesentliches preisgegeben, sondern hat manchmal sogar die unbedarfte Hausfrau gespielt, wenn sie gefragt wurde: „Ja, an einem Tag waren doch die und die Personen bei Ihnen. Worüber hat man denn gesprochen?" Dann hat sie auch mal gesagt: „Ja, ach, das weiß ich gar nicht mehr so genau. Ich war ja öfter in der Küche und habe Kaffee und Tee nachgebrüht."

Sie war den Vernehmern gegenüber nach all dem, was ich weiß, sehr souverän. Sie hat sich von der Gestapo und von ihren Vernehmern nicht einschüchtern lassen.

Sie ist im September 1942 verhaftet worden. Zusammen mit Mildred Harnack war ihr Prozess im Dezember, aber Hitler hatte sich vorbehalten, die Unterlagen der Prozesse und die Urteile selbst zu sehen. Also, sie bekamen beide zehn Jahre Zuchthaus und er hat draufgeschrieben: „Neuverhandlung", sodass der Militäroberrichter Roeder sofort verstanden hat, was von ihm verlangt wurde: nämlich ein Todesurteil. Und das hat sie Mitte Januar 1943 bekommen.

Das allererste, woran ich mich erinnere, ist, dass ich in meinem kleinen Gitterbettchen liege und ein Bild gegenüber angucke. Und dieses Bild war ein kleines Mädchen in einer Rötelzeichnung von Rubens. Das hatte mein Vater aufgehängt und das hat mich sehr interessiert. Da habe ich öfter hingeguckt.

Also, ich kann mich an meine Mutter gar nicht so stark erinnern, weil ich vom zweiten bis zum sechsten Lebensjahr immer wieder längere Zeit bei meinen Großeltern in Pommern war.

Ich kann mich an eine Sache erinnern, die aber für mich nicht so positiv war. Die Großeltern verwöhnten mich ziemlich, mindestens der Großvater. Wenn ich kein Gemüse zum Mittagessen essen wollte, konnte ich das stehen lassen und kriegte seinen Pudding. Das machte meine Mutter nicht mit. Als ich wieder in Berlin war, hatte sie so ein kleines Töpfchen und wenn ich was nicht essen wollte, wurde das da reingetan, abends aufgewärmt und dann wurde das gegessen.

Also, sie war in ihrem Verhalten auch mir als Kind gegenüber sehr konsequent. Ansonsten ist das eben so schade und das hat mir auch Jahrzehnte lang großen Kummer bereitet, dass ich sehr wenig Erinnerung an sie habe. Also viel stärker an meine Großeltern als an sie.

Meine Mutter hat mich, und das war damals noch eine relativ längere Reise mit der Eisenbahn, zu meinen Großeltern gebracht, weil sie ja berufstätig war. Ob das vor oder nach 1939 war, weiß ich nicht genau. Denn mein Vater wurde 1939 gleich eingezogen und sie war berufstätig. Das war dann für mich schwierig. Aber es gibt Bilder, auf denen ich vielleicht zweieinhalb- oder dreijährig an ihrer Hand bin, in Friedenau irgendwo. Und da gibt es auch eine Aussage von Greta Kuckhoff, dass sie sich erinnert, wie wir da beide abends vergnügt wieder ankamen. Also muss ich doch eine Zeit lang in einem Kindergarten gewesen sein und meine Mutter hat mich da morgens hingebracht und nachmittags wieder abgeholt.

Damals war das natürlich schwieriger, zumal die Kinderbetreuung noch nicht so umfänglich war wie heute. Aber vielleicht hatte meine Mutter auch noch eine andere Absicht. Denn 1939, nach dem Überfall auf Polen, hatten sich die Freundesgruppen von der „Roten Kapelle“ doch geeinigt: sie wollten was Aktives tun. Sie wollten nicht nur untereinander ihre Gegnerschaft zum Naziregime artikulieren. Sie wollten auch was machen. Und ich weiß, dass ich 1943, als meine Mutter erst verurteilt und dann hingerichtet wurde, bei meinen Großeltern war und dort auch in die erste Klasse gegangen bin.

Mein Vater hat, nachdem meine Mutter hingerichtet wurde, nochmal geheiratet, aber vorher hatte er mich, schon in Soldatenuniform, von meinen Großeltern abgeholt. Warum ich nicht bei ihm bleiben konnte, verstehe ich bis heute nicht, aber es ist so gewesen. Er hat mich dort abgeholt und irgendwo hingebracht und ich war auf einmal in einem Nazikinderheim. Da habe ich irgendwie eine Gedächtnislücke. Dieses Nazikinderheim war ziemlich schrecklich.

Die Nazidoktrin war ja, dass Kinder mit Härte erzogen werden sollen. Einmal hatte ich Bauchschmerzen und wollte das Mittagessen, das bestand aus Hering und Pellkartoffeln mit irgendwas, nicht essen. Man hat mich gezwungen, das zu essen und dann habe ich mich übergeben. Und dann hat man mich gezwungen, das zu essen, was ich ausgespuckt hatte. Das ist natürlich ein Ereignis, prägend fürs ganze Leben. Ja, also ich kann heute noch keinen Fischgeruch riechen und ich kann auch nichts essen, wo auch nur ein Minimum an Fisch drin ist.

Dann hat mein Vater eine Frau aus einer Nazifamilie geheiratet, Isolde Urban. Sie hatte natürlich die Handhabe, mich aus dem Kinderheim rausholen zu können. Da war ich auch sehr froh drum. Allerdings kam ich in eine Großfamilie. Die Eltern von Isolde Urban hatten ihre Wohnung durch einen Bombenangriff verloren und die saßen jetzt alle zusammen in der Wilhelmshöher Straße, aber nicht oben in der Wohnung, sondern unten im zweiten Stock. Das war dasselbe Haus, in dem wir oben in der Atelierwohnung gewohnt hatten, wo auch meine Mutter verhaftet wurde.

Aber ich muss sagen, mein Vater war auch, das kann man sich heute gar nicht mehr vorstellen, zweimal etwas länger auf Urlaub. Einmal habe ich ihn miterlebt. Da hatte er wohl einen Knieschuss gehabt und war im Lazarett in Berlin. Er hat es dann geschafft, durch irgendwelche guten Verbindungen, statt im Lazarett, als die Wunde schon geschlossen war, die Zeit zu Hause zu verbringen. Da erinnere ich mich noch, dass wir beide löschen mussten, denn auf unsere Treppe war eine Brandbombe. Wir wohnten oben im letzten Stock, also rechts

waren schon die Bodenräume. Er hat mich dann dazu gebracht, einen Sprung über diese zwei Stufen zu machen, damit ich den Lichtschalter festhalten und er die Stufe löschen konnte. Das war auch das einzige Mal, dass er mich sehr gelobt hat. Da wäre ich sehr tapfer gewesen.

Ich hatte irgendwie Sehnsucht nach der alten Zeit. Das muss man so sagen. Das war die Zeit, die ich in Berlin mit meiner Mutter verbracht hatte und wenn mein Vater da war, auch mit ihm. Das war für mich die schöne, gute, alte Zeit.

Obwohl mir das streng verboten war, bin ich mehrmals oben hingegangen und da standen auch noch Sachen. Ich weiß nicht mehr genau, ob die von uns waren, aber für mich war das ein ganz großer Anziehungspunkt. Da stand ein Puppenhaus. Ich habe es auch zwei-, dreimal geschafft oben hinzugehen, komischerweise war es auch offen, ohne dass das jemand rausgekriegt hat. Als dann klar wurde, dass ich das gemacht habe, wurde das natürlich streng verboten und abgeschlossen. Die Wohnung war interessant. Es war der letzte Treppenabsatz, rechts gingen schon die Bodenräume ab. Es war eine winzige Küche, für damalige Verhältnisse studentisch, muss ich sagen. Da gab es ein Regal mit einem Vorhang davor, dahinter waren Geschirr und Töpfe. Jetzt weiß ich nicht, wie groß der Herd war, ob das ein normaler Herd war oder ob das nur so zwei Platten waren, ob das elektrisch oder Gas war. Dann kam man in einen ziemlich großen Raum. Das war der Atelierraum mit einem großen, schrägen Dachfenster. Davon ging ein Badezimmer ab, das sogar mit Badewanne war. Und dann gab es noch so eine Tür, wo man Sachen verstauen konnte, schon in den Bodenraum rein. Ich hatte mein Zimmerchen, das war auch so seltsam geschnitten. Es gab eine Tür zum Wohnzimmer, aber es war so eine Ausbuchtung, da passte gerade mein Gitterbett rein. Dann gab es einen kleinen Gang und dann wurde das noch mal größer. Das war ein richtiges Zimmer mit einem Fensterband und da hatte ich auch ein Regal. Mein Vater war zeitlebens ein Anhänger von Regalen. Da waren meine

Spielsachen drin und dann hat er noch ein Bett hingestellt, denn später wurde ich zu groß für das Kinderbett. Und dann war da noch ein Tisch mit einer Messingplatte und unten ein Glaskasten. Ich weiß noch, dass das Zimmer eine Tapete hatte mit Papageien darauf, denn ich habe dort mal krank gelegen. Also, ich habe oft an diese Wohnung gedacht, denn das war für mich irgendwie die heile Welt.

Ich war dann eigentlich bis 1946, als mein Vater kam, in dieser Familie Urban. Greta Kuckhoff wohnte allerdings im anderen Flügel. Das Haus war wie ein U gebaut und ich war nach 1945, als Greta Kuckhoff auch wieder aus dem Gefängnis da war, ziemlich oft bei ihnen.

Naja, die Urbans haben sich natürlich nicht getraut, es war ja eine neue Zeit, mir zu verbieten, zu Greta zu gehen. Vielleicht waren sie auch ganz froh, denn ich glaube schon, dass ich kein einfaches Kind war.

Außerdem war ich mit Gretas Sohn, mit dem Ule, schon befreundet, als wir noch kleiner waren. Ich glaube, man nennt das ein Sandkastenverhältnis. *[lacht]* Ich habe in Briefen von meiner Mutter gefunden, dass sie beschreibt, dass sie und Greta zwei Tage in einer Zelle zusammen waren, sich über ihre Kinder unterhalten und sich Sorgen gemacht haben. Meine Mutter hatte das Todesurteil. Ich glaube, Greta hat es später auch bekommen, aber aus welchem Grunde es nicht vollzogen wurde, weiß ich nicht. Jedenfalls hatten sie sich gegenseitig versprochen, sich um das andere Kind zu kümmern, falls eine Mutter nicht mehr da ist und es wie ein eigenes zu behandeln. Das war auch der Hintergrund, warum Greta sich sehr um mich gekümmert hat, zum Beispiel auch den Antrag gestellt hat. Also Leute, die Überlebende der Nazizeit waren, konnten Hilfen bekommen, von dem sogenannten OdF, Opfer des Faschismus. Das war in erster Linie eine soziale Einrichtung, um Leuten, die aus den KZs und Gefängnissen kamen, irgendwie wieder ins Leben zurückzuhelfen. Ich habe im Landesarchiv von Berlin den Antrag gefunden und den hatte Greta Kuckhoff unterschrieben. Da war mein Vater noch gar nicht da gewesen. Das muss also so um 1945 gewesen sein. Ich erinnere mich auch, dass mich Greta Kuckhoff einmal zu einem amerikanischen Kindergeburtstag nach Dahlem mitgenommen hat. Es war Sommer und wir fuhren im offenen Jeep durch Berlin. Ich fühlte mich wie eine Prinzessin.

Ich hatte vor Greta auch fast ein bisschen Angst, denn, das konnte ich als Kind nicht so nachvollziehen, aufgrund ihrer Erlebnisse war sie auch recht hart geworden. Mit mir war sie nie unfreundlich, aber ich hätte mich zum Beispiel nicht getraut, in ihrer Wohnung irgendwas zu machen, was nicht richtig war. Ganz schlimm war die Verlockung um Ostern 1946. Ule hatte von irgendeinem Amerikaner ein großes Schokoladen-Ei gekriegt, vielleicht zwanzig, dreißig Zentimeter groß und es stand mitten auf dem Esstisch. Sie hatten so einen großen runden im Atelier und ich hätte so gerne davon was genascht, aber ich habe mich nicht getraut.

1946 kam mein Vater aus der Kriegsgefangenschaft und landete nun in dieser Wohnung, in der die Großfamilie lebte. Der Großvater war gestorben. Abgesehen davon, dass ihm die politische Ausrichtung der Familie nicht zusagte, wollte er auch nicht in diesem Frauenverein leben. Er hat sich wohl auch, denke ich, durch den Krieg sehr von Isolde entfernt. Also, die Ehe war auch nicht mehr das Wahre. Das kriegte ich aber alles nur ein bisschen gefühlsmäßig mit. Wir kriegten dann eine Wohnung über den OdF zugewiesen, in Schöneberg in der Neuen Ansbacher Straße. Das war eine schreckliche Wohnung insofern, als sie düster und kalt war. Es war so eine alte Berliner Wohnung mit einem riesengroßen Berliner Zimmer und am anderen Ende der Wohnung war dann erst das Badezimmer. Mit riesen, hohen Kachelöfen, man kriegte die Räume nicht warm. Aber mein Vater hatte sich frauenmäßig schon anders orientiert und war fast nie da.

Der Kontakt zu Greta Kuckhoff brach ab, als wir in die Ansbacher zogen. Ich habe festgestellt, dass mich mein Vater eigentlich von den Überlebenden, die ich kannte, systematisch ferngehalten hat. Ich lebte dann mit der Isolde. Ich weiß bloß, dass ich irgendwie von ihm und von der Eva Lippold abgeholt wurde, mit der er sich inzwischen zusammengefunden hatte. Sie war auch Widerstandskämpferin gewesen, in Magdeburg in einer kommunistischen Gruppe und hatte neuneinhalb Jahre im Zuchthaus gesessen. Und ich kam nach Sacrow. Das ist ein Jagdschloss in der Nähe von Potsdam. Ich war dort das einzige Kind. Wie mich mein Vater da reingebracht hat oder die Eva, weiß ich nicht. Eigentlich waren das alles Leute, die mir uralt erschienen, waren sie aber gar nicht, die aus KZs oder Gefängnissen kamen. Die sollten sich da ein bisschen erholen.

Es gab einen Menschen, ich weiß seinen Namen nicht, der nun der Meinung war, irgendjemand müsste sich um das Kind kümmern. Also darauf achtete, dass ich abends ins Bett ging, dass ich mich gewaschen und Zähne geputzt habe – alles so Sachen, die Kinder nicht gerne machen. Er hat mit mir öfter Spaziergänge hier in dem Park gemacht, aber es war wie gesagt Winter und die Bäume waren kahl. Aber da erinnere ich mich eben auch an die Heilandskirche vorn an der Landspitze. Komischerweise erinnere ich mich nur sehr vage. Unten war ein großer Kamin, da haben wir oft gesessen. Da wurden irgendwelche halben Baumstämme reingelegt, denn es war wahrscheinlich schwierig, das Schloss unter den Bedingungen zu beheizen. Oben waren Korridore mit einzelnen Zimmern, aber wenn ich heute hingehen würde, ich würde das Zimmer nicht wiederfinden, in dem ich nun geschlafen habe. Es fühlte sich schlimm an, in so einem Zimmer allein zu schlafen, denn vorher war ich ja immer von Leuten umgeben. Ich bin dann irgendwann ausgebüxt und nach Hause gefahren.

Die Menschen, mit denen ich dort umgeben war, machten auf mich alle, wie soll ich sagen, einen verstörten Eindruck. Sie wirkten krank, sie wirkten blass, sie waren nicht besonders mitteilsam. Ich bin dann abgehauen, weil ich mich in dieser Gesellschaft nicht dazugehörig fühlte. Ich war auch irgendwie ein Fremdkörper da. Es gab für mich keinen wirklichen Ansprechpartner. Da schien mir die Gesellschaft der Großfamilie Isoldes immer noch besser, beziehungsweise nachher in Schöneberg unsere düstere Wohnung.

Wie ich dort abgehauen bin, kann ich mich nur noch an den Bahnhof Westkreuz erinnern. Westkreuz war für mich auch insofern ein Erlebnis, weil der auf zwei Ebenen ist und das hatte sich mir eingeprägt, diese Stahlelemente oder Eisenelemente auf dem unteren Bahnsteig. Ich muss schwarzgefahren sein. Geld für eine S-Bahn-Fahrkarte hatte ich gar nicht. Aber wahrscheinlich ist so ein Kind auch gar nicht aufgefallen, wenn das mit irgendjemandem durch die Sperre gegangen ist. Ob ich so clever war, weiß ich nicht. Jedenfalls stand ich auf einmal nun wieder in Schöneberg in unserer Wohnung und mein Vater, der da irgendwann nochmal auftauchte, war sehr ärgerlich darüber. Es dauerte nicht lange und man verfrachtete mich nach Caputh in ein Kinderheim. Ich habe mich später mit dem Holocaust beschäftigt und habe bei einer Geschichte festgestellt, dass das wahrscheinlich das jüdische Kinderheim war, das die Nazis 1938 oder so versucht hatten zu plündern. Die Erzieherinnen haben es geschafft, mit den Kindern in den Wald zu fliehen. Das erschien mir, als ich das gelesen habe, eine sehr interessante Parallele zu meinem Leben zu sein. Aber Caputh war nun ein richtiges Kinderheim mit Erzieherinnen und mit Disziplin und so.

Neun Jahre muss ich alt gewesen sein. Das waren in erster Linie Gleichaltrige und es gab dort Gott sei Dank auch nicht so riesen Schlafsäle. Denn das war wohl ursprünglich mal ein Privathaus gewesen. Jedenfalls waren wir zu zweit in einem Zimmer. An das Mädchen erinnere ich mich gar nicht mehr.

1948, fällt mir jetzt wieder ein, war ich noch drei oder vier Monate in Dänemark. Da waren wir lauter Kinder von Überlebenden der Nazizeit: zehn aus Berlin und ich weiß nicht, zwanzig aus Hamburg und dem Ruhrgebiet. Die Berliner waren mit Carl Raddatz gefahren. Da war Hans Coppi dabei, da war die Bärbel Saefkow dabei. Hans und Bärbel waren noch klein. Die waren vielleicht vier Jahre jünger als ich und Ule war so mein Alter. Da haben wir eine sehr schöne Zeit, drei Monate, in Dänemark verbracht, eingeladen von irgendeiner Friedensgruppe. Untergebracht waren wir in dem Erholungsheim einer berühmten dänischen Reederei, die das Erholungsheim im Winter nicht unbedingt brauchten. Da wurden wir richtiggehend aufgepäppelt. Das einzige Schlimme war jeden Morgen ein Löffel Lebertran. *[lacht]* Aber das musste sein und es war sicherlich auch sehr vernünftig, denn ich hatte im Sommer 1946 erst die Ruhr und dann später eine ganz schlimme Furunkulose. Gegen all diese Erscheinungen der Mangelernährung, die wir hatten, war der Lebertran zusammen mit Porridge und Milch genau das richtige. Das war eine schöne Zeit, die man uns da beschert hat und ich war traurig, als wir zwischen Weihnachten und Neujahr wieder nach Hause fuhren.

Meine Eltern waren beide berufstätig. Die Ernährungslage in Deutschland war schlecht. Ich war ein Schlüsselkind, ging in Hermsdorf zur Schule und kriegte denn mittags irgendwas hingestellt. Oft genug war das ein Teller mit drei, vier Esslöffeln Sirup darauf und einem Stück Brot.

Ich erinnere mich noch, die Erwachsenen diskutierten eines Tages irgendwas und ich sagte zu meinem Vater: „Was ist denn ein Trotzkist?" Die hatten über Jugoslawien gesprochen und ich hatte nur „Tito ist ein Trotzkist" gehört und dachte, ein Trotzkist wäre jemand, der in eine Kiste eingesperrt wird, weil er trotzig gewesen war. *[lacht]* Eine kindliche Interpretation. Sie haben auch noch versucht, irgendwelche Sachen gegen die französische Besatzungsmacht zu machen.

Mein Vater arbeitete inzwischen beim Ministerium für Hoch- und Fachschulwesen und ich ging natürlich nicht mehr im Westen zur Schule, sondern wurde in Pankow eingeschult. Wir sind 1948 nach Glienicke gezogen und 1949 hatten sie mich in dem Internat angemeldet. Da bin ich dann im September 1949, das weiß ich nun zufälligerweise, weil in der DDR der Schulanfang schon im September war, nach Keilhau bei Rudolstadt ins Internat gekommen. Da war ich von 1949 bis 1951 Weihnachten.

Und dann war es so: Wir durften das Gelände des Internats nicht verlassen. Es gab zwar einen Sportplatz, aber raus ging es eigentlich bloß, wenn wir nach Rudolstadt zum Kino gingen und das waren natürlich DDR-gerechte Filme. Dann mussten wir stramm marschieren. Nach Rudolstadt waren es, glaube ich, zehn Kilometer. Ich weiß, dass wir einmal neunmal „Spaniens Himmel breitet seine Sterne" gesungen haben und statt uns zu erklären, wie dieses Lied zustande gekommen ist, hieß es bloß, wir haben es zu singen. Dann mochte es keiner mehr.

Es gab montags natürlich einen Morgenapell, wir waren alles stramme, junge Pioniere. Jeden Samstag war Schrankkontrolle und mein Schrank war nicht immer so gut aufgeräumt, wie er es hätte sein müssen. Das war dann natürlich sehr unangenehm, wenn man vor 120 Mitschülern im Speisesaal als unordentlich angeprangert wurde. Wir durften da nicht raus. Dann habe ich das nach Hause geschrieben und wurde dann auch im Speisesaal angeprangert. Da kam nämlich raus, dass unsere Briefe kontrolliert wurden. Aber immerhin hatte dieser Zwergenaufstand von mir den Vorteil, dass wir dann raus durften. Zwar wurde genau aufgeschrieben, von wann bis wann man draußen war, aber man durfte jetzt das Internat verlassen. Das war natürlich ganz schön. Das war aber schon in der letzten Hälfte meines Aufenthalts dort. Denn als ich 1951 zu Weihnachten zu Hause war, wir konnten nur in den großen Ferien und Weihnachten nach Hause fahren, hatte mein Vater beschlossen, ich sollte nicht wieder zurück.

Das war für mich insofern schwer, als alle meine Sachen dortblieben. Vor allem eine Kuh aus blauweiß kariertem Stoff mit rosa Filz-Euter und rosa Schnauze vorne, die hatte meine Mutter noch mit meinem Vater zusammen entworfen und sie hatte sie genäht. Sie konnte wunderbar nähen. Sie hat auch ihre Bekleidung und meine selber genäht. Und das blieb nun dort. Das konnte ich nicht verstehen und mein Vater hat natürlich auch nichts gesagt. Ich habe erst viele Jahre später erfahren, dass er für ein halbes Jahr die Kosten für die Unterbringung dort schuldig geblieben war, obwohl er als Funktionär bestimmt viel mehr verdiente, als andere Leute. Dann durfte ich nicht zurück und meine Sachen blieben da. Das ist eben auch so ein Zeichen, wie mein Vater mit dem Erbe meiner Mutter umgegangen ist. Ich hatte nichts von meiner Mutter, gar nichts, als Kind und Jugendliche, kein Erinnerungsstück.

Ich habe keine konkrete Sehnsucht nach meiner Mutter gehabt, weil ich mich wahrscheinlich mit der Tatsache abgefunden hatte, dass sie ermordet worden ist. Aber ich hatte eine Sehnsucht nach einer Mutter. Und weder Isolde Urban, die ja auch berufstätig war als Apothekerin und ihre Großfamilie, noch Eva Lippold waren für mich Mütter. Ich war dann immer wieder auf der Suche und ganz schlimm war für mich das eine Jahr im Internat. Da haben meine Eltern nicht erlaubt, dass ich in den großen Ferien nach Hause komme. Im Internat herrscht so ein freudiges Gesumme und Gebrumme, wenn die Ferien anfangen und es nach Hause geht, wie in einem Bienenstock. Die freuten sich alle, nach Hause zu kommen und ich musste dableiben. Das habe ich kurz bevor die Ferien anfingen erst erfahren. Meine Eltern hatten etwas Besseres vor, so nach dem Motto. Das bestätigte mich eigentlich auch in dieser immer wehrenden Suche nach einer Mutter. Deswegen habe ich das angenommen, als ich in Berlin zurück war und Greta Kuckhoff mich manchmal eingeladen hat, am Wochenende zu ihr zu kommen. Ich wurde dann auch mit dem Auto abgeholt. Greta Kuckhoff war inzwischen in der DDR Direktorin der Notenbank geworden. Sie war ja von Hause aus Ökonomin. Das waren natürlich tolle Wochenenden mit Ule und ihr und dann hatten wir noch einen Hund und ich bin ja sowieso sehr für Tiere. Das war also eigentlich alles toll, aber das hat mein Vater auch schnell wieder beendet. Es gab dann einen Moment, wo ich gar nicht mehr erfuhr, dass Greta mich eingeladen hatte. Dann war nichts mehr mit abgeholt werden und dort hinzufahren. Mein Leben war dann ein sehr typisches DDR-Kinderleben. Ich war ein Pionier und habe auch irgendwelche Funktionen gehabt, als Kulturbeauftragte unserer Pioniergruppe und solche Sachen. Ich war davon auch überzeugt, so war ich ja von meinem Vater erzogen worden. Der hatte mir, als ich erst elf war, schon das „Kommunistische Manifest" in die Hand gedrückt. Das musste ich lesen und das Wichtige unterstreichen, mit Lineal und Bleistift.

Ich war erst in der 8. Klasse und kam dann auch zur Oberschule. Natürlich. Bei der Mutter war das überhaupt kein Problem, wenn auch mein Vater nicht aus Arbeiter- und Bauernkreisen stammte. Ich habe wohl immer in der DDR einen Bonus durch meine Mutter gehabt. Das war mir bloß nicht bewusst, aber über sie wusste ich nichts. Als ich meinen Vater dann mal gefragt habe, war ich so ungefähr 14/15. Ich habe also gefragt: „Warum ist meine Mutter ermordet worden? Was hat die ‚Rote Kapelle' gemacht?" Da hat er gesagt: „Wir haben den sowjetischen Genossen versprochen, darüber nicht zu sprechen, darüber zu schweigen. Der Kampf ist ja noch nicht zu Ende." Das war ein ausgesprochenes Totschlagargument und außerdem natürlich Kalter Krieg pur.

Ich war immer öfter mal alleine. Sie fuhren irgendwohin und dann stöberte ich im Haus nach. Dann fand ich Bilder von mir und meiner Mutter. Da habe ich mir einige geklaut, denn er gab sie mir nicht freiwillig. Ich fand zum Beispiel auch ein Heft, das hieß das „Kochbuch für die Kochkiste", das hatte die „Rote Kapelle" gemacht. Es war ein Quartheft und da waren

auch Kochrezepte drin. Die „Kochkiste" war eine Überlebensstrategie, sowohl im Krieg bei den vielen Stromausfällen als auch nachher bei der Luftbrücke im Westen. Aber innen drin, ganz in der Mitte, war ein Flugblatt von der „Roten Kapelle". Ich meine, wir würden uns alle wahnsinnig freuen, wenn das heutzutage in der Gedenkstätte gezeigt werden könnte. Mein Vater hatte es irgendwohin verschlampt, ich weiß nicht wohin.

Ich habe es gefunden, aber ich habe nicht begriffen, dass er das so wenig achtet und ich es an mich nehmen sollte. Vielleicht war mir in dem Moment die Brisanz gar nicht klar. Jedenfalls war von meiner Mutter eigentlich nichts mehr da, außer einer Brosche und die trug dann die Eva Lippold.

Ich habe den Westen jetzt nicht so personalisiert: „Da sind die Mörder meiner Mutter." Aber da waren die Faschisten, da waren die Revanchisten und dann kam später noch etwas dazu. In der Oberschule war es so, dass sie uns gezielt nach West-Berlin geschickt haben, um irgendwelche Flugblattaktionen zu unternehmen. Das war in der Jungfernheide. In dem Park waren wir mit irgendwelchen Flugblättern unterwegs, die wir da verteilen sollten. Dann hat uns die Polizei eingekreist, aber die haben uns nichts getan. Die haben uns bloß mit einem Mannschaftswagen auf irgendein Revier geschafft und dann waren wir in der Zelle. Wir waren vielleicht so 15 Jugendliche aus der DDR. Dann haben wir sofort überlegt: Was müssen wir denn nun tun, um uns richtig zu verhalten? Dann haben wir erstmal unsere S-Bahn-Fahrscheine gekaut, denn die sollten nicht wissen, dass wir aus dem Osten kommen. Das wussten die doch aber längst. Sie haben uns da einen ganzen Nachmittag behalten und abends sind wir zur Grenze gefahren worden, sogar in die Nähe von irgendeiner S-Bahn und konnten wieder nach Hause fahren.

1953, am 17. Juni, hatte ich nicht das Gefühl, dass da ein Arbeiteraufstand stattgefunden hätte. Es war bloß unangenehm, weil wir Angst hatten. Es gab eine Ausgangssperre. Mein Vater war von irgendeiner Parteisitzung noch nicht zu Hause. Wir hatten zwei, drei Tage keine Schule, aber ich ging in Pankow zur Schule. Da gab es keinerlei Berichte und meine Eltern hörten natürlich auch nicht Westradio. RIAS oder SFB waren strengstens verboten.

Ich war wirklich ein bisschen auf der „Insel der Seligen" einerseits, weil meine Eltern schon privilegiert waren und ich nur durch eine Freundin, die aus ganz einfachen Verhältnissen kam, ein bisschen erfahren habe, wie es den Leuten ging. Sie hat mir zum Beispiel auch erzählt, dass ihr Vater 1945 von der Roten Armee verschleppt wurde und dort in einem Lager umgekommen ist, weil er bei Siemens Ingenieur war und unabkömmlich gestellt war, also nicht Soldat sein musste. Da war so ein Schweigegebot. Sie hat nichts Genaues erzählt. Sie hat bloß gesagt, da hätte ein Nachbar dem Vater übelgewollt und die Russen angelogen und die hätten den mitgenommen und dann sei er da hingebracht worden. Mehr sagte sie nicht und mehr durften die auch nicht sagen. Also über sowjetische Lager, Verhaftungen, Geheimpolizei und sowas herrschte in der DDR ein absolutes Schweigen. Da erfuhr man nichts. Das hat mich alles erst viel später angefangen zu interessieren. Es passiert heute noch, dass ich solche Lagerberichte lese, weil ich mir sage: „Mensch, du hast die DDR nur als eine schöne, heile Welt empfunden."

Ich bin 1953 in einem Zeltlager von unserer Schule gewesen. Da war ich am Ende der 10. Klasse, also sechzehn. Und da habe ich eine versuchte Vergewaltigung durch einen sowjetischen Soldaten miterlebt, an mir. Er hat es zwar nicht dazu gebracht, weil er gestört wurde, aber ihm nachher gegenübergestellt zu werden und diese ganzen Befragungen waren schrecklich. Mein Vater hat ganz absurd reagiert. Die waren in Bansin an der Ostsee, sie hatten da eine Ferienwohnung. Als ich dann dahin kam, fand ich keinerlei Verständnis bei ihm. Es wurde wieder mal unter den Tisch gekehrt.

Ich hatte erstmal mit Männern nichts am Hut. Dann traf ich Mario Pinske wieder, dessen Eltern Georg und Charlotte Pinske am Rande auch zur „Roten Kapelle" gehörten. Und dann ist es passiert. Ich wurde schwanger und das fanden nun meine Eltern ganz schlimm. Also da sind sie so richtig in bürgerliche Verhaltensweisen zurückgefallen. Sie haben beschlossen, es muss geheiratet werden. Als ich schon schwanger war, haben meine Eltern gesagt, sie können nicht mit einem Baby in der Wohnung leben. Meine Stiefmutter war Schriftstellerin und im Schriftstellerverband auch als Funktionärin tätig.

Also, er hat wohl irgendeinen Antrag gestellt: er bei der Volksarmee und der Bonus für meine Mutter und wir bekamen eine Neubauwohnung in Pankow. Die war aber so neu, dass die Wände noch feucht waren. Sehr schnell war eigentlich klar, dass mein Mann nicht wollte. Dass das also bloß eine erzwungene Sache war, um sozusagen den guten Ruf nicht zu schädigen.

Ich war Studentin und wohnte alleine, aber ich hatte in dieser Neubauwohnung zweieinhalb Zimmer. Ich hatte natürlich den Vorteil, dass die Universität eine Kinderkrippe und einen Kindergarten hatte, sodass ich eigentlich relativ unbeschadet mein Studium machen konnte. Bloß, ich wollte gerne Germanistik studieren und die hatten von uns verlangt, Lehrer zu werden. Denn da hatte die DDR statt der achtklassigen Schule eine zehntklassige, die sogenannte Polytechnische Oberschule, eingeführt und dafür brauchten sie unbedingt viele Lehrer. Wann das genau war, weiß ich nicht mehr. Das muss in den 1970er Jahren gewesen sein.

Wir mussten auch allerhand Betriebspraktika machen, denn die Schüler sollten neben dem Unterricht zum Teil auch in Betrieben arbeiten. Da habe ich nun das erste Mal wirklich das Leben von Werktätigen kennengelernt. Das war schon als ich noch mit Manuel schwanger war. Später brauchte ich es, Gott sei Dank, nicht mehr zu machen, weil ich dann das Kind hatte: Schichtarbeit im Fernsehröhrenwerk in Oberschöneweide. Schichtarbeit bedeutete: du musstest in Pankow um halb vier aufstehen, um um sechs in Oberschöneweide zu sein. Das war schon ein hartes Brot und da habe ich das erste Mal gesehen, wie das in den Betrieben so ging. Also, wie auch zum Teil Sicherheitsbestimmungen nicht eingehalten wurden, um das Soll zu erfüllen. Andererseits, wenn wieder irgendein Material nicht da war, standest du einen halben Tag rum.

Die letzte Erinnerung an den Kontakt zu Greta hatte ich eigentlich, als sie noch in Wandlitz sehr schön in einer Villa wohnte. Sie war ganz interessiert an meinem Leben, aber jetzt hatte ich ein Problem. Das Problem bestand darin, dass ich einen Italiener kennengelernt habe, der für mich wirklich die große Liebe war und ist. Wir hatten uns vor der Mauer kennengelernt, aber nun war die Mauer da. Jetzt hatte die Mauer für mich auf einmal auch eine persönliche Bedeutung. Dieses Zusammentreffen mit Greta war einige Monate nach der Mauer. Da war mir inzwischen klargeworden, dass mein Verhältnis zu Franco wegen der Mauer nicht realisierbar sei. Wobei aber Ausländer noch für 24 Stunden in die DDR kommen konnten.

Also, ich sagte zu ihr, dass ich das unmöglich finde, dass die DDR-Regierung so wenig Vertrauen hat und die Bürger nicht reisen lässt, wo wir doch sowieso alle wiederkommen würden. Sie wurde fuchsteufelswild, hat auf das Argument überhaupt nicht reagiert oder jedenfalls nicht so, wie ich dachte, dass sie mir irgendeine Antwort geben würde, sondern sie hat nur den Ule gerufen und gesagt: „Fahr Saskia bitte nach Hause."

Ich habe Greta noch einmal gesehen, das war Anfang der 1980er Jahre. Da wurde im Maxim-Gorki-Theater im Dezember der Hinrichtung von Schulze-Boysen und Harnack gedacht. Ich lebte schon im Westen. Und da bin ich eingeladen worden und das war das letzte Mal, dass ich Greta und Ule gesehen habe. Sie haben aber beide nicht mit mir gesprochen. Sie hatte offensichtlich die gleiche Doktrin wie mein Vater: „Wer die DDR verlässt, ist ein Verräter." Obwohl ich die DDR nachher genehmigt verlassen habe, ich bin nicht abgehauen durch irgendwelche Winkelzüge, hat sie mir das nicht verziehen. Und zwar auch ein bisschen, hatte ich das Gefühl, mit dem Unterton, mein Vater hat das ein bisschen mehr gesagt: ich erweise mich meiner Mutter nicht würdig.

Schon als junger Pionier und dann vor allen Dingen als ich in der FDJ war, wurde mir bei jedem Fehler, den ich machte, gesagt: „Wie kannst du nur bei dieser Mutter?" Bei ganz läppischen Sachen: ich habe irgendeine Hausaufgabe nicht gemacht oder ich habe mal in der Stunde geschwatzt, weil mir langweilig war. Schon kam immer die Ermahnung. Es war immer dasselbe: Ja, ich erweise mich ihrer nicht würdig. Ich kann das doch nicht machen. Ich muss doch ein Vorbild sein und so. Und da ich ein ziemlich impulsiver Mensch bin, war das Vorbildsein für mich quasi unmöglich.

Über meine Mutter wurde zwar nicht gesprochen, aber sie war eine Heldin. Sie ist ja lachend in den Tod gegangen, wie man das so schön damals sagte. Was mir ein bisschen absurd erscheint, weil ich inzwischen auch Briefe von ihr habe, wo sie auch sehr deprimiert über dieses Todesurteil ist. So wurde die „Rote Kapelle" dort angesehen, aber es wurde nicht thematisiert. Es gab nicht irgendwelche Gedenktage. Das war das erste Mal Anfang der 1980er, als ich schon in Münster lebte und dann eingeladen wurde übrigens vom „Komitee für Antifaschistischen Widerstand". Der Brief war unterschrieben von Hans Coppi.

Aber vorher wurde nichts thematisiert. Ich wusste über meine Mutter nichts. Ich durfte nicht böse mit ihr sein, aber ich hatte das Gefühl, verlassen und abgeschoben zu sein. Ich hatte das Gefühl, dass ich für sie nicht so wichtig war. Wichtiger war für sie die politische Idee. Das waren alle meine Gefühle und dadurch war ich total ambivalent. Also, die Bilder, die ich meinem Vater geklaut hatte, da machte sie mir einen ganz lieben Eindruck.

Es gab ein Bild, ich bin da so vielleicht anderthalb und sie sitzt mit mir zusammen im Gras mit einem Hund, wem der gehörte weiß ich nicht, und wir waren alle drei sehr vergnügt. Oder ein anderes Beispiel: Sie hat mich auf dem Arm und ist im Badeanzug und ich bin sehr spärlich bekleidet. Das war eine dieser Wochenendfahrten mit dem Faltboot. Sie haben mich überall mitgenommen.

In Zinnowitz an der Ostsee war 1953 ein Kinderheim nach meiner Mutter benannt worden. Das habe ich 2004 oder 2005 erfahren, von der örtlichen Historikerin. Mein Vater war dort gewesen. Ich habe das nie erfahren. Ich habe auch nicht erfahren, dass es in Leipzig eine Berufsschule gab, die nach meiner Mutter benannt wurde. Ich habe auch nicht erfahren, dass es, ich glaube in Leipzig, auch noch eine kleine Straße gibt. Also gar nichts. Denn mein Vater ließ die Dinge, die an ihn herangetragen wurden, nicht bis zu mir kommen. Wahrscheinlich mit der Angst, wenn ich da irgendwas erfahre, stelle ich wieder Fragen, die er nicht beantworten will.

Meine Mutter war für mich wirklich die große Unbekannte, die mich verlassen hatte. Die mich, in der Endkonsequenz, vielleicht nicht haben wollte. Meine Großeltern waren die Lieben. Sie hatten mich umsorgt und ein bisschen verwöhnt. Und auf meinen Vater hatte ich einen besonderen Groll, weil ich nun durch mein Rumstöbern auch gesehen hatte, dass er jede Menge Fotos von meiner Mutter hatte und mir keine Auskunft geben wollte.

Ich habe was Interessantes in meinen Unterlagen gefunden. Beziehungsweise, in den Unterlagen, die ich nach dem Tod meines Vaters bei ihm gefunden habe. Da gibt es Ausschnitte aus der DDR-Frauenzeitschrift „Für Dich". Das war von 1963, glaube ich. Da sind Briefe von ihr abgedruckt und auch zwei Bilder, die ich nicht kannte. Und da steht, sie hätten einen Brief an meinen Vater veröffentlicht und eine gute Resonanz darauf bekommen. Das war völlig aus meinem Gedächtnis verschwunden, aber das war das erste Mal, wo sie nicht nur heldenhaft dargestellt wurde. Denn sie hat an meinen Vater einen sehr langen Brief schreiben dürfen. Abschiedsbriefe waren den zum Tode Verurteilten erlaubt. Aber da erwähnt sie mich bloß mit einer Zeile und das hat mich jahrelang sehr betrübt und auch ein bisschen ärgerlich gemacht.

Bei mir war das vorherrschende Gefühl, das kann ich vielleicht mit dem einen Satz sagen, den ich mal als junge Frau gesagt habe, als ich Manuel schon hatte: „Ich will nicht mehr die Tochter von Erika von Brockdorff sein. Ich will ich, Saskia von Brockdorff, sein." Wobei noch dazukam, dass, als ich den Personalausweis bekam, mein Vater wollte, dass ich das „von" weglasse. Denn er hatte es weggelassen. Er wollte im Arbeiter- und Bauernstaat nicht unangenehm auffallen. Da habe ich ihm zum ersten Mal gesagt: „Ich heiße Saskia von Brockdorff. So ist meine Mutter in den Tod gegangen und so heiße ich auch." Das war das einzige Mal, dass ich ihm widersprochen und direkt Bezug auf meine Mutter genommen habe.

Als ich meine Stasi-Akte beantragt habe, stellte sich heraus, dass ich mit 18 Jahren tatsächlich mal eine Verpflichtungserklärung abgegeben habe. Das hatte ich, wie die meisten dieser Leute, total vergessen. Ich habe bei dem Ministerium für Nationale Verteidigung gearbeitet und war damals noch total DDR-überzeugt. Eines Tages kriegte ich die Anordnung, naja, in einem Ministerium mit Militärs ist das schon eine Order, ich hätte mich im Block so und so bei dem Zimmer so und so zu melden. Man wollte mit mir ein Gespräch führen. Es blieb mir

nichts weiter übrig als hinzugehen. Ich war ganz blauäugig. Ich habe nicht gedacht, dass der Typ, der da in Uniform vor mir sitzt, nicht Mitarbeiter des Ministeriums ist, sondern des MfS. Dass die überall ihre Leute hatten, wusste ich nicht. In der DDR wurde über das MfS auch gar nicht offen gesprochen. Man redete nur von der „Firma". Man sagte nicht „Stasi" oder so. Das ist alles später gekommen. Erstmal hieß es nur die „Firma". Der hat mir dann ziemlich Honig um den Mund geschmiert und gesagt, es wäre doch gerade der Blick von außen gut und sie würden doch gerne wissen, was in unserer Abteilung so läuft. Ob ich doch angesichts auch, ich weiß nicht, ob er meine Mutter erwähnt hat, aber angesichts meiner Herkunft, glaube ich, nicht bereit wäre, diese Kräfte zu unterstützen, die doch für unseren Staat so notwendig seien.

Also habe ich tatsächlich eine Verpflichtungserklärung handschriftlich geschrieben, aber das hatte ich völlig vergessen, weil ich mich später selber geoutet habe. Was der von mir wissen wollte, das konnte ich ihm zum Teil auch gar nicht sagen. Ich muss also eine sehr unergiebige Quelle gewesen sein. Es gab wohl einen Offizier in unserer Abteilung, mit dem ich aber direkt gar nichts zu tun hatte, der irgendwelche Westverwandtschaft besaß. In diesem Loch bohrte er und dazu konnte ich nichts sagen, weil ich gar nichts wusste. Er hat doch mit mir nicht über seine Westverwandtschaft geredet. Es war für ihn schon schlimm genug, dass er die hatte.

Ich ging dann von dem Ministerium weg und hatte das alles verdrängt. Dann war ich an der Humboldt-Universität. Wie gesagt, ich wollte Germanistik studieren, habe dann aber Lehrer werden müssen und wurde dann noch einmal zur FDJ-Unileitung bestellt. Da wurde ich höflich darauf aufmerksam gemacht, dass ich mich doch verpflichtet hätte und dann wurde nach der Jungen Gemeinde gefragt. Also ich war insgesamt, bis ich mich selber enttarnt habe, eine recht unnachgiebige, unerquickliche Quelle. Das bedeutet bloß nicht, dass nicht irgendwas benutzt wurde, was ich gesagt hatte und das doch jemandem geschadet hat. Ich möchte nicht mit diesen Leuten in einen Topf geworfen werden, die sagen: „Ja ich habe mich verpflichtet, aber ich habe niemals jemandem geschadet." Das konnte man in diesem System nicht wissen.

In meinem Freundeskreis war meine Herkunft überhaupt kein Thema, sondern natürlich meine Ausreise nach Peru. Das war, worum mich alle mehr oder minder beneidet haben und ich weiß nicht, ob manche auch dachten: „Naja, das hat sie wegen ihrer Mutter bekommen." Das kann ich nicht sagen. Ausgesprochen wurde es nicht. Mein Mann hatte in der DDR beziehungsweise in Ost-Berlin, in Weißensee, Architektur studiert und es war eine feststehende Regel in der DDR, dass, wenn man als Ausländer das Studium beendet hat, man sechs Wochen später das Land verlassen haben muss. Dann ging das wirklich noch bis Juni 1970, ehe wir die Ausreise hatten. Es gab noch so bürokratische Hindernisse. Man musste seine Sachen einpacken und musste vierfach Listen schreiben und all solche Sachen. Aber schließlich und endlich war der Termin festgelegt und wir sind über Prag und Rom nach Peru gekommen.

Sowohl in Peru als auch später in der Bundesrepublik, sprich in Münster, in Coesfeld, waren wir damit beschäftigt, unsere Leben wieder in einen normalen Gang zu bringen. Da habe ich an meine Mutter überhaupt nicht gedacht. Das war für mich so eine Art beendete Sache. Ich habe damals ehrlich gesagt noch nicht überlegt, dass ich wahrscheinlich die Ausreise nur wegen meiner Mutter bekommen habe.

Es war nicht leicht, die Ausreise zu bekommen und ich hatte das Gefühl, dass man mich aufgrund meiner Renitenz in gewisser Weise und des Stellens ungeliebter Fragen, lieber los sein wollte. Trotzdem hat die Stasi noch versucht, sowohl bevor wir abgereist sind als auch danach, mich zu benutzen und Kontakt aufzunehmen. Sie hatten wohl die Hoffnung, es könnte noch irgendwas dabei rausspringen. Einen entsprechenden Vermerk habe ich auch in meiner Stasiakte gefunden.

Wann ich das erste Mal etwas über die „Rote Kapelle" gelesen habe, weiß ich gar nicht mehr. Aber mir war klargeworden, dass in den beiden deutschen Ländern, in der DDR und auch in der Bundesrepublik, kontrovers von der „Roten Kapelle" gesprochen wurde. Ich will bloß an diese seltsame Ordensverleihung durch die Sowjetunion erinnern. Das war 1970, da war ich aber schon im Peru. Ich fand es sehr erstaunlich, dass sie auf einmal irgendwelche Orden posthum bekamen. Andererseits waren das in der Bundesrepublik Verräter, Agenten.

Es gab nach 1989 Konferenzen über die „Rote Kapelle", unter anderem auf dem Schloss Liebenberg. Da gab es auch eine Tagung, bei der ich in einer begleitenden Fotoausstellung Bilder von meiner Mutter und mir gesehen habe, die ich nicht kannte. Die selbst in dem, was mein Vater zu Hause versteckt hatte oder rumliegen ließ, nicht waren. Da habe ich dann Professor Tuchel bei einem Mittagessen angesprochen und er hat zu mir gesagt, ich kann in das Archiv kommen und alles sehen. Sie hätten genügend Informationen über meine Mutter. Da habe ich dann gesessen und mich durch die Papiere gewühlt. Es war sehr interessant, weil auch Überlebende, die mit meiner Mutter in einer Zelle tagelang oder wochenweise zusammen waren, sehr positiv über sie gesprochen haben. Und da fand ich den Brief: einen Abschiedsbrief meiner Mutter an mich. Er war aber mit Schreibmaschine geschrieben und deswegen dachte ich, es wäre ein regulärer Brief gewesen. Also, für mich war es, ich weiß nicht, als wenn der Nebel hochgeht und die Sonne erscheint, ja? So kam mir das vor. Jetzt auf einmal waren viele Kümmernisse wie weggewischt.

Da habe ich mir vorgenommen, ich werde bei den Zeitzeugen meine ganze Kraft dafür einsetzen, dass über die „Rote Kapelle" und über meine Mutter anders gesprochen wird.

Damals wusste ich aber noch nicht, dass das ein Kassiber war, den sie einer Frau gegeben hatte. Diese Frau habe ich auch noch lebendig erlebt. Ich weiß nicht, ob sie völlig vergessen hatte, dass sie das Ding hatte oder ob sie mich nicht für würdig hielt. Das muss Mitte der 1990er Jahre gewesen sein, da habe ich Ina Lautenschläger und ihren Mann noch an einem Tisch sitzen sehen. Ich glaube, Hans Coppi hat mich ihnen vorgestellt. Wenn ich das damals schon gewusst hätte... Aber ich wusste nicht, dass sie diesen Kassiber hat und dass sie mir den nicht gegeben hat. Dass das eigentlich bloß in die Hände der Gedenkstätte gekommen ist, weil sie gestorben ist und irgendwelche Nachkommen ihre ganzen Unterlagen der Gedenkstätte übergeben haben. Die Gedenkstätte hat sicher gedacht, wenn sie überhaupt daran gedacht haben, dass ich das weiß.

Dass mir 63 Jahre der Abschiedsbrief meiner Mutter vorenthalten wird, das kann sich keiner vorstellen. Das glaubt man mir manchmal auch gar nicht, aber es ist so.

Sie hat sich sehr viele Gedanken über mich gemacht. Das geht aus dem Brief ganz eindeutig hervor. Sie beschreibt sogar die Gefühle, die sie hatte, als sie mich in der Klinik das erste Mal auf dem Arm hatte. Ich war wirklich ein Wunschkind. Und sie beschreibt auch, dass sie sich viel Sorgen macht, wenn ich nun ohne Mutter aufwachse. Aber ich hätte ja wenigstens den Vater und sie hofft, dass er überlebt. Sie hatte mir, davon gibt es sogar ein Foto, für den Winter einen Anzug aus einer langen Hose und einen Pullover mit Norwegermuster darauf gestrickt. Den hat sie an meine Großeltern geschickt und den habe ich im Winter angehabt. Davon gibt es sogar ein

Foto. Das ist natürlich berührend, wenn sie dann in dem Brief schreibt, dass sie den Pullover und die Hose gestrickt hat. Der ganze Brief ist so liebevoll, dass ich mir, als ich den gelesen hatte, und ich habe ihn mehrmals gelesen, weil ich es erst gar nicht glauben konnte, gesagt habe: Wie konntest du je an ihrer Liebe zweifeln?

Der Stadtbezirk Schöneberg-Tempelhof hatte festgelegt, dass sämtliche neuen Straßen und Plätze nach Frauen benannt werden, weil sie in der Unterzahl sind. Dann haben die Leute, die damit befasst waren, mich kontaktiert und gefragt, ob ich damit einverstanden wäre, dass ein Platz nach meiner Mutter benannt wird. Das war ich natürlich. Die ganze organisatorische Sache ging vom Stadtbezirk aus. Es war insofern noch eine doppelte Geschichte, weil das Land dem Stadtbezirk gehörte, aber der Bahnhof der Bundesbahn. Die hatten den Platz zu bauen und sie wurden und wurden nicht fertig.

Als es dann fertig war, habe ich dem Stadtbezirk vorgeschlagen, dass Hans Coppi eine Rede hält. Ich wollte nicht in eigener Angelegenheit, um nicht als voreingenommen dazustehen. Ich wollte, dass mein Enkel den Brief vorliest. Dann hat mir jemand gesagt, der ziemlich in der Nähe von diesem hohen Bundesbahnfunktionär stand, dass er nach dem Hören des Briefes Tränen in den Augen hatte. Es war eine ganz schöne Sache.

Der Stadtbezirk hatte, weil es um die Mittagszeit war, ein bisschen Essen organisiert. Es war schönes Wetter. Wir waren alle draußen. Da kam ein kleiner Mann auf mich zu und sagte, ich habe den Namen gar nicht verstanden, er sei ein ehemaliger Mitarbeiter des Ministeriums für Staatssicherheit. Er sagte dann etwas süffisant: „Ihre Akte hatte ich auch schon in der Hand." Das war für mich wie ein kleiner Schlag, weil ich dachte: Wie kann das sein, dass die sich trauen, sich bei so einer Gelegenheit noch nach vorne zu stellen?

ERIKA VON BROCKDORFF, UM 1937
Quelle: Privatbesitz